U0933805

珍藏本
纪念版

汉译世界学术名著丛书

政治经济学原理

〔英〕约·雷·麦克库洛赫 著

郭家麟 译

2017年·北京

J. R. McCulloch

PRINCIPLES OF POLITICAL ECONOMY

根据伦敦 **WARD, LOCK, AND CO.** 版本译出

汉译世界学术名著丛书
（120 年纪念版·珍藏本）
出 版 说 明

2017 年 2 月 11 日，商务印书馆迎来 120 岁的生日。120 年前，商务印书馆前贤怀揣文化救国的理想，抱持“昌明教育，开启民智”的使命，立足本土，放眼寰宇，以出版为津梁，沟通中西，为中国、为世界提供最富智慧的思想文化成果。无论世事白云苍狗，潮流左右激荡，甚至战火硝烟弥漫，始终践行学术报国之志，无改初心。

逐译世界各国学术名著，即其一端。早在 20 世纪初年便出版《原富》《天演论》等影响至今的代表性著作，1950 年代后更致力于外国哲学和社会科学经典的译介，及至 1980 年代，辑为“汉译世界学术名著丛书”，汇涓为流，蔚为大观。丛书自 1981 年开始出版，历时三十余年，迄今已推出七百种，是我国现代出版史上规模最大、最为重要的学术翻译工程。

丛书所选之书，立场观点不囿于一派，学科领域不限于一门，皆为文明开启以来，各时代、各国家、各民族的思想与文化精粹，代表着人类已经到达过的精神境界。丛书系统译介世界学术经典，引领时代思想，为本土原创学术的发展提供丰富的文化滋养，为推动中国现代学术和现代化进程做出了突出的贡献。

为纪念商务印书馆成立120周年，我们整体推出“汉译世界学术名著丛书”120年纪念版的珍藏本，寄望既利于文化积累，又便于研读查考，同时向长期支持丛书出版的译者、编者和读者致以敬意。

两甲子后的今天，商务印书馆又站在了一个新的历史时间节点上。我们不仅要铭记先辈的身影和足迹，更须让我们的步伐充满新的时代精神。这是商务人代代相传的事业，更是与国家和民族的命运始终紧密相连的事业。我们责无旁贷，必须做好我们这代人的传承与创造，让我们的努力和成果不仅凝聚成民族文化的记忆，还能成为后来人可以接续的事业。唯此，才能不负前贤，无愧来者。

商务印书馆编辑部

2017年10月

译　　序

麦克库洛赫的经济理论“**不但是李嘉图的庸俗化，并且还是詹姆斯·穆勒的庸俗化**”[①]。这是马克思一针见血地给予麦克库洛赫的正确评价。

约翰·雷姆赛·麦克库洛赫(1789—1864)生于苏格兰的威格顿郡，最初在爱丁堡大学学法律，不久改学政治经济学。1818年他为《爱丁堡评论》撰写了《关于李嘉图的政治经济学原理》一文，因而博得了李嘉图维护者的名声。1820年到伦敦讲政治经济学，1824年讲李嘉图学说，1825年他以这个讲稿的材料为基础，加上他过去发表过的一些文章，并利用了马尔萨斯、萨伊等人的一些庸俗观点，扩充为本书。1828年至1832年间，他凭本书在伦敦大学谋取了一个讲座的名义。1838年，他被委任为英国皇家印刷所的主计官，一直到死。

除上述著作外，他还主编过亚当·斯密的《国富论》(1828年初版)和《李嘉图著作集》。1856年以后，他编订了有关货币、赋税等问题的一些论文集，如《有关货币论文集》(1856年)、《有关纸币和银行论文集》(1857年)，并为《大英百科全书》第八版写了一篇

① 参阅《剩余价值学说史》，第3卷，三联书店1957年版，第197页。

《租税》。它们都是为当时英国的执政党辉格党的内阁作辩护的。

《政治经济学原理》一书出版，正值关于李嘉图学说的大辩论时期，所以在本书中可以看到大辩论中的一些主要论点，特别是作者把马尔萨斯、萨伊的论点和李嘉图的论点结和起来的情况。把本书看作李嘉图体系解体过程中的一幅悲惨图景，是很恰当的。

在李嘉图《政治经济学及赋税原理》(1817 年)发表后的十年论战中，论题主要集中于以下两点：价值规律同资本和劳动交换之间的矛盾问题、价值规律同生产价格规律(或者说，等量资本取得等量利润规律)之间的矛盾问题。麦克库洛赫和詹姆斯·穆勒是李嘉图学派的重要人物，他在这一场论战中以李嘉图理论的“捍卫者”自居，用注释和解说的办法来同反对者马尔萨斯、萨伊、托仑斯等人辩论。当时这些反对者想通过价值规律这个核心问题的争论推翻李嘉图的全部理论。他们常用葡萄酒的例子攻击李嘉图的劳动价值论。他们说，葡萄酒通过劳动生产过程之后，放在窖里储藏若干年，不需要增加劳动，价值就会增加。这个情况是李嘉图的劳动价值论所不能解释的。

关于这个问题，马克思有精辟的说明：**“生产时间和劳动时间的差别，可以有种种极不相同的情形。有时，流动资本在进入真正的劳动过程以前，已经处在生产时间内(鞋楦制造)；有时，流动资本在通过真正的劳动过程以后，仍然处在生产时间内(葡萄酒、谷种)。”**[①]麦克库洛赫则把葡萄酒增值说成是自然力劳动的结果。

① 《资本论》，第 2 卷，《马克思恩格斯全集》第 24 卷，人民出版社 1972 年版，第 274 页。

他在本书第三章第六节中说:“假定一桶值五十镑的新葡萄酒,放在地窖里,在满了十二个月之后,它值五十五镑,问题是葡萄酒所增加的五镑价值,究竟应该看作是值五十镑的资本被冻结的时间的补偿呢,还是应该看作是实际上对葡萄酒所增加的劳动价值呢?我想,这应当用后面的解释来考虑,因为在我看来,这是最满意和肯定的理由。”又说:“每一个人都承认,由机器的作用而转入到这个商品中的价值完全是由劳动得来的,但是,借助于机器的作用与发酵的作用,以及在桶内完成的其他过程,除了一个能看见,另一个看不见之外,在本质上根本没有一点不同的影子。”这里完全可以看出,麦克库洛赫的观点比詹姆斯·穆勒更加庸俗。照穆勒看来,蓄积劳动会劳动,并会创造价值,麦克库洛赫则认为自然力也会劳动并创造价值。可以说,在穆勒那里还留有李嘉图价值论的影子,而在麦克库洛赫那里连这点影子也消失了。萨伊称资本的活动和自然力的作用为“服务”,而麦克库洛赫却称之为“劳动”,这个“劳动”不是人类的劳动,而是自然作用的“劳动”。李嘉图的“捍卫者”麦克库洛赫完全站到李嘉图的批判者那边去了。

在李嘉图无法解决的价值规律同等量资本取得等量利润的矛盾问题上,完全暴露了麦克库洛赫同马尔萨斯是一个样子。他区分了“实际价值”和“相对价值”。他认为前者决定于消耗在商品生产上的劳动,后者决定于一定商品所能购买到的劳动。在商品和商品交换时,价值规律是被遵守的,因为交换是按照消耗在这两种商品生产上的劳动来完成的;在商品和劳动交换时,价值规律则表现为:须用价值相同的商品购买数量相同的劳动。用他的原话来说:“一个为一定量劳动所生产的商品,……将一律交换到或买到同量劳动所生产的任何其他商品。但是，它绝不会交换到或买到生产它所费的完全等量的劳动。虽然它不会这样，但总会交换到或买到如它自己一样在同样情况下或以同样劳动量而生产的其他商品的同样多的劳动量。”他在这里还加了一个注释：“事实上，它（指商品——译者）总是交换到多一点，这个多余的部分，便构成利润。没有一个资本家愿意用已经制成的一定量劳动的产品，来交换尚待制造的同量劳动产品。这等于不收取利息的贷款。”这就是说，在现实市场上，“相对价值”常高于“真实价值”，商品购买到的劳动常高于生产该商品时耗费的劳动，商品常同较大的劳动相交换，二者之间的差额便构成利润。麦克库洛赫自认为这就是以李嘉图的劳动价值论为基础，回答了利润如何产生的问题，解决了价值规律同等量资本得到等量利润之间的矛盾。事实上正是他完全抛弃了李嘉图的劳动价值论，而站到马尔萨斯的立场上去了，因为按照麦克库洛赫的上进论述，利润不外是马尔萨斯的“让渡利润”；他表面上以“相对价值”来保持“劳动价值论”，实际上他同马尔萨斯一样都是以资本同劳动交换的错误见解来否定劳动价值论。从本书的结构中也可以看出：书中的第二章是站在李嘉图的立场上提出了劳动价值学说，到了第三章就一方面站在萨伊的立场上扩大了劳动的范畴；另一方面又站在马尔萨斯的立场上以平均利润来否定价值规律。

正如马克思所正确指出的：**“麦克库洛赫不过是这样一个人，他要拿李嘉图的经济学，做一笔生意。”“麦克库洛赫就是凭李嘉图的经济学，才在伦敦得到一个教授位置。他的职务，本来就是以一个李嘉图派的资格出现，并参加反对地主的斗争。他一立住足，并**

在李嘉图学徒中取得位置，他的主要努力，就是把经济学，尤其是李嘉图的经济学，运入辉格主义的限界内，并和一切为辉格党人所不悦的结论相疏远。他的最后的论货币、赋税等的著作，不过是当时辉格党内阁的辩护书。由此，这个人就得到了发财的机会了。”[①]

马克思主义是在斗争中产生和发展的。对于麦克库洛赫和他的这部主要著作，马克思在《资本论》中曾多次加以评述，《剩余价值学说史》第三卷中有专节批判。马克思主义政治经济学正是在对古典政治经济学的批判继承和对麦克库洛赫等人的庸俗观点的严肃批判中建立起来的。因此，把本书作为一种参考资料翻译出版，有助于我们加深对马克思主义政治经济学的理解，开展政治经济学史的研究工作。

本书原文是英文，但其中整段地掺杂着法文及少量意大利文、拉丁文。在迻译过程中蒙李迈予、陆曾扬两同志多方协助，克服了不少困难，特此致谢。由于译者的水平有限，错误定所难免，希读者批评指正。

译　者

① 参阅《剩余价值学说史》，第3卷，三联书店1957年版，第201—202页。

目　　录

第一章　政治经济学的兴起与发展

政治经济学的定义　它的重要性　它在希腊和罗马以及中世纪被忽视的原因　创立结论的依据　政治经济学在近代欧洲的兴起　重商主义　魁奈体系及法国经济学家　《国富论》的出版　政治经济学和政治学、统计学的区别

政治经济学①是研究具有交换价值的、并为人所必需、有用或喜爱的物品或产品的生产、分配和消费的规律的科学。

我们说一个物品或产品有**交换价值**，意思就是说有人愿意给予一定量的劳动，或是以通过劳动才能取得的其他一定量的物品或产品来交换它。

某些物品或产品所具有的满足人们各种需要与欲望的力量或能力，构成了它们的**效用**，并使它们成为需求的对象。

一种物品可能具有最高度的效用，或具有满足我们需要和享受的能力，并为人们所广泛地使用，但没有交换价值。这就是说，

① 经济（Economy）一词是从希腊字 οἶκος（家或家庭）和νομὸς（规律）两字演变而来的，意思就是家庭的管理。因此可以说政治经济学之于国家，正如家政学之于一个家庭。

必须以人们的劳动来生产、获得或储藏的那些物品才具有某种属性或性质。不具有任何效用的物品，不能成为需求物；但任何种类的物品，不管它对我们的舒适、甚至于生存是怎样的必要，假如它是自然的产物——假如它不依赖人力而存在——同时，假如每人不费任何力气或某种劳动即能无限量地支配它，它便没有价值，而且对经济学家不能提供任何考虑的基础。一个商品或产品不因其有用而有价值，而是因其只能以劳动才能获得，才有了价值。认为我们用以止饥肠的粮食和借以御严寒的衣裳，比空气还更有用的说法是不正确的，但是粮食与衣裳所具有的那种交换价值，空气是完全没有的。理由是：粮食与衣裳不是空气那样的无代价产品，不费力气便不能在任何时候获得任何数量；相反地，它们必须经常以劳动才能生产或取得；如没有人愿意牺牲他的劳动果实，在交换中就得不到等量的东西，确切地说，它们具有交换价值。

经济学家不研究那些自然存在着的、不依赖人力即可以无限量取得的物品的生产和分配规律。只有人们勤劳的结果才成为他所关怀的唯一目的。政治经济学实在可以称为价值的科学，因为没有交换价值的物品，或者费了劳动而生产或获得的、但不能取得等额报酬的物品是完全不能放在它的研究范围之内的。

价值这个名词，不独时常被用以表明一个商品的交换价值，或它交换其他商品的能力，而且也用以表明它的效用或满足我们的需要和帮助我们舒适和享受的能力。但很明显，商品的效用，例如面包的止饥能力，水的解渴能力，和它们交换其他商品的能力是一种完全不同和有区别的性质。斯密博士了解这种区别，并且指出谨慎区别效用，或如他所谓的商品的使用价值，与它们交换价值的重要性。但他在心目中却没有时常保持这种区别，并往往也被以后的学者们所忽视。把这种互异的性质纠缠在一起，无疑地是使这门科学的许多部分，虽然它们本身并不深奥，至今仍然含混不清与晦涩不明的主要原因。例如，当我们说水有高度的价值，无疑，我们给予这句话的意义是不同于我们说黄金是有价值的的意义。水是人们生存不可少的，所以有高度的效用，或者说有高度的“使用价值”，但是因为它一般都不需要很多的劳动或努力，即能大量地得到，因此在大多数情况下，它只有很低的交换价值。在另一方面，黄金只有比较小的效用，但是，由于它的存量有限，使用大量的劳动，才能得到小量的供应，因此，它有较高的交换价值，并可以按比例地交换较大量的其他各种商品。混淆这两个不同类型的价值，很明显，将会导致极大错误的结论。因此，为了避免把价值这样一个重要名词的意义弄错，我在以后，除非指明可交换的价值或交换中的价值，将不使用这个名词；而经常以效用这个名词来表明一个物品满足我们的需要或欲望的能力。

政治经济学时常被定义为“讨论财富的生产、分配及消费的科学”，如果把财富看作是具有交换价值，并且是必要的、有用的或喜爱的物品或产品，那么，这个定义是完全无可非议的。但是如果我们从扩大或缩小的意义来理解财富这个名词便有缺点了。例如，马尔萨斯先生便认为“财富即是对人们必要、有用及喜爱的物质对象”。纵令我们不反对用物质对象这个词汇，但这个定义仍显然有其重大的缺陷。为了证明这点，只要提及空气和太阳热就够了。二者都是物质的，对人是必要的、有用的和喜爱的物品，但由于它们不依赖人而存在，和不能够特别占有，因而失去了它们的交换价值，正如我们上面已经指出的，不得不把它们置于政治经济学这门科学的研究领域之外。

斯密博士没有明白地说明他对财富这个名词所给予的确实意义，但他通常总是把它描述为“土地和劳动的年产物”。但马尔萨斯先生正确地反对了这个定义，认为这个定义在我们尚不了解财富是什么以前，就指出财富的源泉，并把土地的无用产物和那些为人们所占有与享受的东西都一起包括在内了。

我们现在所下的定义，似乎不致遭受这一类的任何批评。把这门科学限于讨论那些具有交换价值的物品或产品的生产、分配和消费的规律，这样我们便给了它一个明显的和确切的对象。当我们作了这样适当的限制以后，经济学家的研究便具有了一个他自己所独有的园地。他不致浪费他的时间于其他科学研究的范围内，或者无意义地研究那些不能占有并不依赖人们的劳动而存在的物品的生产和消费。

占有权是构成一个具有财富性质的物品所必不可少的条件。我将坚持使用这个名词来指那些由于人的劳动而获得，同时以后由某个人所占有并由他独自消费的产品。一个人不能因为他对空气有无限的支配权而说是富有的，因为这是他和其他任何人所共同享有的权利，不能构成优越的基础。我们说某人富有，是根据他所能支配的必需品、便利品和奢侈品的多少而说的，这些物品不是自然的赐予而是人类劳动的产物。

政治经济学的目的在于指出一些方法使人类的劳动可用之于最有效地生产那些构成财富的必需品、舒适品和享乐品方面，说明这些财富在社会各阶级间分配的比例以及它最有利地消费的方式。这样一门科学与社会所有有关方面的内在联系是很明显的。实在地，再没有其他的科学和人类日常的生活与事业有这样密切的关系。财富的消费对人的生存是必不可少的。上帝的永恒规律昭示了，财富只能由勤劳取得——人必须挥汗劳动而取得面包。这个双重需要就不能不使财富的生产成为绝大多数人经常活动的主要目的，它克服了人对劳动固有的厌恶，它使人以积极活动替代了怠惰，以热情武装着勤劳的双手，以忍耐克服了最令人厌倦和不适意的工作。

财富既是如此的必需，获得财富的欲望就足够诱使我们忍受最艰巨的困难了。政治经济学这门科学教给人们许多方法，运用这些方法，可使对财富的取得，得到最有成效地增进，即运用这些方法，我们能够以最小可能的困难而获得最大可能的财富，这样一门科学，自然是值得细心地研究和深思的。没有一个阶级的人能够认为这门科学是无关紧要或多余的。无疑，这门科学对某一些人要比对另一些人更有利益，但对所有的人却都是非常有影响的。各种商品的价格——工业家和商人的利润——地主的租金——日工的工资——租税及其调整办法的归宿和效果，都要依赖于各种原则，而这些原则正是政治经济学所能单独确定与阐明的。

获得财富的必要性，还不仅只是因为它提供我们的生计：没有它，我们绝不能培养和增进我们较高贵的才能。在没有积聚财富的地方，人们的思想经常为准备身体的迫切需要所占据，没有多余的时间来发展文化；人们的眼界、情操与感觉都变成同样的狭隘、自私和愚昧。占有适度的资产，或能从事一些不是直接满足我们生理需要和欲望的其他工作，这对于缓和自私情感、改进道德和智力、保证在充分的学习和工作中有一定的造诣是必要的。因此，获得财富不仅仅在于取得当前直接满足需要的东西，而且对于社会在文明与教化方面的促进，都是必不可少的。没有积累着的财富所提供的安宁与闲暇，则那些扩大我们眼界、纯正我们嗜好、提高我们地位的纯正高雅的学习，将不能成功地实现。可以肯定，国家的野蛮与文明的区分，依靠于积有一定量的财富有甚于依靠任何其他条件。穷国的人民，绝不会文雅；富裕的人民，从不粗暴。不可能举出一个国家，它在哲学上或在艺术上有其出色的名声，而不是同时在其财富上也受人称许的。伯里克里斯和菲狄亚斯时代是希腊的黄金时代，正如佩特拉克和拉斐尔时代是意大利的商业繁盛时代一样。在这方面，财富的力量是几乎万能的。它使威尼斯由洼地的中心上升起来，在荒凉的沙岛上建设起来，它使不卫生的荷兰沼泽地成为文学、科学和艺术爱好者的乐园。在我们自己国内，财富的影响也是同样的显著。我们的哲学家、诗人、学者、艺术家的数目与声望，一直是与公众财富或对他们劳动的报偿与荣誉成正比例地增加。

占有财富对个人的生存与安乐以及对国家文化的进步既是这样地重要，而研究财富来源的努力却是这样地少，同时政治经济学的研究甚至还没有被人视为综合教育制度的一个主要部分，这是有理由引起我们的惊异的。对这门科学不应有的疏忽是有许多原因的，但古代的家庭奴隶制度以及现代欧洲大学教育计划开始形成时的黑暗时期这两点，似乎有其极大的影响。

希腊、罗马时代的公民认为从事于像现代欧洲居民所从事的主要职业是有损尊严的。他们不以自己的勤劳使自己富有，而是依靠于奴隶们的非自愿的劳动以及从被征服的国家所取得的补助。在有些希腊城邦国家里，公民被禁止从事任何类似制造业和商业等类的行业。在雅典和罗马，这样的禁令虽不存在，但这类行业都认为是不值得自由人去做的，结果是这类工作完全由奴隶或下层人民去担任。甚至如西塞罗这样精通古代世界所有哲学并做到了使自己超越于当时当地许多有偏见的人，也毫不犹豫地肯定，在作坊里不能有高贵的事情，认为经营小规模的商业是卑下的和值得轻视的，但当其扩展到最大规模来做时，则完全可以原谅——Non admodum vituperanda！（不应受到轻视！）[①]农业，诚然较被重视，在罗马历史上的较早时期，一些最有名的人物都曾积极地从事于耕作，但是，虽有他们的榜样，然而在共和国的昌盛时期，以及在帝国时期，对土地的耕作事务，几乎完全由属于地主的奴隶及雇佣工们所担任。大部分罗马公民，或是服军役[②]，或是靠被征服的省份供给谷物，过着一种不稳定和依赖的生活。在这样的社会情况下，对于现代欧洲所存在的地主与佃户，以及主人与仆役之间的关系是不知道的。结果，古代人，对那些构成经济科学如此重要的部分，如由于地租与工资涨落而引起的有趣的和重要问题，是完全生疏的。古代世界的哲学精神也是极端地不赞同研究政治经济

① “只付给雇工们劳动工资而不付给技术工资，这样所获得的利润，是卑鄙肮脏的，因为在这种情况下的工资是带有奴隶性的。投机倒把也是卑鄙的，因为他们不采用各种欺骗手段，就不会获得什么利润。手工业也是卑鄙的职业，作坊也不是正当职业……小买卖也是卑鄙的，但买卖大而广泛，从各地运进物资，不采用欺骗手段而分配给大家，是不应受到轻视的。”《论义务》（*De Officiis*）第1卷，第42节。

② “士气超于一切；因为它给罗马人民和罗马城带来了不可磨灭的荣誉。”（西塞罗：《为穆勒纳的辩护词》）

学。富有者的豪华或较优美的生活方式为古代道德学家们视为是头等的灾祸。他们把这看作是腐蚀尚武精神的,而尚武精神则是他敬重的首要项目。所以他们贬斥积聚财富的欲望,认为它包藏着最有害和破坏的力量。在充满如此偏见的头脑中,要使他们把政治经济学成为注意的目标;或使他们研究那些经常被轻视的东西和被诽谤的生产财富的劳动是不可能的。

在我们高等学府里,牧师几乎是当时所有少许知识的唯一所有者。因此,他们的情感与他们所追求的目的,对于他们所编制的教育计划,具有深刻的影响乃是自然的事。文法、修辞学、论理学、神学和民法形成了全部学习科目,要请教授来解释商业原理和最有效地使用劳动的方法,将会同样地被认为是不必要并有损科学尊严的。古代人对商业、制造业和奢侈的偏见,在中世纪仍然保持着有力的影响。没有人对于国家财富、快乐与繁荣的真正源泉具有任何明确的观念。国与国之间的来往是极端有限的,它们只赞成掠夺、侵犯和海盗式的征伐,以夺取赃物,而不愿以商业来满足彼此的真正需要。

这些情况足够解释这门科学之所以后起和直到很近才引起小小注意的原因。可是,自从它变为较普遍注意和研究的目的以来,在这门科学最有名的学者们之间所存在的分歧意见已经证明对它的进步极为不利,并且因而产生了一种不相信这门科学能建立完善结论的倾向。

但是很明显,那些不相信政治经济学结论的人,由于人们对熟识现象的解释已形成了各种流派,因而同样地几乎对任何一门其他科学的结论,都不予置信。历来为最贤能的医学家、化学家、自然哲学家和道德学家所认可的各派分歧，正如最贤能的政治经济学家们所提出的分歧一样。但谁能因此就下结论说，医学、化学、自然哲学和道德学是没有坚实的基础，或者说它们不能对我们提供一个稳固而前后一致的真理呢？我们不能因为牛顿和拉卜拉斯推翻了托勒密、布腊埃和笛卡儿的假设而就怀疑牛顿和拉卜拉斯的论证，为什么因为斯密和李嘉图推翻了前人关于财富的源泉与分配的理论而我们便怀疑他们的结论呢？政治经济学与其他科学一样，不能免除共同的命运。没有一门科学可以在短期之内趋于完善，或多或少的谬误常常会侵入它们早期拓荒者的理论中。但政治经济学以前所沾染的错误，现在几乎已经完全不存在了。稍许留意观察一下，就能看出政治经济学无疑地和任何其他建立在事实与实验上的科学一样，是能够得出其肯定的结论的。

生产和财富积聚以及文化的进步等所依据的原理，都不是由法律所制定的。人必须自己努力去生产财富，因为他不能没有财富而生存，在每人胸中都有一种欲望，想要在人世间提高自己的地位和改善自己的境遇，这就使他不得不设法节约和积累。所以，形成这种科学基础的原理，一部分是由人的本质，一部分是由物质世界构成的，它们的作用和机械原理一样可借助于观察和分析来探讨。但在自然科学与道德学及政治科学之间是有真实质上的区别的。前者的结论适用于每一个场合，而后两种的结论则仅适用于大多数场合。财富的生产与积聚所依据的原理是附着于我们的本性的，对每一个人的行为都能发挥其有力的影响，但却常常不是同一程度的影响；所以理论家只须拟定他的几条一般规律，使之在大多数场合下能解释其作用，而让观察者的敏感来改变它们，使它们适合于个别的场合。这是一条伦理科学中的公认原理,在政治经济学中同样有效。人类的绝大多数,而不是任何个别人或任何挑选出来的一群人,对于引导他们达到他们自己利益的是什么,极为清晰;因此,允许每个人根据自己的意愿,从事自己认为适当的任何行业是一个有效的政策。这就是一般的理论;这是一个建立在最广博经验之上的理论。然而这又不同于那些制约行星体系运行的规律——在二十个例子中,十九个是正确的,但第二十个就可能是例外。然而对于经济学家并不要求他的理论和某些人的某种偏见相一致。经济学家的结论是从观察许多大小国家用来支配人们生活条件的各种原则而得出的。他必须研究人的整体——由国家而不是由各个家庭着手——研究大多数人的热情与癖好,而不考察偶然影响社会上孤立存在的一群人的那些东西。

必须经常注意,经济学家的业务的任何一个方面,都不是研究个人财富增减的方法,而只是说明它们的一般作用与影响。公共利益应当永远成为他注意的唯一目标,他不为特定阶级增加财富与享受而设计制度和规划策略;而是要发现国富的源泉与普遍的繁荣以及使它们能具有最大生产力的方法。

的确,不同意政治与经济科学业已完善建立起来的某些真理,是太普遍了,说它们与这个或者那个事实不相符合,所以它们必须遭到反对。但可以肯定,这些反对往往是由于对这门科学性质的完全误解。很可能有一千个例子证明有人由垄断而致富,正如有时用抢劫和掠夺而致富一样,但如果不进一步考察,即从这里作出结论,说一般社会都能用这样的方法而致富,那将不是一个小的轻率!虽然这只是政治经济学必须注意的一个方面,但问题绝不在于采用一个特殊的方法，或由于一个特殊的制度使其致富的人数是多是少，而是在于这种趋向是不是能使大众致富。垄断和限制性的管理往往认为能使某些人积累大量的财富，但这正如人们所经常争论的，远不足以证明其真正有利，而明明白白是相反的。可以明确地肯定，假如垄断和特权能使少数人致富，则它们必定在同样的程度上使多数人贫困；从而破坏了在每个制度中都作为主要发展目的的国家财富，同时也破坏了劳动的天然自由。

所以，为了在经济科学里得到一个基础稳固的结论，只仅仅观察某些特殊情况的结果或这些结果对特殊个人的影响是不够的。我们必须进一步考察，这些结果是否经常地和普遍地适用；在一种条件下，产生这些结果的某些情况，是否能适用于社会上每一个条件及每一种场合而得到同样或类似的结果。一个理论与同样的和经常出现的事实不一致，必定是理论的错误。但如观察到某一不同于我们习惯经验的特殊结果，在我们还没有办法辨别它周围的环境时，不应该马上就改变或拒绝那些能适当解释大多数现象的原理。

只少数几个专制君主，曾经有过公正、仁慈和慷慨的事例，并不足以推翻告诫人们的这条规律：滥用权力的本质，即是对权力所有人的腐蚀和败坏——促使他们傲慢、残忍和多疑；同时，那些只注意目前的享受，忽视未来的人，大肆挥霍和无谓浪费钱财的例子，也不足以使下面这个一般结论归于无效：积蓄财富的热情，比之于耗费的热情是无限的强烈和普遍。假如不是这样，人类绝不会迈出野蛮的状态。人类在各个时期和各个国家所作出的无数惊人伟大的进步，例如森林砍伐了，沼泽和湖泊被疏浚并使之适合于耕种了，港口、道路、桥梁修筑起来了，城市和大厦建设起来了，——这些都是把收入储蓄起来的结果；即使有成千的奢侈例证可举，它们仍然显示着积蓄原理的无限权势和最高力量。

由于没有注意到这些道理，政治经济学这门科学曾发生了许多错误与误解，甚至现在还受其影响。几乎所有连续不断出现的荒谬理论和意见，都曾诉诸事实而得到证明。但只知道事实而不知道事实之间的相互关系——不能说明为什么这是原因，那是结果——用萨伊的例子来说，这还比不上一个编印历书者的未经消化过的学问。因为它不能提供任何方法来判别一个普通原理的真伪。

不应忘记，有许多貌似可靠的事实，常常被引用来证明一般原理的谬误，在大多数场合下，这些事实观察得很不认真，同时对它们周围的环境，也没有清楚地加以说明，以致使它们完全不值得注意。正确的观察，需要有相当高度的理解力与辨别力，和没有偏见与耐心的研究，而这只是属于少数人的事。用大家闻名的寇伦医师的话来说，“有一种情况是会贬低经验这个名称的尊严的。一个事实的最简单的说明往往包含着不少的理论。有人认为一个不曾受过高深教育的人说出来的话，更可能包含着更多的真实情况。但这里将会发现一条不变的规律：在医生的职业中，愈是深入下层，一般观念中的假设愈多。再者，在任何情况下，纵然很小心地把周围环境联系起来，也不可能把有关的情况，完全包括无遗。因此，在通常所谓的经验里，我们仅仅有一条规则：就是从一个不完全知道的情况转到我们大家都无知的情况。所以，错误的最大来源，是应用演绎法，即从一种情况的结果，推论到另一个条件完全

不相同的情况。没有经过分析推理而得出的原理，经验只不过是一种无用的、盲目的指导。”（寇伦书信手稿）

任何一个人，如有机会比较一下大多数普通观察者关于影响公众利益的各种措施的实际影响与真正作用的各种不同意见，必定相信寇伦医师的说法，对于政治与经济科学比之对于医学还更适用。完全不为普通观察者所注意的情况，往往对国家的繁荣起着最有力的影响，那些刺激他们而使其认为最重要的情况，往往是没有什么意义的。国家的情况也是一样，它为许多条件所影响，如果没有最大的技巧和审慎的能力，并参与研究和缜密的分析，同时能熟练掌握科学原理的话，在大多数场合下，是完全不可能辨别事物的原因与结果的，并往往会把这一系列原因所产生的结果，归之于另一系列原因中去。观察事物，既是如此的困难，所以，毋庸奇怪，“流传在世上的虚构事实，一定是无限地多于虚构的理论”。（寇伦医师）所以，对某一个孤立的事实，不管怎样审慎地加以考察，仍如上面所指出的理由一样，绝不能构成一般理论的任何基础，不论是伦理科学或政治科学都是这样。那些在狭隘的基础上提出理论的人们，几乎总是经验主义者，他们的虚荣或利益，促使他们从狭隘的和不完全的观察范围内，建立了与人们一般经验不一致的结论。

虽然，我们不因少数结果，与某些我们还不熟悉的情况有明显的违背，就拒绝接受大家所公认的原理，但如果这些原理不是根据大量的材料和谨慎的推理所归纳出来的话，我们对它仍可怀疑。为了获得关于决定财富的生产、分配和消费规律的真实知识，经济学家应当从非常广泛的范围内收集材料。他应当研究不同环境的人;他应当借助社会、艺术、商业和文化等历史,借助哲学家和旅行家的著作,总之,借助任何一个能说明加速或延缓文明进步原因的事物;他应当把全世界不同地区和不同时代的人类幸福与生活境况所发生的变动,标志出来;他应当追溯工业的兴起、发展与衰落;更重要的是,他应当细心地分析和比较不同制度和管理办法的结果,并区别决定进步社会与落后社会互不相同的各种情况。这些研究,由于阐明了国家的富裕和高尚以及贫穷和衰落的真实原因,对经济学家提供了资料,使其对财富科学中几乎所有重要问题,都能给以满意的解答和制定旨在保证社会改革不断取得成功的行政计划。

这样的研究,绝不至于不激起每一个正直的人的浓厚兴趣。人们不能对其施加最小影响和不能控制的天体运行规律,尚且被公认为高尚和合理的研究目标。而支配人类社会运动的规律——它们使这一部分人进入富裕和高尚,同时使另一部分人下降到贫穷与野蛮的深渊——在我们思想上,应当更有无限强烈的注意,因为它们既对人类的幸福有直接的影响,同时,也因为它们的效果可以,而且在事实上也正不断地为人类的干预而改变。国家的繁荣兴盛,主要不是依赖于有利的地带、温和的气候或肥沃的土地,而是依赖于采用适合于鼓励天才的创造力和给予劳动以毅力和积极性的措施。创立一个健全的公共经济制度,能够补偿任何一种其他的缺点:它能使本来荒芜不毛和不具生产力的地区,变为文雅、高尚和众多、富裕的居民的舒适的栖息之所。如果没有创立这样的制度,则自然界的最好赐予,也是没有价值的;具有发展的最大潜力,并富于生产财富所必需的各种物质的国度,也只能艰难地提供其游牧者以可怜的生计，并仍以其愚昧、野蛮与不幸而见称。

当我们回顾一下建立健全的政治经济学理论所需要的前人的庞杂和广博的学问时，那么我们对经济学家曾经陷入的错误，或对某些重要论点仍有不同的见解，便不会感到惊异了。政治经济学是新近才兴起的科学。虽然各种颇具价值的论文，以前曾零星出现过，但直到上世纪中叶，还没有作为一个整体或以科学的态度来对待过。这种情况的本身就足以解释历来所发生的许多错误体系了，几乎每一科学部门的第一批拓荒者，他们的结论都不是从比较某些具体事实，细心研究各种原则发生作用时所呈现的现象，以及同一原则在各种不同情况下的作用而推论出来的，而是在很狭窄和不稳固的基础上开始创立他们的理论的。但要他们从另一个方向去做，实在也不是他们的力量所能容许的。由于他们本身的原因，他们很少做过，同时也没有特殊注意过调查研究。直到为了提供一个标准以核实某些著名理论的真伪时，这个问题才开始被注意到，并做了相当数量并具有适当准确性的调查研究。用一句这门科学的术语来说，只是由于理论家的有效需求，才产生了备研究用的事实或原始资料，理论家以后就运用这些事实和原始资料来构成他们的理论体系。政治经济学的历史，显明地证明了这个说法的真实性。如已经指出过的，那些为古人所完全不知，直到晚近才为我们的祖先所注意到的那些能使我们以最大的认真态度用以判断古代著名国家和中古欧洲居民的财富和文明情况，却被史学家认为不值得注意，或论述得很不完全和很不细致。所以，开始研究这门科学一般原理的人，只能把他们的结论建立在比较狭窄和不充分的经验上。他们甚至很少利用很容易就能熟悉的某些历史

事实,而是几乎把注意力局限于自己观察范围内所遇到的一些情况。

曾经流行一时的一个观念,认为财富只包括黄金与白银。这自然是由于当时所有文明国家的货币,几乎完全为这两种金属所铸成的情况所致。曾经被用作测量各种商品相对价值尺度及商品等价交换物的黄金、白银或货币,获得了一个人为的重要性,它们不独被用来估计一般平民的地位,而且被用来估计显赫人物的地位。其实,所有的买和卖,实质上不过是这一商品对另一商品的互易,例如,一定量的谷物或布匹交换一定量的黄金或白银,反之亦然,这一简单和具有明确意义的观念,却完全为人所忽视。人们的注意力渐渐从货币的价值转移到货币本身;个人和国家的财富,不由他们可处理的产品数量来衡量,即不是用他们能够用以购买贵重金属的商品量和价值来衡量,而是用他们实际所有的这些金属数量来衡量。结果,禁止黄金和白银出口,鼓励其进口来企图增加国家财富的数量即成了显明而普遍的政策。

在西塞罗著作中,有一段谈到罗马共和国时期,贵金属屡次被禁止输出;[①]这个禁令屡次为罗马皇帝无目的地重申过。[②] 在现代欧洲,似乎也没有一个国家的早期法律,没有明文禁止过黄金和白银的输出。据说在入侵以前的英国法律,就曾经禁止过黄金与白

---

① "不论是从前还是我做执政官时的元老院,都再三庄严地宣布过禁止黄金出口。"(《为弗拉谷的辩护词》第 28 节)

② 当普利奈估计意大利输入的蚕丝、香料及其他东方产物时,曾说:"据最低估计,每年印度、塞肋斯(Seres,在古代指远东地区的国家,特别是指盛产蚕丝的国家。——译者)和阿拉伯半岛要从我们国家攫取十亿铜币。"(《国史》,第 12 卷,第 18 章。)

银的输出，并为了同一目的，禁令在以后时期又一再重申过。其中的一个是1515年制定的法律（亨利第八法律第三号，第一章），宣布携带任何铸币、贵金属杯碟器具、宝石等等出海，一经拘捕，应罚以所携禁物两倍的罚款。

十五世纪和十六世纪商业的异常扩张，引起一种更细致和更繁杂的增加贵金属供应的制度，替代了以前所制定的粗率和简陋的制度。经过好望角与印度直接交通路线的建立，对这个变动似乎有其极大的影响。贵金属一直与其他最有利的物品一道，输出到东方去。不管反对输出贵金属的偏见是如何地根深蒂固，东印度公司在1600年成立之初，即取得每年输出价值三万英镑的外币或金银块的特许，条件是他们每次航行终了的六个月内，除第一次航行外，必须输入与他们输出的白银价值相等的黄金和白银。但是遭到公司敌对者反对，说允许黄金与白银输出王国是不妥当的，它**违背了所有的原则**，高度地损害了公共利益。商人和其他支持公司的人，如不公开非难绝对禁止输出贵金属的传统政策，就无从驳倒反对者的理由。但他们却不敢去辩驳，同时他们也确实没有理由能相信输出金银块到东方，用以购买的商品对英国一定会有较大的价值。但他们事实上还是辩驳了，他们说，把金银块输到印度是有利的，因为从那里输入的商品，主要是转口输出到别的国家，从这些国家得到的金银块，要比在印度必须付出的数量为多。托马斯·孟先生是东印度公司赞助人中的最能干的一个，他巧妙地把商人输出金银从事买卖的作用和农业的播种时间和收获季节作了对比，他说：“在播种的时候，农夫把许多好的谷粒，撒到泥土里，如果单在这时来看农夫的行为，我们准会说他是个疯子而不是

农民。但秋天我们看到他的劳动成果，他努力的结局，那时我们就会发现他的劳动的价值和丰硕报酬。”①

这就是所谓重商主义的起源：较之于以前完全反对金银输出的偏见——因它够不上称为主义——应该承认采用重商主义是向着正确的意见前进了一大步。重商主义的拥护者和他们的前辈一样，认为黄金和白银单独构成财富。但是他们认为，正确的政策应允许金银的输出，但输出金银所买进的商品全部或其一部，以后转卖给别的外国时必须比原来购买这些商品所支付的金银数量为多；或是输入的外国商品使本国产品，比在不如此的情况下输出得更多，也就是说，必须超过输入商品的费用。这些见解必然导向贸易平衡这个有名的学说。很明显，除了偿还输出的商品，贵重金属不可能输入到没有富源的国家去。重商主义拥护者的最大目的是要最大可能地垄断贵金属的供给，他们用各种各样的方法鼓励输出，限制除黄金和白银外几乎所有其他产品的输入，而黄金和白银则既经输入，即不准备再行输出。结果是输出价值超过输入价值就被视为国家在积累财富事业中进步的唯一原因和方法。这个差额，被认为是除非输入等量价值的黄金或白银——或者说，是当时认为的一个国家所能够具有的唯一真实财富——是不能平衡的。

重商主义的原理和结论，纵令是绝对荒谬和错误的，但对一些

① 《英国得自对外贸易的财富》(*Treasure by Foreign Trade*)，第1版，第50页。这书是在孟死后很久1664年出版的，很可能是在1635年或1640年写的。孟很久以前就提出了同样的理论，在他1609年出版、1621年重印的《东印度商业的保护》(*Defence of the East India Trade*)及由他起草的1608年(?)由东印度公司呈交国会的请愿书中，几乎是用同一的词句提出了这个理论。

非常显著的现象，还提供了尚可过得去的解释；更值得一提的是，它们和这个论题的一般偏见是完全吻合。商人和实际从事业务的人是重商主义的创立者，他们认为不需要把所设定的原则加以任何很精密的分析与探讨，而把这些原则看作是由人们的普遍同意和承认所建立的。他们自己则几乎完全从事于研究能给他们最大效果的实际方法。

孟先生说："虽然一个王国可以由所得的礼物或由购自他国的货物而增加财富，但这些事情到底在什么时候发生，是没有把握的，也是无足轻重的。所以，对外贸易是增加我们的财富和现金的通常手段。在这一点上，我们必须时时谨守这一原则：在价值上，每年卖给外国人的货物，必须比我们消费他们的为多。我们可以假定，这个王国获有布匹、铅、锡、铁、鱼类及其他国产的充分供应；另外，每年尚有价值二百二十万镑的剩余货物输往外国，靠着这笔出口，我们能够从海外买到并输入约二百万镑的外国货物，以供我们使用和消费。我们在贸易上遵循着这种惯例去做，就稳定可以保证我们的王国每年一定会增多二十万镑的财富，并且一定是大部以现金的形式带回祖国；因为在我们所出口的货物里，既然有一部分没有以货物的形态换回一些东西，它必然就会以现金的形态被带回本国。"（《英国得自对外贸易的财富》第 11 页。）

这里假定对外商业的所得全部是黄金和白银，并认为必定要带回国来，以偿付商品输出的超额。孟先生没有着重说明对外贸易可以使我们得到无限种有用的和喜欢的产品，而这些产品，我们或是完全不能制造，或是在国内制造不如在国外购买便宜。他只希望我们考虑财富的这种增加——而一切因商业刺激劳动动机的巨大增长，以及酬报劳动者勤奋的舒适品和享乐品的巨大增加，都认为是无所谓的——把我们的注意力完全钉在二十万镑黄金与白银的余额上！这正如希望我们用钉在衣服上的金属纽扣的个数和其闪烁发亮的光辉，来估计由一套衣服所能得到的舒适和好处一样。但是孟先生在这里所讲的对外贸易利益的估计方法，久已为大多数商人和政府官员认为是正确的。这自然是传统偏见的痼疾。我们至今仍然还庆幸我们每年的输出超过输入呢！

但是，除了关于贵金属的错误观念，并由此引起的限制企业自由的立法和保证重商主义的优势以外，还有许多其他情况。罗马帝国西部各邦的封建政府，很早就陷于混乱和无政府状态，国王们自己不能约束大男爵们的篡夺，或控制他们的反抗，于是以利益来笼络城镇居民，以期加强他们的影响和巩固他们的权力。为了这个目的，他们给居民以特权，允许他们自治，取消各种现存的奴役痕迹，把他们组成社团或政治团体，由他们自选的参议会和长官管理。这样，在城市里是有了秩序和良好的政府，居民们享有了财产的安全，而国家的其他地方，则成为劫掠的鱼肉，混乱不堪。这便刺激了工业，给予他们一个较耕种土地有决定性的优势。这使国王们从城镇里得到了他们大部分的货币供应；由于城镇居民的帮助和合作，国王们有了可能来控制和克服男爵们的骄傲和不服统治。但城市公民资助君主们并不只是为了报答原先所赐予他们的特权，他们继续请求并想得到新的特权。国王们也不能对城市居民的请求表示任何踌躇，因为他们使市民负担了很多义务，同时，国王们也正确地估计到城市居民，是他臣民中最勤劳和最应该受到奖励的部分。为使他们得到廉价的供应，使他们的工业能够最

有利进行，谷物和他们制造所需的原料是严格地禁止输出了。同时，为阻止工业品从外国输入，并使本国制造商在国内市场取得完全垄断起见，还设置了高关税和颁布了绝对禁入令。这些措施，连同对有社团组织的城市公民所给予的特权，即任何个人未经批准脱离组织，不得从事任何行业的特权，以及一些旨在加强输入制造业所需原料及输出工业品的辅助管理办法，形成了十四、十五、十六和十七世纪欧洲每一个国家用以鼓励制造业所采取的公共经济体制的主要特点。他们把往时法律所承认的企业自由，几乎全部破坏了。在英国和其他国家中，这种过分的人为制度的实例，可以很方便地举出千个以上。但这种实例，许多已为读者所熟悉，所以为了说明它的立法精神，我只举出 1678 年英国为鼓励羊毛制造业而通过的一个法律。这个法律规定，所有死尸都必须用羊毛寿衣入殓。

但是只排除国外竞争和垄断国内市场，还不足以满足工业家和商人的要求。他们从国家得到了可能得到的利益以后，接着便企图彼此倾轧。他们中最有力的人得到了专门经营某一行业的特权，用以排斥别人的经营。当伊丽莎白在位时，这种弊端，达到了难以忍受的高度。她颁发无数的新专利权。最后，抱怨发展到不能制止了，以致引起所有的阶级都联合起来请求废止。但遭到了皇室的极力反对。他们认为树立垄断权力，是授予特权中最有价值的一种，最后于 1624 年才通过一个法案取消。这个法案，产生了很大的利益，但没有触及重商主义或工业体系的任何基本原则。所有社团的专利权，仍不受这个法案的限制。

在法国，制造家的利益为路易十四王朝极盛时期的著名财政部长科尔贝所热情袒护。1664 年在他领导下所编订的关税税则，第一次宣布了。大陆上的作者有时认为是重商主义的真正纪元，但依我们所见，这是很大的误解。〔芒果提：《科尔贝主义论》(*Dissertazione sul Colbertismo*)，第 2 章。〕

维护制造业的各种禁令，为重商主义和贸易差额的赞助者们所热情拥护。给予本国制成品以输出的便利，和阻止外国货的输入，被视为特别适合于造成输出超过输入，以取得贸易顺差的利益。所以，他们不认为这种管制是自私垄断精神的产物，而认为是最英明政策的标志。工业家和商人的利益，是这样自然的一致，他们的利益并且被认为与社会公众的利益也是一致的。获得支付上的顺差是必须达到的最大目的；高关税和禁止输入、奖励输出和保险金是达到这个目的的方法。毋须惊异，一种制度，既有这样普遍的偏见来拥护它，同时对工商界所享受的专利权又给予似是而非的辩解，它总要及早产生强有力的实际影响，或者说，纵然它的原则被推翻了，它仍然会保留这种影响。[①]

一个已故的外国作者说，"可以毫不夸张地肯定，很少有的政治上的错误产生过比重商主义更多的不幸。它以权力来控制和禁止了它只应该保护的东西。它掀起了管制的狂热，在很多方面危害了工业，迫使它离开自然发展的道路。它使得每一个国家认为邻国的福利和本国不能相容，因而彼此互相毁伤和破坏，使商业上

① 法国的默龙和福崩奈，意大利的杰诺韦西，英国的孟、蔡尔德勋爵、达文南博士、不列颠的一些商人作家以及詹·斯图亚特勋爵等，都是很有名能干的著作家，他们除了很少的例外，或多或少都拥护重商主义的原理。

的竞争精神，成为现代许多战争的直接或间接原因。正是这个制度鼓励了国家采用武力或机诈，强迫其他弱国或落后国家订立对他们自己也不产生真正利益的条约。它建立了殖民地，使宗主国可垄断它们的贸易，并迫使他们完全依赖宗主国的市场。总之，只要这个制度在那里产生过一点损害，那里的国运昌盛的发展就受到阻碍；在另一些地方，它用鲜血冲洗了土地，减少了人口，破坏了其中一些富强的、本来可以有高度发展的国家”。〔斯托赫：《政治经济学教程》（*Cours d'Economie Politique*），第1卷，第122页。〕

十五和十六世纪的那些永远有意义的伟大发现和事件，震撼了以往的偏见和制度；文明和工业的进步，自然会吸引着人们以更大的注意，考虑着国家富强的根源。这就给重商主义的没落铺平了道路。东印度公司的拥护者，由于他们本身的利益，首先促使他们对当时流行的关于金银块输出的学说，发生怀疑；从而逐渐唱起了一种高调，最后终于勇敢地申辩，认为金银块并不是别的，只不过是一种商品而已，它的输出应该和其他任何商品一样的自由。这样的看法也并不只限于东印度公司的股东，它逐渐地传播给了别人；影响所及，许多有名的商人对曾为大家所公认的教条，也采取了怀疑的态度。这就使商业往来方面的合理原则，获得了比较正确和全面的看法。这些新的意见，终于传到了下议院，1663年禁止外币和金银块输出的法令取消了，准许东印度公司和私商有无限量输出这些物品的自由。

除了关于东印度贸易的争论以外，关于美洲和西印度殖民地的建立，济贫法强迫条款的采用，禁止输出羊毛法令等等所引起的讨论，吸引大家对国内政策问题的特殊注意。在十七世纪中，有关商业和

经济课题的专论，较平常更多地出版了，虽然其中还有许多仍强烈地带着当时流行的时代精神，但不能否认，它们之中还是有许多超过了同时代的偏见，并无疑地应视之为现代商业理论的基础，应视之为健全的和自由学说的早期阐述。它们认为国家的昌盛，绝不能用限制的法令或邻国的萧条达到，商业的真正精神和垄断的黑暗、自私和浅薄的政策绝不相容，人类的自利心和他们的义务一样，都要求他们和平相处，并培养一种公平、友好的相互交往精神。

除孟先生外，蔡尔德勋爵[①]的著作虽然建立于重商主义原则上，但包含许多健全的和自由的见解，威廉·配第勋爵[②]和达德利·诺思勋爵是十七世纪最出色的经济学作家。诺思不独超出了当时已形成的偏见，而且相当锐敏地发现了新近出现的一些比较微小而不很明显的谬误。他 1691 年出版的《贸易论，特别着重于利息、铸币、货币剪损及货币增加的情况》(*Discourses on Trade, principally directed to the cases of Interest, Coinage, Clipping, and Increase of Money*)的论文中，比当时已有的正规商业原理，包含了更多有价值的论述。他从头到尾是个商业自由伟大原理的有见解的拥护者。不像他那些有名的前辈们只懂得某一方面，而对另一方面，则错误重重。他的体系是前后一致和完整的。他指出，在商业事务中，国家和个人有同样的利益；他有力地揭露了那些认为对个人有利的商业必定对社会有害的说法的荒谬前提。他关于

① 《贸易新论》(*A New Discourse of Trade*)，1668 年初版；第 2 版发行于 1690 年，有很大的增订。

② 《货币略论》(*Quantulumcunque*)，1682 年出版；《爱尔兰的政治解剖》(*Political Anatomy of Ireland*)，1672 年出版；还有其他著作。

征收铸币税和节约法的意见，在当时非常有名，同样也富于启发性。

我将从这篇文章的序言中，就包含有一般论述的部分摘录一些如下："就贸易来说，整个世界正像一个国家或人民，在那里，国家正如个人一样。""一个国家在贸易上的损失，不像孤独见到的那样，只是一个国家的损失，而是整个世界的割裂和损失，因为所有各部分，都是联在一起的。""没有贸易不是对大众有利的；假如证明不是对大众有利，人们就不要做买卖了；哪里的商人们致富了，他们作为其中一部分的社会也会因之而致富。""强使人们在某一特定方式下从事经营也可能偶然获利，但大众却得不到什么，因为从一个人那里取得的，又给了另一个人。""在买卖场中，没有法律能规定价格，价格的比例，必须并且将由其自己决定。但当这样的法律果真要坚持执行，对贸易只有莫大的妨碍，从而法律只不过是偏见而已。""货币是一种商品，它可以过多，同样也可以过少，甚至还可以发生麻烦。""一国的人民，不能没有货币而进行日常交易，但过多的货币，又等于没有货币。""没有人能因做了许多生意，而成为一个富人，或者得到一部分的富裕，因为他们只能以等价来购买。""自由铸币是人类发明的一个无止境运动，熔币和铸币不停地在进行，金匠和铸币的人，就是这样地由社会支付来养活的。""降低货币成色是一种互相骗取，大众不能从它得到任何好处；因为除内部破坏以外，它不会获得什么声望或价值。""掺杂或减重完全是一回事。""汇兑和现款是一样的，只是省掉了货币的运来运去。""因贸易而输出货币是国家财富的增加，但因战争消耗而对外支付，则非常有害。""总之，对一个行业实行任何偏袒或赐益，是一种错误的做法，它大有损于大众的利益。"

不幸，这篇令人钦佩的论文，未能广泛流行。有充分的理由可以假定，这是一种有意识的压制。[①] 因此，这篇文章很快就看不见了。我不知道以后的商业问题作家们曾否参考过它。

诺思勋爵所主张的扩张和自由见解，以后或多或少为洛克[②]、《论东印度贸易》小册子的匿名作者[③]、温德林特[④]、德克勋爵[⑤]、休谟[⑥]和哈里斯[⑦]诸人所赞助。但是他们的努力，无助于重商主义的崩溃。他们关于财富性质的意见是混乱而相互矛盾的；并且因为他们既不企图研究财富的源泉，也不打算寻求国家富强的原因，因而他们赞成自由贸易制度的论据，就有了一些经验主义的色彩，不能如经常所作的那样，从已经成立的原理上，作逻辑的推理，以得出与经验相一致的结论。如我们以后将要指出的，关于劳动对财富生产的决定性影响，无疑地，洛克是采用了非常正确的见解，但是他没有把他的研究放在阐明这门科学的原理方面，同时在他以后的写作中也没有提及过。虽然，哈里斯先生采用了洛克先生的观点，并且从它

① 见罗杰·诺思著，《尊敬的哥哥达德利·诺思勋爵的生平》(*Life of his brother, the Hon. Sir Dudley North*)，第 179 页。

② 《论降低利息和提高货币价值》(*Considerations on the Lowering of Interest and Raising the Value of Money*)，1691 年；《再论提高货币价值》(*Further Considerations on Raising the Value of Money*)，1695 年。

③ 《论东印度贸易》(*Considerations on the East India Trade*)，1701 年。这是一本非常有名的小册子。作者成功地驳倒了各种主张禁止输入东印度制成品的论据，并且对劳动分工的效果，给了一个非常有力的例证。

④ 《货币回答一切》(*Money Answers all Things*)，1734 年。

⑤ 《对外贸易下降原因论文集》(*Essays on the Causes of the Decline of Foreign Trade*)，1744 年。

⑥ 《政论集》(*Political Essays*)，1752 年。

⑦ 《论货币和铸币》(*Essay on Money and Coins*)，1757 年。

们推论出了一些非常重要而切实可行的论断。但是他的一般原则，只在他《货币论》的序言中，顺便地介绍了一下，而没有详细地，或以科学研究所必需的那种逻辑和系统的方式，来加以阐述。

但是，英国作家所没有做到的事，现在有一位法国哲学家企图来做了。这就是有名的魁奈先生，他是一位内科医生，供职于路易十五的宫廷。首先立志阐明政治经济学的基本原理并企图研究和分析财富源泉的功劳，无疑地应该是属于他的；他就是这样地给了政治经济学一个系统的形式，并把它升高到一门科学的地位。魁奈的父亲是一个小业主，是在农村受的教育，因此，他自然是倾向于以更大的偏心来看待农业。在他的幼年时期，他遭遇着法国农业的不景气，因而使他要寻出阻碍农业进步的原因，因为就居民的勤劳、土地的肥沃以及气候的优良等条件来看，这种进步应该是有保证的。在他研究的过程中，他很快就发现了，禁止谷物输出外国，及科尔贝法令中给予工商界以较优于农业的偏袒，形成了农业进步和改善的最强有力的阻碍。但魁奈不满足于只揭露这种偏袒的不妥及其有害的结果。他对农业利益的热情，引导他不仅把农业与工商业放在同一水平，而且把农业提高到工商业之上，——他极力指出，农业是有助于国家财富增加的唯一行业。基于这样一个不可争辩的事实：任何东西，不论是供应我们需要的或是满足我们的欲望的，根本是从土地获得的。魁奈认为土地乃是财富的唯一源泉，是一个不辩自明的真理，并把它作为自己理论体系的基础；认为除非把工业受雇于农业（渔业和矿业，也包括在农业这个名词内），是完全不可能生产任何新价值的。他观察到自然界植物生长力量的显明结果，以及他无法解释地租的真实起源和原因，使

得他坚持了这个意见。从事劳动的人中，只有土地耕种者，因使用了自然要素而交付地租，这种情况，在他看来是无可争辩地证明了农业是唯一超过生产费用而产生纯剩余（纯产品）的行业。魁奈承认工业家和商人都是非常有用的，但是由于他们不能以地租的形式实现净剩余，于是他认为工商业对他们所制造的或运转的商品原料不能增加任何价值，它们的价值正等于制造或运转期中所消耗的资本和财物的价值。一当这个原理建立以后，魁奈就进而把社会分为三个阶级：第一个阶级或叫作生产阶级，包括农民和从事农业的工人，由于他们的作用，一切财富都生产出来了，他们保留土地产品的一部分，作为他们劳动的工资和他们资本的合理利润；第二个阶级或叫作占有者阶级，包括那些靠地租或靠耕作者除去他们必需费用以后的净剩余产品而生活的人；第三个阶级或叫作不生产阶级，包括工业家、商人及家庭仆役等，他们的劳动，虽是非常有用的，但不增加国富，他们完全依靠其他两个阶级支付给他们的工资为生。很明显，假如这种分法是根据正确的原理，那么，所有租税便应该落在地主头上。第三个阶级或不生产阶级，除掉从其他两个阶级获得一些收入外，一无所有；如果从农民的公平合理的利润和工资中作任何的减少，这便会有挫折他们的干劲的可能性，结果，由于枯竭了财富的唯一源泉而使贫穷和灾难散布于整个国家。所以，依照魁奈的理论，结果必然是政府的全部费用和各种公共负担，不管如何征课，必然最后从纯产品内或地主的地租内支付。根据同一原理，他提议所有现行的租税，都应当废除，而以课自纯产品或地租的单一税来代替。

但是，不管魁奈多么重视农业超过其他任何种类行业的重要性，他并没有要求对农业有任何特别的偏袒或保护。他成功地辩驳说，建立一个完全自由的制度，可以最好地促进农业人员以及其他所有阶级的利益。用一句他经常惯说的话，“因为最稳妥、最确实和最有利于民族和国家的国内外贸易政策，是体现在充分的自由竞争里，所以应该支持完全的贸易自由。”〔《重农主义》(*Physiocratie*)，第一部分，第119页。〕魁奈指出，绝不能为了土地占有者和耕种者的利益而束缚或挫折商人、技术家和工业家的干劲。因为他们享受的自由愈大，他们的竞争便愈大，结果，他们的服务亦将更为便宜。在另一方面，也不能为了生产阶级的利益而阻止农产品的自由输出，或以任何种类的限制规章，刁难和压制农业生产者。当耕作者得到了最大程度的自由，他们的干劲，结果，他们的净剩余生产——增加国家财富的来源——将发挥到最大可能的地步。依照这个“自由和渊博的体系”(《国富论》，默莱重印本第53页)，而确立的完全自由、完全安全和完全公正的制度，是社会各阶级取得最高度繁荣的唯一正确的方法。

迈尔西·德·里维埃是这种制度的最有才干的阐述者，他说：“可见某一个人的特殊利益，绝不能和全体的共同利益分割开来，这正是秩序的本质；为了丝毫也不损害私有财产权，自由应该在贸易里占统治地位，而在那充分的自由所自然地和必然地产生的一些结果里，我们找到一个很有力的证明。为这个巨大的自由所鼓动的个人利益，大大地和不断地促使每一个人去改进和增加他所出卖的商品；这样就扩大了他所能提供给别人的巨大满足，并用这个方法，通过交换，他也能从别人那里获得巨大的满足。事情就是这样，要想满足的欲望和要想满足的自由，不断地刺激生产的增加和工业的增长，它们在整个社会上造成一个运动，这个运动形成一种走向尽可能美好的状况的发展趋势。”①

我们将有其他机会考察这个非常渊博的理论，现在只要指出：因为构成一切商品的物质，都必须为土地所生产，因而魁奈及其追随者们便认为农业是财富的唯一泉源。他们完全误解了生产的性质，实质上，他们是假定了财富即物质。其实，在自然状态下，物质是很少会有即时的和直接的效用的，并且是常常缺乏价值的。只有把劳动加于适当的物质上，使它们适合于我们使用，物质才能得到交换价值，从而变为财富。人类的劳动并不是通过增加我们地球上的物质而产生财富的。地球上的物质数量，是既不能增加，也不能减少的。劳动的实际和唯一的结果是用给予已存在物质以效用的办法来生产财富，这已经反复地证明了。运用于制造业与商业的劳动，正如运用于农业中的劳动一样，是生产效用，从而也生产财富的。并不像魁奈所假设的那样，耕种土地是在扣除生产费用之后，产生净剩余产品的唯一行业。当农业最具生产性时，也正是只有最好的土壤被耕种的时候，这时却并不能由土地得到地租或纯产品；只有在使用了较贫瘠的土地后，在耕种中所使用的劳动和资本的生产力开始下降时，地租才开始出现。由此可见，地租不是农业优良生产性能所生的结果，实际上地租对其他行业来说是生产力下降的结果。

1758 年在凡尔赛出版的《经济表》(*Economical Table*)是魁奈编制的一个附有图解的公式，企图说明伴随着财富生产的各种现

① 《政治社会中自然的和根本的秩序》(*L'Ordre Naturel et Essentiel des Sociétés Politiques*)，第 2 卷，第 444 页。

象，及财富在生产阶级、占有者阶级以及不生产阶级之间的分配情况，其说明理论的新奇和巧妙，其形式的系统化和科学化，以及其所主张的自由商业制度，很快地便使它取得了非常高度的声誉。① 可惜的是魁奈的朋友和学生们，其中如法、意、德等国的米拉波、里

① 魁奈被誉为有创始的功绩，是无可争辩的。但确实的，他的某些理论在一世纪之前，即为一些英国学者所领先。有关经济制度的基本原理，在1677年就已为一篇论文《羊毛限量输出的原因》(*Reasons for a Limited Exportation of Wool*)所清晰地论述了。论文的作者说，"国家最大任务和利益是保护贵族、绅士以及那些国家土地的所有者，最低限度其利益也比保护几个雇来制造过剩羊毛的技工，或借输出我们的工业制品而获利的商人为大，这是很明显的：1. 因为他们是本国一切财富基础的主人翁和所有主。所有的利润都是出自他们所有的土地中。2. 因为他们担负着所有的租税和公共支出；事实上，这些租税和支出，都是由购买者所承担，出卖者毫无负担；所有的出卖者，都会依照他们所承担的租税，提高他们的商品价格，或降低他们的商品质量。"——第5页

1696年艾斯吉尔先生发表了一篇名叫《废用黄金，另创新币辩》(*Several Assertions Proved, in order to Create another Specics of Money than Gold*)的论文，拥护钱伯兰博士建立土地银行的提议。下面是这篇文章的摘录，正如斯图亚特在他写的《斯密的生平》(*Life of Smith*)中所陈述的，这篇文章，正呼吸着魁奈哲学精神的气息：

"我们所谓的商品，不外是从土壤分离出来的土地。人也只能和土地打交道。商人是世界的代理者，他们把这一块土地交换着另一块土地。国王自己为牛的劳动所养活：陆军的服装，海军的食物，作为最后的接受者来说，都必须由土地的主人供给。世界上所有的东西，根本都是土地的产物，所有的东西，都必须由土地生长。"〔这段文章曾为劳德德尔的《公共财富的性质与源泉之研究》(*Inquiry into the Nature and Origin of Public Wealth*)，第2版，第109页所引用。〕

这段文章引起了人们的注意，因为它显示出经济学理论的第一株幼芽。但是没有任何理由可以假定，魁奈业已知道了我们所提到的任何一篇文章。这些文章所讨论的题目，只是关于本地的一些叙述，不足以引起外国人的注意；假如魁奈真正蒙受过他们的任何德泽，他也不致不诚实到隐藏了自己的谢意。他或者看到过洛克《提高货币价值》的论文，在这篇论文内，租税最后归宿于土地的概念已经产生。但是在洛克的提示和魁奈已消化了体系之间，有着不可估量的区别。

我把奈木尔《论一门新科学的起源和演变》(*Sur L'Origine et Progrès d'une Nouvelle Science*)中，关于法国经济学家主张的一个国家的贤明政府所必须具备的各种制度一段，摘录如下：

维埃、奈木尔、圣佩拉维、杜尔哥以及其他有名人物等，都过分地热中于魁奈的特殊学说，过分热烈地为之辩护和宣扬，因而出现了党派色彩较多于忠诚追求真理的情况(有充分理由使人相信他们确实是如此)。因此，他们常被人认作宗派，称他们为经济学派或重

“这就是建立于自然秩序，建立于人及其周围生物的生理构成的所有社会组织的提要。”“私有财产在自然和生理的需要上建立起来。就每一个人而论，为了获得适当的东西来满足他的需要，他不辞劳苦和不惜生命地去发挥他本人所有的一切才能。”“劳动自由是私有财产制度的一个构成部分。”“动产，按照其用途、目的和在那些通过其本人的劳动所取得的东西上的必要的延续来看，也只不过是私有财产而已。”“交换的自由，贸易的自由和使用其财富的自由是和私有财产与动产不可分离的。”“农业耕种是私有财产、动产和自由权利的使用，三者不可分割的使用是必要的，不可缺少的，有利于使人口能够随着人们生存所必需的产品连续不断的增长而增长。”“随着耕种的需要而产生的土地财产，只不过是用于耕种和为了使土地处于可耕状态的预付费用的财产和动产的一种保存形态。”“使用土地的自由、耕作品种的自由和一切有关土地的开垦、租让、归还、交换、出卖等惯例的自由，是和土地所有权分不开的。”“取自农民收成的自然的分配，或财富的使用必须能使耕种继续下去，以免往后的收成、人口和纯产品有所减少；财富使用数量的大小，取决于社会繁荣的程度；取决于土地所有主的意愿和利益，纯产品是他们付出的费用和为了使土地处于可耕状态所花费的劳动的自然和合法的报酬。”“如果没有安全稳妥的保障，财产和自由仅仅是一个名义上的权利而已，纯产品很快就会耗费用绝，耕种甚至于不能存在下去。”“权力机关对财产和自由，提供根本必要的安全稳妥的保障，并颁布和执行自然秩序的法律，来履行这项重要的职责，从而使财产和自由权得以确立。”“在一些特殊的情况里，法官应该如何应用自然秩序的法律，来改变政权机关的实际法律；在发布君主的敕令之前，法官有严肃的责任对这些敕令，从实质上和法律加以比较，以便调整他们的裁决。”“公共的和妥适的指令是为了使公民、当局和法官绝不能忽视自然秩序不变的规律，不要在舆论的幻觉中迷失方向，或者受独占性的私利所诱惑，只要这种私利是独占性的，它们总是错误的。”“公共收入用于建立军队和国家必要的权力机关；用于履行其保护的职责；用于法庭的重要职能和不可缺少的行使自然秩序的措施等等的支出。”“直接税收，或者说来自土地的纯产品，在土地所有主和政权当局(国家)之间的分配，其形成公众的收益的方式，不应对自由有所限制，因而不应是有害的。”“税收在纯产品中的根本和必要的比例，就是要向公众提供最大可能的收益，从而提供最大程度的稳妥的保障，否则土地所有主就不能享有他们在社会上最美好的景况了。”“世袭君主政体，为了其政权继承者目前和将来的一切利益，应该通过纯产品的合乎比例的分配，把它的利益和社会的利益，紧密地联系起来。”

农学派——他们彼此的著作，也以不寻常程度的相同为特点。[①]

纵有这些缺点，但是毫无疑问，法国经济学家的劳动，还是有力地帮助了和加速了这门科学的进步。在讨论有关国富的课题中，此时已经明白了，必须把它的根源和决定它的生产和分配的规律放在更确实的和更深入的分析中。在这个考察的过程中，很快就证实了，重商主义和重农学派的理论，都有其错误和缺点；为把政治经济学这门科学建立在一个稳固的基础上，必须有一个更为广阔的观察；不能在少数偏见和牵强附会的事实中，或形而上学的抽象概念中，而必须联系着文明进步中所显示出来的种种现象，以

① 法国经济学家的主要著作：

弗朗斯瓦·魁奈：《经济表和经济管理的一般原理》(*Tableau Economique, et Maximes Generales du Gouvernement Economique*)，四卷集，凡尔赛版，1758 年。

米拉波：《税收的理论》(*Theorie de l'Impot*)，四卷集，1760 年。《农业哲学》(*Philosophie Rurale*)，四卷三册，12 开本，1763 年。

迈尔西·德·里维埃：《政治社会中的自然的和根本的秩序》(*L'Ordre Naturel et Essentiel des Sociétés Politiques*)，四卷二册，12 开本，1767 年。

杜邦·德·奈木尔：《论一门新科学的起源和演进》(*Sur l'Origine et Progrès d'une Science Nouvelle*)，1767 年；《重农主义，或人类最有益的政府的自然组织》(*La Physiocratie, ou Constitution Naturelle du Gouvernement le plus avantageux au Genre Humain*)，这是一本研究魁奈经济理论的主要著作，两篇，1767 年。

博多：《一公民有关第二十种和其他税收致法官书》(*l'Abbé Baudeau, Lett. d'un Citoyen à un Magistrat, sur les Vingtiemes et les autres Impots*)，12 开本，1768 年。

圣佩拉维：《论间接税的作用》(*Mem. sur les Effets de l'Impôt indirect*)，本书曾获利摩日皇家农业学会奖金，12 开本，1768 年。

杜尔哥：《关于财富的形成和分配的考察》(*Reflexions sur la Formation, et la Distribution des Richesses*)，八卷集，1771 年。这是根据重农学派的原理写出的著作中最好的一本；在许多方面，是《国富论》出版以前政治经济学中最好的一部著作。《农业杂志》(*The Journal d'Agriculture, Ec.*)及《公民记事历》(*The Ephemerides du Citoyen*)内有魁奈及其他主要经济学家所写的各种很有价值的论文。《记事历》于 1767 年出版，1775 年停刊；最初由博多主编，其后由杜邦·奈木尔主编。

发现它的原理。佛里伯爵于1771年出版的《政治经济学考察》(*Meditations on Political Economy*)中说明了法国经济学家关于农业劳动生产性能优越的错误意见,指出了所有劳动的作用,只是已有物质的变形。[①] 但是,佛里没有追究这个重要原理的结果。同时,由于他对什么构成财富这个概念不够明白和精确的缘故,他也无意发现助长劳动的方法。他对这门科学的某些部分,作了许多有价值的补充,他也有足够的敏感发现别人体系中的错误,但是建立一个较好的体系以代替别人的体系,则需要一种相当高度的才能。

最后,在1776年,我们卓越的国人亚当·斯密出版了《国富论》,——这部著作对政治经济学的贡献,一如洛克的论文对思维哲学的贡献一样。在这本著作里,这门科学第一次作了最广大范围的探讨;财富生产所依据的基本原理,被放在无可指摘和非议的地位上。与法国的经济学家们相反,斯密博士指出了,劳动是财富的唯一泉源;增加我们的财富和独立生活的愿望——这是一个与生俱来的直到我们进入坟墓以前,从不离开我们的愿望——是节约和积累财富的原因。他证明了,劳动之用于工业和商业与用于土地的耕种时一样,都是生产财富的。他研究了最有效利用劳动的各种方法;他对不同个人间的劳动分工和劳动生产中运用积累起来的财富或资本来使劳动力发生巨大的增加,给了最可惊羡的

① 合与分是人类才智分析再生产的观念时所发现的两个独立要素;田地上的土壤、空气和水之变为谷物,一如通过人们的手把一种昆虫的胶质变为天鹅绒,或是把一些金属小块组合起来构成一个报时机器一样,都是价值和财富的再生产。——《政治经济学考察》(*Meditazioni sulla Economia Politica*),第3节。

分析和说明。与同时代的商人、政治家和政府官员中所流行的意见相反，斯密也指出了财富不在于黄金与白银的丰饶，而在于人类所需的各种必需品、便利品和享乐品的丰饶。他论证了听凭个人依照他自己的办法，追求他们自己的利益，在任何场合下，都是英明的政策，即是，人们在从事有利于他们自己的某种事业时，必定同时也有利于社会；因此，任何规章制度想要迫使某种事业走向特殊的渠道，或规定在本国各地之间或与其他国家之间商业来往的种类，是失策的和有害的——有害于个人的权利——并且和真正富裕和持久繁荣是背道而驰的。

这些极其重要的原理，有不少部分在前人的著作中已有清楚的记述或有线索可寻的这一事实，一点也不降低斯密博士的功绩。在采用别人的见解中，他使之成为其自己的东西，他证实了原理的真实性，而他的前辈们却在许多情况下，只不过是偶然的机遇而已。他把真理从错误里面挑选出来，这在以前是不可能的；他论述它们的深远影响，并指出它们的局限性，他证实了它们的实际重要性和真实价值，即它们的相互依存和关系；并且把它们归结为一致的、和谐的和华丽的体系。

《国富论》在许多方面虽是出类拔萃的，但不能否认其中仍有不少错误和无关重要的地方。斯密博士不曾论及人们所从事的对他们自己最有利的事业，必定同时对社会也是最有利的事业。他倾向于法国经济学家的体系——这种倾向在他著作的每一部分都能察觉到——使得他离开自己的体系如此之远，以致承认个人利益，并不常常是社会各种行业利益的真正测量标准。他认为农业，虽不是唯一的生产性行业，但却是所有行业中最有生产性的，他认为国内贸易比之直接的对外贸易较有生产性，而直接的对外贸易，又比转运贸易较有生产性。然而很明显，这些区别，都是根本错误的。一个国家，不外是个人的集合总体。这样，就必然得出，凡对个人是最有利的，必定对国家也同样最有利的结论；同时也很显然，除非工业和商业产生同农业一样大的利润，并最后使社会亦受到同样大的利益，不然则某些人的私利将经常会阻止他们从事于工业和商业。他的关于在固定的和可卖的商品中尚未实现的一切劳动是非生产性的这种意见，初看起来，似乎并不比法国经济学家们关于商业和制造业的非生产性的意见，具有更好的根据；而且他的错误近已为某些作者充分地证实了。但这些只是次要的缺点，《国富论》最根本的缺点，还在于斯密博士提出了关于谷物价值不变和工资率变动对物价影响的种种错误理论。这些都阻碍他对地租的性质与原因，以及对控制利率的规律，获得任何清晰和明确的概念。结果，把他著作中有关讨论财富分配和租税原理的那一部分，给完全损坏了。

纵然，我们肯定了这些缺点，但仍然有足够的理由，使我们相信斯密博士是政治经济学现代体系的真正创始人。假如说他留给我们的不是一本完善的著作，但无论从哪一方面来说，他留给我们的已经是一本较过去问世的任何人的著作包含着更多有用的真理的著作。他指出了并且铺平了一条道路，循着这条道路，以后的哲学家即有可能完成许多他所没有完成的东西，改正他曾犯过的错误，并作出许多新的和重要的发现。确实，无论我们提到斯密著作的主要理论的正确性，它的博大精深以及实际结论为普遍可用性，或它对经济科学的进步和完善，以及对国家政策和措施的有力和良好影响，斯密博士的著作，都必须放在那些有助于人类自由、开化和富裕等著作的最前列。①

政治经济学这门科学，很久以来就和政治科学纠缠在一起；无疑，它们是非常密切地联系着的。要严格地处理那些专属于某一科学的问题，而不或多或少地提及其他科学的原理和结论，往往是不可能的。但是在它们的主要特点上，却有充分的区别。决定财富的生产与分配的规律，在每一个国家和每一个社会发展阶段中，都是一样的。存在于一个共和国的有利或不利于财富和人口增加的条件，可以同时存在于一个君主国家，并且将产生同样的影响。财产必须安全、有保障，否则，便没有坚持不懈和继续不断的劳动活动——自由从事各种不同事业，是唤起人类各种才能与创造性活动的必要动力和泉源。节约公家开支，有助于国家财富的积累，这些都不是某一种政府所独有的特性。如果自由国家在财富与人口方面，有了最快进展的话，这只不过是他们政治制度的一个间接结果，而不是直接结果。最可能的原因是他们对财产权视为神圣不可侵犯，对营业自由少加束缚和限制；公共收入，在民主政府之下做了比较合理的征课和开销，而不是单纯由于较多数的人被允许行使政治权利的情况使然。对于一个专制君主的臣民，如给予同样的保证，他们也能得到同样的进步。劳动不需要外在的利益来刺激，由劳动而获得的较多舒适和享受，正是人们坚持不懈、奋

① 这门科学以后发展的步骤，在本书讨论的过程中将要随时指出。关于这门科学到现在为止的历史概要，我已在我的《论政治经济学的兴起、发展、独特的对象和重要性》(*Discourse on the Rise, Progress, Peculiar Objects, and Importance of Political Economy*)中叙述过了。

发努力的最大保证。不管政府的形式怎样，在改良事业中常常走在前面的，总是那些公共负担比较适度、职业自由得到允许、每人都能平稳地享受他的劳动果实的国家。所以，一个国家的财富，主要是依靠其统治者的才能和精神，而不完全在于它的政治组织。掌权者的节俭、谦恭和才干，往往能使专制君主国家，达到一个非常高度的富裕和繁荣；在另一方面，一个较自由的政体所取得的一切利益，却不能保证一个自由国家由于其执政者的浪费、粗暴和无远见的政策而不搞得民穷财尽。

所以，政治学和政治经济学这两门科学是有其足够的区别的。政治学者研究政府赖以建立的原理；他想要肯定把最高的权力放在谁的手中，才最有好处；说明社会的统治者与被统治者的相互职责与义务。政治经济学家则不看到这样高远。要求他判断的不是政府的组织，而只是政府的行为。凡是有关财富的生产或分配的方策，必须归入他的考察范围，由他无拘束地探讨，他检查它们是否符合经济科学的正确原理。假如符合的话，他就宣布它们是有利的，并且指出它们所产生的利益的性质和限度；假如它们不符合的话，他就指出在什么地方有缺点，在什么范围内，它们的作用将是有害的。但是他做这些时，并不考虑采取这些方策的政府组织。这些方策是出自专制君主的枢密院，还是出自自由国家的议会，虽然从其他方面看，这是非常重要的问题，但仍不能影响经济学家赖以形成他们见解的不变原理。

除与政治学相混外，政治经济学有时也和统计学混淆不清，但它们还是比较容易分开和区别的。统计学家的对象，是描绘某一特定国家在某一特定时期的情况，而政治经济学家的对象，则是发

现它进到那个情况的原因，以及无限地增加其财富与富裕的方法。他与统计学家的关系，一如天文学家与观察员的关系。他以统计学家调查所得的材料与历史家和旅行家所供给的材料比较后，然后他自己再发现其中的联系。以耐性的归纳法——细心地观察在某些原则作用下的有关情况，他发现这些原则所实际产生的效果，并说明这些效果在其他原则的作用下，可能改变到什么程度。就是这样地发现了并坚实地建立了地租与利润的关系，利润与工资的关系，以及各种的普遍规律，而这些规律是决定并联系着社会上各种不同秩序中似矛盾而实协调的利益的。

第二章　财富的生产

第一节

生产的定义　劳动是财富的唯一来源

自然和人工的一切作用都可以归结为各种变化——形状和地点的改变——实际上也是由各种变化所组成的。在政治经济学这门科学中，生产一词，我们不要把它理解为生产物质，因为生产物质乃是上帝所专有的属性；而是要把它理解为：通过取得和改变已存在物质，使它能够满足我们的欲望并有助于我们享受的办法，来生产效用，从而生产交换价值。这样使用的劳动才是财富的唯一来源。[①] 自然界自动地供给了制造一切商品的物质，但在耗费劳

① 德斯屠·特腊西先生坚强而才智地说过这一点，他说："不仅如此，我们绝不会创造出任何东西来，假如我们仔细体会这句话，就会理解到它的创造和消灭，对我们说来都是不可能的。我们从来不会看到任何一样东西会从无到有或从有到无。这个定理自古以来就已被人承认了：一种事物是不会从虚无中来又回到虚无中去。那么我们对劳动或行动应该作怎样的看法呢？无非是对存在物的作用，即形态和地点的改变，使它适应于我们的使用，变得有利于满足我们的需要。这里，我们应该把生产理解为对某种东西提供了效用。或者就拿我们的劳动来说，如没有获得效用即是徒劳；如果获得效用即是生产。"〔《意识学概要》(*Elemens d'Ideologie*)，第3卷，第162页。〕

动把它取得，或使之适合于我们的使用之前，它是毫无价值的，同时不能、并且从来也没有被人们认作财富。[①] 把我们置身于河边或果园内，假如我们不费一些劳力把水拿到唇边，或从树上把果子摘下来，我们就会因饥渴而死。但仅把物品取得还是不够的。在绝大多数的情形下，劳动不仅是要取得物品，而且还须把它由一地运到别地，并赋予它特有的形状或式样，如不这样就可能毫无用处，因为不能供给我们的需要或舒适。我们生火所用的煤是深藏于地球内部的，在开矿工人由矿中开出并把它送到能够使用的地方之前是一点价值都没有的。建筑我们房屋的石头和泥灰，制造屋内陈设的各种舒适品和装饰品所用的不整齐、无式样的原料，在它们的原始状态下，同样是没有价值和效用的。作为我们吃穿来源的各种各类动物、蔬菜及矿产品，没有一种是原来就有用的，而许多还是对人极其有害的。正是人的劳动才使它们具有效用，消除它们的恶质，使它们能满足人的欲望，并供给人以安乐和享受。“劳动是最初的价格，是偿付一切东西的原始钱币。最初用以购买世界上一切财富的，不是金银，而是劳动。”（《国富论》，默莱重印本，第1页。）

假如我们观察进展的情况，并追溯各不同国家和社会的人类历史，我们将会发现，他们的舒适与快乐，经常是和他们所具有的、

① 季度评论（Quar. Rev.）第60期有一篇论文的作者坚持说，由于土地供给我们商品的材料，因而土地是财富的来源。但很明显，这正是法国经济学家们老错误的改头换面而已。其实如果说由于土地供给我们商品的材料，因而就认它为财富的来源的话，那么同样可以说由于它供给了画家和雕刻家所使用的原料，因而它也是图画和雕像的来源。

使他们的劳动能有效地取得自然产物并使之适合于使用的能力非常相称的。原始人类的劳动局限于采集野果,或在海岸边拾取贝壳,他们是处于文明尺度中的最底层,而且由舒适的观点来看,肯定比许多低级动物还要差。社会的第一步进展是在人类学会了猎取野兽,吃它的肉,穿它的皮的时候。但这种只局限于狩猎的劳动是纯然非生产的。狩猎民族的生活习惯和方式,确切地说同捕食的猛兽很相似,他们只是很稀疏地分布在所占有的地面上;虽然人数很少,但狩猎物供给的任何意外缺乏,都会使他们陷于极端窘困的境地。社会的第二步进展是在渔猎民族,如同古代的西蒂安人和现代的鞑靼人似的,学会运用他们的劳动来驯养野兽和圈养畜群的时候。这些牧人的生活较之狩猎者是稳定多了,但仍然是几乎完全没有那些使文明生活具有主要意义的一切舒适品和优美的东西。文明进展的第三和决定性的步骤——以巧妙的人工来生产生活必需品和便利品——是当这些流动的狩猎和畜牧民族放弃了他们的游牧习惯而成为农人和制造者的时候。正确地说来,从此以后,人放弃了他天生的懒惰,开始充分地利用他的生产能力。他从此变得勤勉了,也是必然的结果,他的需要这时第一次得到了充分的满足,同时他也更能广泛地支配他生活和舒适所必需的物品。

劳动在财富生产中的重要性,早为霍布斯和洛克很清楚地理解到。在1651年出版的《利维坦》(*Leviathan*)第24章[①]的开头,霍布斯就说,"一个国家的营养在于维持生活的各种物质的丰富和分配。关于物质的丰富,自然界限定于那些由陆地和海洋(我们共

① 《一个国家的营养和生殖》。

同母亲的双乳）所生产的物品，上帝对这些东西或是无代价的赐予，或是以劳动来换给人类。这些营养物品包括有禽兽、蔬菜和矿物，上帝无代价地安排在我们面前，或者置于地表之内或者接近地表的地方；因此除了劳动和勤勉之外不需其他。所以说丰富是依赖于（次于上帝的恩赐）人的劳动和勤勉。”

但洛克先生更为明确地理解这个学说。在他 1689 年出版的《政府论》（*Essay on civil Government*）中，他已能深入地引申、明辨并作了有力的分析，他指出正是由于劳动，土地的产物才能得到它几乎全部的价值。他说，“有一亩地栽培了烟草或甘蔗，播种了小麦或大麦，同时另一亩同样的土地闲弃不用，没有一个农夫在土地上耕作，如让每人都注意到两种情况的不同，他就会发现其中极大部分的价值都是劳动所创造的。我想即以很适中的估计来说，土地上对人类有用的产物，十分之九是劳动的结果；要不然我们确实地注意一下那些为我们使用的东西，并计算一下它们的各种支出，其中哪些应纯粹归于自然界，哪些应归于劳动，我们将会发现，其中的绝大部分，百分之九十九应完全归之于劳动的项目内。

“最能明白地说明一切的例子是美洲各民族，他们的土地很多，但生活很不舒适；自然界供给他们和其他民族同样丰富的物质；即是说丰饶的土壤能够生产大量可作为食物、衣着、享乐的东西；但由于没有以劳动来改进它，我们所享受到的享乐品，他们连百分之一都没有享受到；统治着广阔而肥沃土地上的国王，吃的、住的以及穿的还不如英国的一个散工。

“为把这个问题搞得更清楚一点，我们只要追溯一下某些日常生活用品在其为我们使用之前，所经过的几个阶段，就可以知道它们的价值，有多少是得自人类的辛劳了。面包、葡萄酒和衣服现在是日用的东西，而且数量很丰富；然而，假如劳动不提供我们这些比较有用的商品，那么橡实、水和树叶或兽皮必然仍然是我们的粮食、饮料和衣着。面包比之橡实，葡萄酒比之水，布匹或丝织品比之树叶、兽皮或藓苔是更有价值的，而这价值却完全是由于劳动和辛勤而得到的。在这些食物和衣着中，一类是自然单独提供给我们的；另一类则是我们的勤劳和辛苦为我们所准备的。任何人只要计算一下，这一类的价值超过另一类的价值有多少时，他就会看到在这个世界上，我们所享受的物品价值，绝大部分是劳动创造出来的；土地所生产的物质是少得不能计算，充其量也只能说是非常小的一部分。在我们这里，完全弃置而听其自然的土地是很少的，不利用为放牧、耕种和栽培的土地即称之为浪费，事实也确实是浪费；我们将会发现它收获的数量仅比没有稍多而已。

“在我们这里一亩地能生产二十蒲式耳小麦，而在美洲的一亩地，如以同一农夫做同样的事，这亩地无疑是有其同等的内在价值（效用）。但是前一亩地，人们的收益是五镑，而后一亩却可能不值一便士；假如一个印第安人从一亩地上得到的全部收益拿到这里来估价和出售，我可以肯定地说它会少到不足千分之一镑。因此说，给土地提供极大部分价值的是劳动，没有它就很难值到任何东西：“正是由于它，我们才能获得极大部分的有用产品。一亩麦田所产的麦秸、糠麸、粮食等，其所以较之荒废的好田所生产的价值要大，都是由于劳动的结果。不仅农人的辛苦、收获者和打谷者的勤劳、面包师的汗水都须计入我们所吃的面包内，而那些养牛者，开掘和制造铁石者、刨削木材和装配成锄、磨、火炉或其他用具者，许许多多人的劳动都是这些麦子所需要的，从麦子的播种到做成面包，都必须计入劳动的账目内，并须看作是劳动的结果。自然界和土地供给我们的只是些几乎毫无价值的材料。假如我们能够追溯的话，在我们吃用之前，每一片面包中所准备和使用的劳动将会列出一个很奇特的目录。铁料、木材、皮革、树皮、船骨、石头、砖头、煤炭、石灰、布匹、染料、松香、沥青、桅杆、绳索以及运载工人们在各种工作中所需的商品的船只所用的一切材料；把这一切东西列举出来，几乎是不可能，至少也太长了。”①

假如洛克先生把他的分析再深入一步，他一定能体会到水、树叶、兽皮及任何自然产物，除去取得时所必需的劳动外，都没有任何价值。水的价值对于站在河岸上的人来说，是依据于把水由河里舀到唇边的必要劳动；当需要把水运到十里或廿里之外时，它的价值也同样是依据于运到那里的必要劳动。自然界的一切原始产品和生产力都是毫无代价地供应给人的。自然界并不悭吝，也不小气。它的赐予既不要求也不接受相应的报酬。某些物品根本无须耗费任何劳动，就可以取得或可以使之适应于我们的用途，而且

① 《政府论》，第2卷，第40—43段。这是很杰出的一节。其中包含着劳动构成价值的这个基本学说的明确而详尽的论述。他的论说较之亚当·斯密博士以前的其他作者，甚至较《国富论》中所见的，都更为明确而详尽。但洛克先生似乎没有充分明了他所解释的原则的真正价值，同时也没有从这里得出重要的实际结论。相反，在他1691年发表的《提高货币价值》小册子中，他明显地写着一切租税，无论怎样征课，最后一定归宿于土地；其实很清楚，切合上述原则，他应当指出租税不应单独归宿于土地的产物，而应归宿于一般的劳动产品，或者一切种类的商品。

可能具有极高的效用；但由于它是自然界无代价的赐予，所以它完全不可能具有任何价值。①

卡纳先生用一个有力的例子来说明了这个学说："试想一下，假使我从我的表上除去了在它上面曾经连续耗费过的劳动，剩下的就只有存在于土地深处人们还没有采掘出来的矿物质，在那里它们是没有什么价值的。同样，假如我分解我所吃的面包，依次地除去加于其中的一切连续劳动，剩下的就只有散布在不毛荒野上的一些麦类野草茎，它们也是没有任何价值的。"〔《政治经济学原理》(*Principes d'Economie Politique*)，第 6 页。〕

所以说，正是劳动，也只有劳动，人才能获得具有交换价值的东西。劳动使人从未开化的条件下文明起来的奇效东西，劳动把沙漠和森林改变为耕地，把大地覆盖以城市，使海洋飘浮着船只；劳动给予我们丰盛、舒适和优美，免除我们的贫困、苦难和野蛮。

① 贝克莱主教对于财富的来源，采纳了很正确的意见。在他 1735 年出版的《质询者》(*Querist*)中，他问道，"假定土地本身即是财富是否没有错？当考虑什么构成财富，甚至何以使土地和白银都成为财富时，由于土地和白银都没有任何价值，而仅是勤劳的手段和动机，所以人们的勤劳是否应首先考虑？"

"在美洲的荒地上，一个人是否可拥有二十平方英里的土地，而仍缺吃少穿？"(《质询者》，第 38 和 39 节。)

萨伊先生似乎认为〔《讲座绪论》(*Discours Preliminaire*)，第 37 页〕，加利阿尼在 1750 年出版的《货币论》(*Della Moneta*)中，第一个指出了劳动是财富的唯一来源。但现在摆在读者面前的这一段话，却证明萨伊这个见解是错误的。加利阿尼并没有以分析或论证说明其立论的正确；在他著作的其他部分，他表现得很熟悉洛克的《货币简论》(*Tract on Money*)，因此他是否事先看见过《政府论》，同时他是否在这个原理上拾了别人的牙慧，怀疑很自然地就会产生出来。由加利阿尼当时的环境，对于价值的发现，不可能比洛克更通晓的情况来看，尤其可能引起这种怀疑。参阅《货币论》，第 39 页，1780 年出版。

这个基本原则一旦建立之后，接着就必须在研究财富生产的那一部分政治经济学的最大实际问题中，解决用什么方法才可使劳动最有效率，或是如何才可能用最少的劳动量获得最大量的、必需的、有用的和为人喜爱的产品，任何方法如有增加劳动能力的趋向，或因之而降低生产商品的成本，必然会相应地增加我们获得财富的能力，同时任何方法或规约有浪费劳动的趋向，或增加商品生产的成本，必然会相应地降低这种能力。这是一种简单而有决定性的试验，用这种试验，我们得以判断每一个影响国家财富的办法是否得策，同时也得以判断每一种发明的价值。假如发明使劳动生产的更多，假如发明使商品的交换价值有一种降低的趋势，使商品更容易获得，并把它们置于社会上大多数人的支配下，这样就必然是有利的；但假如它们的趋势与此相反，就必然是不利的。认识了这个观点，则政治经济学研究财富生产的这一大项目，将会感到非常简单而易懂。

劳动，依照它应用于对自然产物的提高来讲，把自然产物变为有用、便利或优美的物品，或把自然产物和加工品由一地运到别地，一般称之为农业的、制造业的或商业的劳动。精通于这几大行业中的各个过程及最有利方法，熟悉劳动的应用，是农业家、工业家和商业家的特殊和专门的学问。政治经济学家的对象并不致力于这些特殊的事务和专业的研究。他限于研究如何使一般劳动获得最高生产的方法，并如何在一切行业部门中增加其生产能力。

第二节

增加劳动生产力的方法 一、财产的安全 二、个人之间的职业分工 三、资本的积累与运用 四、不同国家之间的分工或商业 货币

对于人类从贫困到富裕的演变，即使最轻率和不经意的观察者，也必定早已察觉到有三个条件，没有这三个条件的同时存在与合作，人类绝不可能越出野蛮阶段。第一和最不可或缺的条件是财产的安全，或者说每个人在思想上都能愉快而有根据地确信，他被准许任意地处理自己的劳动果实。第二是交换或易物制度的发生，以及因交换制度之发生而引起的每个人从事于一定的专门职业。第三是过去劳动产物的积累和运用，或如通常所谓的资本或资财的积累和运用。在生产人类生活必需品、享乐品和便利品的伟大技艺中，所有一切的改进，不论是已经做过的或将来可能做到的，都必定会归功于这三个条件中的这一个或那一个。所以说，这种寓于这门科学深处的重要原理，应当有很好的了解。

一、财产的安全 财产的安全，是生产财富的第一个和最不可少的条件。它在这一方面的效用是非常明显而令人瞩目的。在每一个国家甚至在人类社会的最早和最野蛮的时期，也都或多或少地为人所注意到了。对这个告诫人们的合理格言，大家都有深刻的印象：谁播种应该允许谁收获，一个人身体的劳动及其双手的工作，都应该完全看作是他自己的。没有发现过哪一个野蛮民族曾

不承认关于你的和我的原则的。明显地，假如在几个月或几年劳动以后，当一个人饲养的家畜多了，当他的五谷成熟可以开镰了，而允许一个不相干的人来劫夺他的勤劳产物的话，则任何事物都不会引诱一个人去从事任何劳动事业。所以，毋需奇怪，保障每一个人平安地享受其收获的产物和耕种与改良其土地的某些管理办法的效用本身，就已引起第一批立法者的注意。所以《事业》(*Job*)这本书的作者把私移邻人地界的人，列入其坏蛋名册的首位，同时早期某些异教徒立法者们把犯这种罪的人都要处以极刑，也并不是没有道理的。[①]

帕莱博士说过，土地法是财产权的真实基础。但是对每一个人勤劳所得产物的保证这一显明的效用，无疑地是诱使每一个越出野蛮阶段的人建立这种权利的坚实原因。实际上，这几乎是社会所有其他一切制度所赖以建立的基础；西塞罗毫不犹豫地肯定政府对内任务，主要是为了保障财产的安全。正是为了保护私有财产的安全，才建立城市和国家。尽管人类的聚集而居是基于天性，但由于希望保护自己的财产，才寻求城市的保障。(《论义务》，第2卷，第21章。)在财产权正式得到保障以前，人们必定彼此视若仇敌而不视为朋友，懒惰和不顾将来的人是时常想要抢劫勤劳和节俭者的东西。假如他们不被强有力的法律所限制，假如允许他们行使其惯技，就会使人滋生一种无保障的情绪，结果将是阻碍勤劳与积累，并把所有一切阶级都沉沦到如他们一样的无望而悲惨的地步。财富的安全对于积累，甚至较之对于生产，还有必要。

① 果盖：《法律的起源》(*De l'Origine des Loix*)，四卷版第1卷，第30页。

没有一个人，无论过去或将来，在他力所能及范围内，会反对他自己得到即时的满足，除非他想到这么做在将来某一时期内，他将有一个得到更多的享乐品与便利品的美丽远景，或者能避免更大的不幸。在财产权利得到慎重保证的地方，一个勤奋的人，如果他一天劳动所生产的东西，足够维持他两天生活的话，他第二天也绝不会闲呆着，而将是把超过他需要的剩余生产物积累起来，作为资本；资本所有权带来的递增果实及享受，在大多数情况下，是足够抵消即时满足欲望而有余的。但是在财产没有得到保证的地方，我们就看不到积累原理的作用。那时人们将异口同声地说："这些财产将来或不免于被贪得无厌的政府所勒索，或为那些专以抢劫勤俭邻居为生的人所任意劫掠。我们最好还是在我们力所能及的时候把它花掉，不要积累那些将来不能使用的财产吧！"

但是财产的安全并不仅仅是当一个人被剥夺了他平安享受其劳动果实的权力时而被破坏，当他不能以任何方法使用自然界所赐予他无害于人而有利于己的权力时，财产的安全也是被破坏了，甚至是在更显著和更不公平地被破坏了。在一个人所能拥有的财产中，他的天资与他的体力是最特别地属于他自己的。所以，他应当被允许享受，也就是说应当允许他自由地使用或运用这些力量。因此，当一个人被禁止从事某一特定业务时，正如强力剥夺他所生产的和积累的财产一样地破坏了他的财产权，也许还更甚一些。每一个垄断事业，也就是给予少数人经营某一行业的独占特权，事实上，就是这样直接破坏别人的财产而建立起来的。它阻碍了人们在其认为最好的方式下运用他们的自然才能或力量，同时，一个人只要他不是奴隶，他就会，而也应当会运用其最好的才能，事实上他也正是自己利益的最好判断者，所以当他被排斥于某一事业之外时，自然法与财产安全的原则，对他说来就是完全被破坏了。当任何管理办法强使某个人把他的劳动或资本，使用在某一特定途径时，财产权也同样是被破坏了。当一个地主被迫采用某一耕作制度，甚至这个制度比他以前所采用的更好些，他的财产权是被破坏了；当一个资本家借出他的资本而被迫接受某一特定利率时，他的财产权是被破坏了；一个工人当其被迫从事某一特定职业，他的财产权也是被破坏了。

假如人们不幸而被一个不尊重和不保障财产权的政府所统治，那么，最肥沃的土地，最温和的气候和最高的智慧，也不能阻止他们变成野蛮、贫困和卑下。这是所有灾祸中最大的一种。内战、瘟疫以及荒歉的破坏，都可以补救，但是没有任何一种力量能使一个民族抗拒一个已建立起来的暴戾掠夺制度所形成的致人死命的影响。缺乏安全，或者说，缺乏允许居民自由处理其劳动果实的愉快和有根据的希望，是奥托曼帝国没落的主要原因，同时也是欧洲中世纪工艺衰落的原因。当土耳其征服者蹂躏着那些富饶和美丽的国土时，遗欧洲其他强国以羞辱的是，居民们仍然被允许在征服者部下的指派下继续居留，条件是按照计划从事一定的军事服役。这种计划的许多要点相当于我们祖先的封建制度。但是他们的财产，除指定拨给教会的以外，是不允许继承的，当现在的所有者死去时，便完全交给苏丹，他是帝国所有不动产的唯一所有人。土耳其的土地占有者不准许在其死后遗交其子女或继承人。由于这个恶劣制度的结果，所以他们比较不注意未来；由于人们对其不知名的财产继承者的命运不感到任何兴趣，所以没有人对那些在其生

存期内不可能希望获得利益的事物，进行任何改进。这就是为什么土耳其人是如此极端不注意他们的住屋。他们绝不用坚固的和耐久的材料建筑房屋。只要能保证在他们呼出最后一息气的顷间不倒塌、粉碎，便满足了。在这个可怜的政府的统治下，皇宫变成了茅舍，城镇变成了乡村。长期持续地没有财产安全，毁灭了勤劳精神。这不仅破坏了国家的力量，甚至毁灭了越出野蛮的愿望。[①]

假如专制力量能得到经验教训的话，它应当很早就认识到它自己的财富和它臣民的财富一样，只要保证其不被侵害，即能有效地得到增加。假如土耳其政府建立了一个机智的警察制度——保证每一个人有无限的权力处理他的劳动果实——用一个正规的税收制度，替代现行的强取豪夺的可恨制度，百业将可复振，资本与人口将可增加，对几种为大家所需要的货物征课温和的税收，对国库所带来的收益，要比现在以武力和破坏的手段而得到的大得多。土耳其人所担负的国家公共开支，比英国人、荷兰人或法国人所担负的为轻，但是后者知道，当他们完纳了政府的课税之后，他们会被允许安静地享受或积累他们所得的剩余部分；而土耳其人则没有这种保证，相反，却是在他完纳国家的贡赋以后的任何时刻，国王及其随从都可能剥去他们所有的每一个多余的铜钿！财产安全是基础，是每一良好财政制度的主要原则。当财产安全长期不被

① 桑汤：《土耳其帝国纪事》(*Account of the Turkish Empire*)，第 6 卷，第 63 页。德农说："土耳其人是尽可能不造房屋的，他们也从不进行维修。危墙虽有倾覆之虞，却无动于衷，墙垣如果当真倒塌了，在瓦砾旁边略事整顿便了，在他们看来，这只不过是住宅内少掉几间房子而已。房屋如果终于崩塌了，他们便干脆放弃那块地方，如果不得不清除一下场地，也只是把一些掉下来的废料搬移到附近另一个地方去，愈近愈好。"——德农(Denon)，第 1 卷，第 193 页。

侵害，它能使一个国家不费很大的力气便能承受一个非常沉重的租税负担。但在没有财产安全的地方，在财产成为劫夺与强取的目的物，成为穷人、有权势者或流氓抢劫对象的地方，即使最小的负担，也将会视为压迫，并且必定会超过其穷困的和没有进取精神的居民的财力。

布赖当先生常常和那些聪明的西西里人谈到他们这个有名海岛的自然富源及其开发的可能性。他说，"是呀，假如这些都开发了，你就会有理由夸赞它们。看看这些山脉吧，它们蕴藏着各种丰富的金属，许多罗马时代发现的矿藏，到今天还没动。但是为了达到什么目的，我们才应当勘探它们呢？所收获的利润并不是我们的。嘿，任何贵重东西的发现，可能成为其所有者的破产。不，在我们现在的情况下，岛上蕴藏的财宝必须听其保持秘密。假如我们很幸运，能分享到你们法定的恩惠，那你们一定会说我们是富有了，虽然我们现在连想都不敢想。但许多富源的秘密大门将来总会开启的，那时我们会再取得古代的声名和影响。"〔《西西里和马耳他游记》（*Tour in Sicily and Malta*），第381页。〕

犹太人的情况，人们认为是提供了一个民族的特例：他们的财产很久以来就遭受着不间断的劫掠，然而他们仍然还是富有和勤劳。但是如果正确地考察一下，即会发现，犹太人的情况仍然没有超出一般规律之外。对犹太人的几乎一致的偏见，很久以来就阻碍他们获得任何地产，并且不让他们在其分布的各国享受赈济。由于他们在衰弱与贫困下，得不到外来的援助，因此他们就须形成一个坚强的节俭和积蓄的动机，同时由于他们被排斥于农业之外，他们不得不专门从事于商业与艺术。在一般把商业认为卑下的年代里，竞争当然是比较少的，他们必然会赚到很多的利润，但是这些也都被过分地夸张了。自然，那些对犹太人负了债的人，必定会把犹太人的收入说得非常之多，因为这样可以煽动已有的反犹太人偏见，并提供一个可耻的借口以诈取他们的正当利益。在欧洲许多大城市里，确实有几个富有的犹太人，但是该种族的大多数人，过去是、现在仍然是和他们的邻居一样贫困。

所以，我们不要欺骗自己，认为任何民族，毋须财产的安全，都可能越出野蛮，或变为富有、昌盛和文明。财产安全是劳动能力得以成功地发挥作用所不可或缺的。在没有财产安全的地方而希望富有或文明，是徒然的。[①]

卢梭和许多其他敏感的作者曾反对财产所有权的制度，这个意见大致为贝卡里亚侯爵和马布利神父所赞成。[②] 他们认为财产的安全对有产的人是不利的，主张财产安全对穷人和没有财产的人是有利的。他们肯定，财产权宣告了大多数人类的悲惨状态，同时提供了少数人因多数人的消沉而得意的情况。这个理论的诡辩性质是昭然若揭的，无须赘言的。财产所有权不是使人贫穷而是使人富有。在财产所有权制度确立以前，那些现在非常文明的国

① “只有财产才是可靠的，只有掌握财产的人，才能随心使用；我所说的仅仅指财产而言。一般平民甘愿忍受最艰苦的生活，通过节约从而弥补由于政府的挥霍浪费而带来的国民财富增长的迟缓。以英国而论，虽有战争的破坏，仍然能达到高度的富裕程度，而且尽管人民负担着巨大的贡赋，但在人民不声不响的节约里，它的资本仍能增长，这不得不归因于在那里占有主宰地位的个人自由和对财产保障的作用，除瑞士以外，在其他欧洲的国家更是如此。”（斯托赫：《政治经济学教程》，第 1 卷，第 260 页。）

② 说到盗窃时，贝卡里亚称之为“人类的不幸命运的罪恶，只有在这种罪恶赤裸裸地存在时，财产权（这种可怕的，而且也许是并非必要的权利）才会被人否定”。——《刑事罪行》（*Dei Delittie delle Pene*），第 22 节。

家同新荷兰和堪察加没有文化的人处于同样可怜和困苦的水平。所有各阶级都因财产所有权的确立而得到利益。认为富人因穷人的牺牲而得到利益的，只是曲解与误会。财产所有权制度不会给这个人较那个人更多的利益。它把公道无偏私地分给大家。它不说，“劳动吧，我将给你报酬”；但说，“劳动吧，我将警惕着，不许别人来抢劫你努力所得的产品。”财产所有权制度不使所有的人都富有，因为它不能使所有的人都幸运、节俭和勤劳。但是它所做的，比社会所有其他制度所做的一并加起来还更能产生这样的结果。它并不像无知或诡诈的人有时所说的那样，只是一只船槛板，抛出来以保护并使少数幸运儿得到财产。它是一个炮台，由社会建立起来以对付它的共同敌人——反对劫掠和破坏、强取和压迫。没有它的保护，富人会变成贫穷，穷人将永远不能变为富有——所有的人都将沉沦到野蛮与贫穷的无底深渊中。借用一位有才能作者的正确与有力的说法，“财产的安全克服了人们对劳动的天生厌恶，给了他一个地上的天堂，给了他一个固定而永久的住所，使他的胸中培育着对国家和后代的爱情。立即享受——不劳动而坐享其成，是每个人的天生倾向。这个倾向必须加以约束。因为它显明的趋势，是武装着一无所有的人去反对有一些的人。约束这种倾向和保证最下层的人平静地享受其劳动果实的法律，是立法者智慧的最辉煌成就——是人们必须自傲的高贵胜利。”〔边沁：《立法论》（*Traite de Legislation*），第 2 卷，第 37 页。〕

二、个人间的职业分工　职业分工在落后的社会和人口少的国家里只能不完善地建立起来。但在社会发展的每一个阶段中——在最落后的和最进步的社会中一样——我们能够追溯这个

规律的作用与影响。人所具有的各种天才与癖性，使他们适合于各种不同的职业；同时，尊重相互间的利益及便利，自然就会使他们在很早的时期建立起一个易物制度和职业的分工。每个人都发觉到，自己致力于某些特定业务，把自己的剩余产品在自己有机会和别人愿意脱手时，交换别人劳动的剩余产品，比之企图自己直接生产自己消费的一切物品，能够得到更多种类的商品。随着社会进步，职业的分工，更加扩大了。这个人变成制革匠或皮匠；另一个变成鞋匠；第三个变成纺织者；第四个变成木匠；第五个变成铁匠，如此等等。每个人都力图把自己所有的各种天才与智慧，予以培养并达到完善的地步，以适应自己所从事的行业。结果是所有各阶级的财富和舒适品，都大大地增加了。在分工比较发达的国家里，农业家不致被迫花费他们的时间笨拙地企图制造他们自己所需要的产品；工业家则无须使他们自己对种植谷物及养育家畜而分心。交换的便利是鼓舞勤劳的原则。它刺激农业家采用最好的耕种制度，并得到最多的收获，因为这能使他们把自己土地所生产而超过共需要的部分去交换那些有助于他们舒适与享受的其他商品；它同样刺激工业家和技术家增加他们货物的数量和改良他们货物的质量，从而得到更多的原料供应。勤劳精神是这样地普遍传播了，作为落后社会特点的不关心劳动与怠惰的习性，也随着完全消失了。

但并不是仅仅交换的便利，或单能以我们自己的劳动剩余产品交换我们希望得到而别人选定要脱手的那部分劳动剩余产品的条件，就能得到分工的最大利益。物物交换和分工的发生，不仅使每个人依照其偏好从事于适合自己喜爱和癖好的那些职业，而且使他的劳动效果有很大的增加,使他生产着比之在不加区别地从事各种行业时,生产更多的商品。斯密博士最精密地讨论了这个课题,他把分工鼓舞劳动生产力增加的情况分为下列各项:(1)增加每一个工人的熟练和技巧;(2)节省通常由这一工作转移到另一工作所浪费的时间;(3)分工有利于发明机器、减少和节省劳动过程的趋势。兹逐一略加考察如下:

(1)关于工人的熟练、技巧的改进方面:这是够明显的,当一个人的全部注意力集中于业务的一部分,当他全部智能与体力大致集中于单独一点时,在那特定部门里,他必定能达到一个熟练的程度,这是一个从事各种不同职业的人所不能希望达到的。肌肉的特定活动,或手法的技巧必须在最适合和最迅速的状态下作最单纯的应用,而这只能由经常不断的练习而获得。斯密博士用制钉的情况作了一个显明例子,证明训练一个雇来从事专门职业的工人和同时训练他从事与其专门职业相似并密切联系的职业,两者之间有极大的不同。他说,"一个惯于使用铁锤而不曾练习制钉的普通铁匠,设一旦因特殊事故必须制钉,我敢说,他每天只能制钉二三百枚,而且还会拙劣不堪。即令惯于制钉的铁匠,但如不以制钉为主业或专业,他虽尽了最大的努力,很少能够一天超过八百枚或一千枚。我曾看到过不满二十岁的几个孩子,他们除制钉外,从不曾做过其他业务,当他们制钉时,每个孩子一天能做到二千三百枚以上",(《国富论》,第 22 页。)或者说,三倍于惯于制钉但不完全做那个特定业务者的数目!

(2)分工的效果在于避免同时从事几种不同工作的人所时常发生的由这一工作转移到另一个工作时所浪费的时间。这一点比

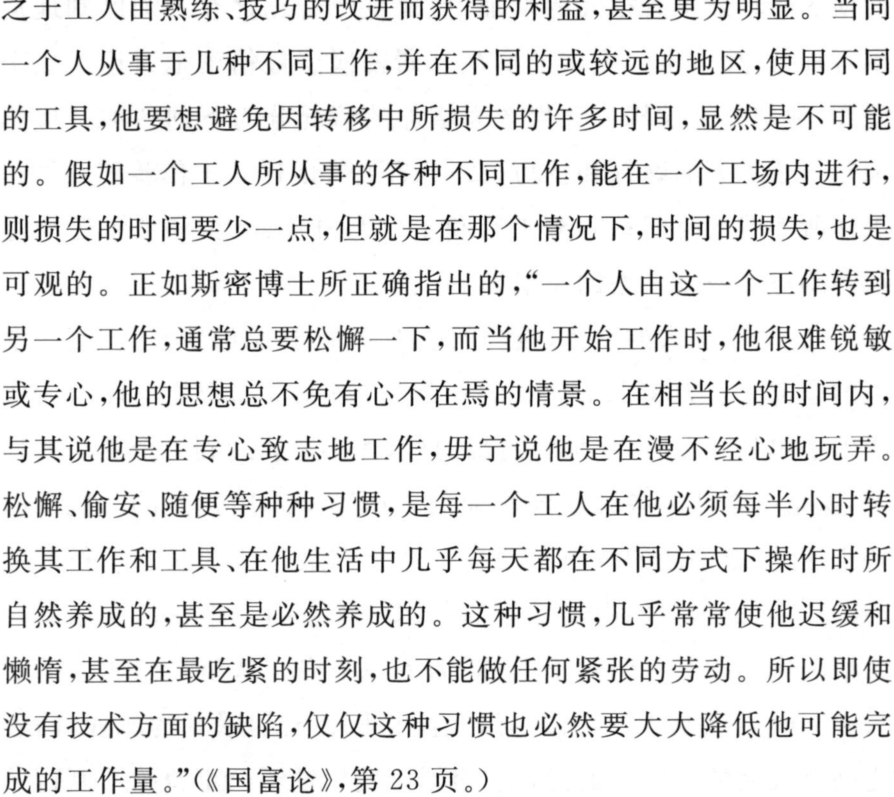

之于工人由熟练、技巧的改进而获得的利益，甚至更为明显。当同一个人从事于几种不同工作，并在不同的或较远的地区，使用不同的工具，他要想避免因转移中所损失的许多时间，显然是不可能的。假如一个工人所从事的各种不同工作，能在一个工场内进行，则损失的时间要少一点，但就是在那个情况下，时间的损失，也是可观的。正如斯密博士所正确指出的，“一个人由这一个工作转到另一个工作，通常总要松懈一下，而当他开始工作时，他很难锐敏或专心，他的思想总不免有心不在焉的情景。在相当长的时间内，与其说他是在专心致志地工作，毋宁说他是在漫不经心地玩弄。松懈、偷安、随便等种种习惯，是每一个工人在他必须每半小时转换其工作和工具、在他生活中几乎每天都在不同方式下操作时所自然养成的，甚至是必然养成的。这种习惯，几乎常常使他迟缓和懒惰，甚至在最吃紧的时刻，也不能做任何紧张的劳动。所以即使没有技术方面的缺陷，仅仅这种习惯也必然要大大降低他可能完成的工作量。”(《国富论》，第23页。)

(3)就分工的效果**有利于发明机器以及减少和节省劳动的过程**而言，很明显，那些以全部注意力集中于某一部分工作的人，比之分散在各种不同工作对象的人，必然更可能发现较容易和较迅速地进行工作的方法。但有时候有人认为工人和技术家的发明天才，都是由分工所刺激和改进，那也是错误的。社会向前发展，科学和哲学的特定部门的研究，成为最有才智的人们的主要或唯一的职业。化学从物理学分离而成为一门独立的科学，天文学家使自己与天文观察者分离开来，政治经济学家使自己与政治学家分离开来，他们每人单独地或主要地思考着自己从事的科学的特定部门，在这门科学中取得了一般学者很少或者绝对不能达到的渊博与专精的程度。因此，为努力达到我们自己的目的，我们所有的人，必须采取最有利于大家的那种正确途径。正像一架构造完善的机器的各个不同部分一样，文明国家的居民们大家都是互相依存和彼此联系的。毋需任何事先的默契，只是服从于个人利益的有力和不懈的刺激，他们共同协作，以期达到同一伟大目的；每个人在各自的范围内，提供最大可能数量的必需品、奢侈品、便利品和享乐品。

但是必须注意，每一个国家和每一个社会可以，而且事实是部分地享受了由分工而取得的利益，但是这只能在有交换这个伟大力量或有广阔市场的地方，才能达到最大限度。有无数种类的工作，不能越出一个大城市的境界而单独地进行，在所有情况下，都是由于对产品需求的扩大，才使分工更趋完善。斯密博士说过，在一个制针工厂的各个部门雇用了十个工人，一天能生产四万八千枚针。但很明显，假如需求不足以买去这个数目，那么这十个工人将不能经常被雇在制针行业内，分工自然也就不能扩展到这个地步。这个原理可普遍地适用。一个纺织工厂不能建立在与邻国没有往来的小国家里。欧洲和美洲的需求与竞争，必然使格拉斯哥、曼彻斯特和伯明翰的工业达到它们现在进步的状态。

分工具有提高工业品数量与质量的效果，在斯密博士以前，已为几个作者，特别是哈里斯先生和杜尔哥所注意。但斯密博士所做到的，他们中却没有一人做到过。他们没有一人充分地追究过分工的作用，或指出过从事各种行业的力量，要依赖交换的力量；因此，来自分工的利益，最后必然要依赖于并制约于市场的范围。

这是一条非常重要的原理，由于建立了这条原理，斯密博士对整个政治经济科学给予了新的启示，并奠定了许多重要实际结论的基础。斯托赫说："关于劳动分工的这种提法是完全新颖的，它对那些和斯密同时代的人所起的作用，正好证明它对他们确实是前所未见的。我刚才引证的那些章节里所表明的一些说法，并没有造成任何影响，但经过斯密的发展，他的见解从一开始就引起了读者们的注意，他们都觉察到了它的真实性和重要性。这就足以把一切功绩都归之于他，尽管他的才智曾经得到他前辈们的启发。"（第4卷，第9页。）

三、资本的积累与运用　一个国家的资本可以定义为这个国家现存的、可以**直接**用来维持人们生存或便利生产的那一部分劳动产品。这是一个不同于斯密博士所下的、而为其他多数经济学家所采用的定义。一个国家的全部劳动产品被认为是形成了它的资财，而它的资本被认为是只包括用于生产某些种类商品的那一部分资财，一国的其他部分资财，即是用来维持其居民的生活而非直接用于生产目的的那一部分资财，被称为这个国家的收益，它对增加这个国家的财富没有任何贡献。这些区别看来并没有牢固的基础。使用于没有任何直接生产目的的那部分资财，往往是最具有生产性的。例如，阿克赖特和瓦特用于他们自己消费、没有它们便不能生活下去的那部分资财，却被认为是收益，然而十分肯定，比之于工匠们的任何等量资财来说，这部分资财是更有助于增加他们自己和国家的财富的。任何一部分资财当时究竟是不是用于生产，往往是很难说明的；任何一个想要确定这一点的资本定义，只能把本来是非常简单的课题，弄得非常纷乱与模糊。在我们看来，只要这个物品能直接帮助人维持生活，或帮助人取得商品或生产商品，就足以构成资本了。事实上，它可以不用于这些目的中的任何一个，但是关于一个物品的使用方式问题，可能是，而且明显地是和那个物品是不是资本的问题完全无关。因为，任何事物我们能够先验地认识到它的矛盾，一匹拴在绅士车上的马，可以和拴在酿酒人货车上的马一样，同样视为是用于生产。在这两种情况下，不管事实上得到什么样的不同结果，很清楚，对马的同一性是没有影响的——它在这一场合如在另一场合一样，有帮助生产的能力。只要它有那种能力，就毋需考虑其他，应当看作是这个国家的一部分资本。

很明显，只要稍加思索就可以知道，保有和使用资本，对成功地经营任何产业，都是不可缺少的。没有它，就不能从事马上可以得到报酬以及不能只用双手来做的任何种劳动。资本包括所有的食物以及用以维持人们生存的其他物品，它也包括所有的低级动物和所有用于或可以用于帮助生产的工具和机器。前几种称为流通资本，后者称为固定资本。现在很明白，用某一个国家在某一特定时期内所有的流通资本或食物和其他用于维持人们生存的物品的数量，即可以测定它维持人口生存的力量；同样很明白，产业的生产能力一定是密切地依赖于固定资本，或用于便利生产的工具和机器的效能。保有和使用这两种资本是同样重要的，只有它们的联合作用，财富才能大大地增加和普遍地发展。一个农业家可以有大量的载重车、耕犁、牛和马以及一般用于他的产业部门的工具和牲畜，但是假如他没有流通资本或没有食物和衣服，他就不能使他自己利用这些东西，从而停止了土地的耕种，而即刻从事于某些为了生活的生产。在另一方面，假定这个农业家有了充足的生活用品，而无固定资本或工具，那他又能做什么呢？假如一个最干练的农夫被夺去了他的锄与犁，一个织布者被夺去了他的织布机，一个木匠被夺去了他的锯、他的斧头、他的刨，他们又能做什么呢？

分工是过去资本积累的一个结果。在劳动能够分工以前，“一批各种各类的资财必须在某些地方储藏起来，这些资财须足够维持工人的生活并供给他以进行工作的材料与工具。例如，一个织布者，除非他自己或别人有一批足够维持他的生活，并供给他进行工作所需要的材料与工具的资财，储藏在某些地方，使他不独能织成并且能出卖他的布匹，否则他将完全不能从事他的特定业务。这种积累，在他从事他的特殊业务以前，显然就应该已经具备了。”（《国富论》，第228页。）

因为资本的积累必须先于分工，所以进一步的分工，只有在资本更多地积累起来之后才能推广。积累与分工相互推动。随着分工的更加细致，同样数目的人所使用的原料数量必须作更大比例的增加；随着每一个工人的操作在较大程度上变为同一化和简单化，如我前面所已经解释过的，他将有更大的机会以发明那些便利和节省劳动的机器和操作方法。所以在一个国家里，产业的数量不仅随其资财或资本的运转而增加，而且由于这种增加的结果，分工也扩展了，新的和更强有力的机器发明了。这样，同量的劳动，就会生产出更多的商品。

资本除使劳动得到分工外，还能在下列三个途径内对便利劳动和生产财富有所贡献：

(1)资本使我们能进行非有它不能进行的工作，或生产非有它不能生产的商品。

(2)它几乎在每一种商品的生产中,能够节省劳动。

(3)它使我们把工作做得更好和更快。

(1)就我们因使用资本而获得好处的这些方式的第一点而言,或者说就我们非有资本便不能生产商品的情况而言,正如已经考察过的一样,所有那些需要很长时期才能完工的商品生产,除非事先准备有一批流通资本或足够维持生产这些商品的雇工所需要的食品和衣服,便不能够着手进行。但使用固定资本对商品生产之必要,一如使用流通资本一样。例如,没有线的帮助就不可能生产袜子,虽然没有犁的帮助,也可以耕种,但没有一柄锄头或一把铁铲的帮助,便不可能耕种。假如我们检阅一下在高度文明国家所实现的各种工艺总目录,我们将发觉,很少是只用手指或自然界供给人类的粗糙工具所能进行的。用过去劳动的结果装备我们几乎是经常必要的,假如我们可以这么说的话,应该是"以所有要素的力量"武装我们软弱的双手以加强手的力量。

(2)使用资本不独能使我们生产许多种非有资本的合作不能生产的商品,并且也能使我们在许多其他东西的生产中节省劳动,同时由于降低价格,还可以使它们达到更大多数的消费者手中。利用最强有力的机器来从事生产性的服务,我们已经习惯很久了,所以需要很大抽象思维才能使我们充分地了解我们从这些机器中所得到的利益。假如我们比较一下同样由文明人与野蛮人所进行的工艺情况,我们就会相信,我们很大一部分高尚享乐品和便利品,是由于使用固定资本而得到的。想一下,人们从使用下等动物所得到的利益吧,这从经济观点来看,正是如同机器一样的!想一下，从建筑道路、桥梁、海港和运河所得到的利益吧，它们有便利商品运输的效果，从而最有利地把商品分配给消费者，并降低其价格！想一下从制造船舶和改造航运所得到的利益吧！运用固定资本，使必需品、便利品和奢侈品降低价格和增加数量，给予社会的利益是数不清说不完的。由于使用固定资本，我们的田地耕种了，我们的房子修盖了，我们的衣裳缝制了，我们的船舶建造了，知识和艺术的宝藏，由这一个半球传播到了另一个半球！假如我们考察一下人类的历史，假如我们回溯一下他们从野蛮到文明的缓慢而稳步的发展，我们必定会相信，他们从最下等和最卑贱发展到最高级和最文雅的状态，经常是伴随着新资本的积累，以及工具和机器的发明和改进，并且主要是为这些东西所推动。

(3)运用资本能使我们比在没有资本时把工作做得更好、更快。例如，棉花可以用来纺纱，但是运用哈格里夫斯、阿克赖特以及其他诸人所发明的机器，除使我们比用普通纺纱锤所纺的数量多一百或一千倍以上，而且改进了纱的质量，使其每一部分都达到洁净、均匀和一律的程度，这在以前是绝对不可能达到的。挂在一个房子里作为帐幕所用的印花布，若由一个画家用画笔来画，将需要几个月，或甚至几年，同时最好的艺术家要想把他的画，画得像现在印花机器所印制的那么完全一样，假如不是不可能的话，也是很困难的。不要提及其他由活动板印刷的发明而产生的更重要的利益了，一本最完善的手抄本——一本花了多少年耐性而令人疲劳的手抄本——就雅致与准确而言，就不可能与一件完善的印刷品相比，同时复制所需的时间只是手抄本的百分之一，而所费也不过是百分之一。国外对英国工业品的大量需求，是由于其制造的优美和共价格的低廉。而这两个利益，主要得感谢我们机器的优良。

还有许多事例，同样足以表明资本积累与运用的极端重要。一个国家劳动产品的增加，除了增加工人的人数或他们的劳动生产力外，没有其他方法。但是没有资本的增加，在大多数情况下，要有利地多雇佣一个工人是不可能的。假如拨作工人用的食物和衣裳，以及由他们使用的工具与机器，已全部用作在业工人的生活和有效的使用，那就不能再添雇更多的工人了。在这样的情况下，工资率不能提高；并且，假如居民人数增加了，对他们的供应必定更坏。没有资本的预先增加，要想增加工人的生产能力，也是不可能的。只有更好地教育和训练工人，使劳动进一步分工，或使机器有所改进，他们的生产能力才能够确实地有所增加；而在几乎所有这些场合下，都需要有更多的资本。只有借助于资本，工人才能作较好的训练，工作的承办人才能用较好的机器装备工人，或把劳动在工人中间作更适当的分配。当一种需要做的工作包含有许多部分时，使每一个工人经常在一个固定部分劳动，要比每一个工人常常在这个工作的每一个不同部分劳动，需要更大得多的资财。斯密博士说，“当我们比较一个国家在两个不同时期的状况，如果我们发觉，它的土地和劳动的年生产物，在后一个时期比在前一个时期更多，它的土地耕种得更好了，它的制造业更多和更繁荣了，它的贸易更扩展了，这时我们就可以保证，它的资本在这两个时期之间必定是增加了，某些人的正确经营对资本的增加，要比其他私人的错误经营和政府的公共浪费所夺去的更多。”(《国富论》)所以，很明显，一个国家只要它继续积累更多的资本，它将不至于达到一

个静止的状态。当它增加资本的时候，它对劳动将经常有不断增加的要求，也将不断地增加必需品、奢侈品和便利品的数量。结果是它的人口数量也增加了。但是随着资本积累比率的每一个减少，劳动的需要也将下降。当资本没有增加时，将不会，最低限度也不可能有利地雇用工人。同时，假如这个国家的资本减少了，大多数人民的处境即会大大地变坏，工人的工资即会下降；同时随着一系列的罪恶、灾祸及罪犯的不断发生，社会的绝大部分将陷于贫困的深渊。

当我们尽可能地指出了什么是资本、使用它的重要性以及它如何便利生产的方式以后，我们将进而解释最利于资本积累的条件。

所有的各种资本，如前面已经说过的，不外是过去劳动产品的积累或储藏。一个野蛮人在一天之内捕获了比他自己消费需要为多的禽兽，他必把多余的保藏起来，或备将来自己消费，或用来和他的同伴们交换属于他们的某些物品。这种剩余就是资本，从这样小的积累开始，世界上所有的财富积累就渐渐地增加了。所以，很明显，资本是产品用于维持人类生存或便利生产之后的超额部分，由某时期内超过同时期的消费而来，因此在**劳动生产力最大的地方，资本的积累也最大**；换一句话说，也就是资本的纯利，或除去一切开支之后给予从事生产事业的资本家的利润最大的地方。一个**三天**能生产一蒲式耳小麦的人，很明显，他比之于一个由于缺乏技术或不得不耕种较差土地，因而**六天**才能生产同样数量的人来说，他的积累能力等于后者两倍；一个投入资本而能得到百分之十的利润的资本家，比之于一个只能得到百分之五的利润的资本家，同样是有两倍快的积累能力。①实在的，高利润是积累资本的唯一手段，假如人们总是用尽他们的收入，即是说，假如他们为了满足目前的需要或欲望经常消费掉他们的全部劳动产品，则世界上就不会有资本这个东西了。但这就是自然界的聪明安排，当高利润提供了较大的储蓄手段时，他们便增加了节俭的力量。节俭在任何方面没有不同于其他美德；在没有相应的报酬随之而来的地方，希望它能强有力地显示出来，是不合理的。一个人在其能够积累之前，他必须生活，假如在他除去必要的支出之后，所剩的只是很少的一点，则最可能的情况是，他宁愿即时把它消费掉而不愿把它储存起来，以期在遥远的将来，通过进一步增加储蓄，成为增加其少量收入的手段。但是利润高的地方，积累能力也相应增大；我们也不肯满足即时的欲望，因为这样做，我们就会有个很快达到比较富裕的前景；我们得到更多便利品和奢侈品的办法，将会因我们现在的忍欲而最后大大地增加。给予任何人以积累的力量，我们可以相信，他将不至于不乐于有效地使用它。如果我们考察一下世界上不同国家的情况，我们将发现，积累力量，或利润率（这是同一回事）最大的地方，经常是在财富与人口增加最快的国家里，反之亦然。例如，在美国，利润率是英国或法国的两倍；美国的资本有更快的积累，从而它的财富和人口有更快的发展，这完全应该归功于它的高利润率。增加我们的财富和改进我们社会

① 事实上，这是低估了。很明显，既然双方都要依靠利润生活，所以获利两倍的，是另一方的积累速度的两倍以上。

地位的欲望，是人类与生俱来的本性，也是一个基本原理——所有过去进步的根本原因。不能举出一个例子来说明任何一个民族曾经错过了积累的机会。不论任何地方，大多数的人如有增加他们资本的力量，他们是绝不致不这样做的，而这个社会的财富和人口也将继续不断地增加。

有人或者会说，与这个原理相反，东方国家的利润率是高的，可是它们却倒退了，或者进步得很缓慢。但可以令人怀疑的是，东方国家的利润是否真正高于欧洲国家。利息率在那里较高是确实的，但那是因为对高利贷的偏见和政府有错误缺陷的制度，而使本金有遭到危险的结果。[①] 但这也不是意味着就肯定了劳动的巨大生产力，或高利润率在每一个情况下，都必然会随着有一个高度的繁荣。在一些国家里，每一种有利运用其劳动和资本的理想，很可能受到专横政府不尊重财产权的统治而遭到不幸的结果。由于这个情况而产生的财产权无保证，就足以阻止那些本来对积累资本和财富处于最有利地位的人所作的一切努力。但我却毫不犹豫地要把这作为一条在任何场合都灵验和无例外的规律：假如任何两个或更多国家的政府都同样地宽大和开明，财产在每一个国家都得到周全的保障与保护，它们每一国的繁荣将正比例于它们的利润率。利润高、资本积累快的地方，其财富与人口必有同比例快的增加。在另一方面，利润低的地方，其增雇劳动的手段，也同比例

① 可兰经禁止一切收取利息的行为，正由于这个理由，东方国家中利息非常之高。孟德斯鸠说："在回教国家里，高利贷证明，愈是禁止愈是猖狂，高利贷主自己愿意负担违法的风险。"（《论法的精神》，第21卷，第19章。）

地受到限制，社会进步也会同样地迟缓。

所以说，估计任何国家增加其财富与人口的能力，不是用一国的绝对资本量，而是用有利地使用这些资本的力量——一个总是可以用一般的和平均的利润率正确测量的力量。蔡尔德勋爵以及许多后起的经济学作家们在彻底地研究决定利润率和增加资本的规律之前，即认为虽然 1650 年以来，荷兰的利润比较低，但财富和商业的繁荣是很自然的结果，并认为这是由低利润和低利息而得到的优异利益的最好证明。但如以后将要指出的，事实上，这是把重税的结果误为财富的原因了！一个国家，它的平均利润率大大地低于邻近各国的平均利润率，虽然也可以拥有很大的财富和资本，但如假定低利润能便利资本的积累，则是绝大的错误。事实是：荷兰在十八世纪的低利润，正是它衰落的原因和症候。坦普尔勋爵在他 1670 年左右写的《荷兰考察记》(*Observations on the Netherlands*)中提及，荷兰的商业在那时已经过了它的最高峰；可以肯定的是，荷兰商人的大部分资本，主要是积累在荷兰与克伦威尔、查理士二世以及路易十四的各次战争之前，那时利润率比以后任何时期都高得多。

不须提及美国、荷兰或其他国家的情况，只要稍微想到一点关于引诱人们从事任何产业部门的动机，就足以证明，它所得的利益必然是直接来自它的利润率的。当一个人把他的资本或力量从事某一生产事业时，在他思想上所想的目的是什么呢？不是想使他的资本得到最大可能的利润量，或使他的劳动得到最大可能的报酬么？人们说到某一企业有利，唯一而充分的理由，就是它产生一种比较大的利润；同样适当地说到另一个企业没有利，因为它产生一种比较小的利润。每个人在判断各种企业的比较利得时所指的，经常就是这个标准——指它们所产生的利润率是高还是低。凡对个人适用的标准，对国家也必然适用。

关于任何国家的繁荣，不能从考虑它的商业交易量，或它的收入，或它的农业或工业的状况而取得确定的结论。每一产业部门可能为次要的或偶然的原因所影响。它们经常是在高潮或退潮的状态中。我们时常可以看到它们中的某一些是处于繁荣状态，而另一些则是处于萧条状态。平均利润率是真正的风雨表——国家繁荣状况的真正标准。利润提高，是企业变得更有生产性的结果。它指出社会积累资本、扩大财富和人口的力量增加了，社会进步加速了。反之，利润下降，则是企业变得更少生产性的结果，它指出积累资本的能力减少了，社会进步遇到了障碍。不管某一特殊的，同时也可能是一种重要的企业部门，是如何的萧条，但假如平均利润率仍然高的话，我们可以保证，这个特种的萧条不会继续下去，同时国家仍然是处于真正的繁荣状态。在另一方面，纵然任何生产部门没有遇到什么困难，农业、工业和商品比以前还更为发达，纵然一个国家有众多的、强大的和装备很好的陆军和海军，纵然上层阶级的生活风尚，较一般更为富丽，但是，假如利润率变得较低，我们可以大胆地肯定，这样一个国家的情况，虽然在外貌上表现得繁荣，但骨子里却是腐败而不健康的；贫穷的瘟疫正暗暗地爬到它大多数公民的头上去，它的强大的基础已经动摇了，除非采取措施增加企业的生产能力，从而提高商业的利润率以挽救国家资源所受的压力，不然，它的衰落已无疑地在望了。

这是种很明智的安排。促使人们节约和积累的心理,既有力,亦有利。亚当·斯密说:"就奢侈而言,一个人所以会浪费,是由于他有目前享受的欲望。这种欲望的热烈,有时简直很难抑制,但一般说来,那总是暂时的和偶然的。但一个人所以会节约,却是由于他有改善自身生活条件的欲望。这个欲望,虽然一般说来是平淡而不动感情,但它是与生俱来的,直到我们进入坟墓之前,不会离开我们的。在这个由生到死的整个时间内,很少能找出一个例子证明一个人完全满足于他的处境,而没有任何变更和改善的愿望。增加财富是大多数人企图和希望改善他们生活处境的手段。这是一个最平常和最明显的手段;增加他们财富的最适当的方法,就是在他们经常或特殊的收入中,节约或积累一部分。所以,虽然每个人都不免有时有浪费的欲望,然而更大部分的人,就他们生命过程的整个平均而言,节俭的规律不独占优势,而且大占优势。"(《国富论》,默莱重印本,第 201 页。)

正是这个心理推动了社会的前进。节俭的精神以及人们以节俭和勤劳改善其生活处境的努力,在大多数情况下,不独抵消了每个人的浪费,也抵消了每个政府的大而无益的浪费与挥霍。亚当·斯密把节俭的精神与维持动物生命的不知名的规律——自然的治愈力——作了恰当的比较,不管是疾病或误吃了医生的错误药方,这个规律都时常使身体恢复健康与活力。

但是不管积累规律对补偿资本浪费的能力是多么大,我们绝不能陷入许多人所犯的假设错误,认为这个规律的作用是由过度的公共支出推动的。很明显,政府支出得多,留给个人的储蓄便少。强迫可使一个人尽力支付重税,但是只有选择而不是强迫,才能使他不立即消费其一部分劳动产物，而把它贮藏起来。这个区别必须经常记住。不能否认，强迫是可以使农民和工业家卖出他们的一部分产品来完纳他们必须完纳的租税，这些租税完纳了，政府便满足了；可是很明显的不是强迫，而是自由意志——即改善他们自己处境和抬高社会地位的愿望，才能引诱他们积累他们的另一部分产品作为资本。当政府从他们那里取去了他们劳动产品的份额以后，只要取去的那一部分不继续增加，或增加的比例较小的话，那些继续从事积累的人就会有所增加，很明显，他们即会有较大的积累收入。如像其他的欲望一样，积累欲望是随着满足它的收入的增加而增加的。事实上，最大的积累经常是在有最大积累力量的地方。美国没有国内税，它有大片肥沃而未耕种过的土地，而且产业具有极大的生产力。与方才已经说过的情况一致，美国每二十五年增加一倍资本和人口，它的财富与文化事业是以其他国所不知的速度向前迈进的。

超凡的抱负是社会富于生命力的原则。在每一个时代，人类的巨大目的都不是满足于其祖辈的处境，而是希望超过祖先的处境，在财富的尺度上使自己升级。继续停滞或后退，对社会是不自然的。人是从青年到成年，然后衰老和死去，但这并不是国家的命运。一代人的艺术、科学和资本成为下一代的世袭产业，并且在他们手上予以改善和增加，使其更有力量和更有效用；所以，只要不为缺少安全或其他偶然遭遇的原因所阻挡，改进的原则将时常发生作用，国家的财富和人口将得到不断的增加。

机器的发明与改进，也服从于同一原则。人类在社会发展的每一个阶段，都利用自然力的帮助，努力增加其生产能力和改善其生活处境，并使自然力完成那些否则只能用双手来做的劳动任务。野蛮人利用棍棒和投石器以节省劳动，并便于捕捉野兽。正是这个原则，才使他继续不断地求助于、并且制造这些粗笨的工具。在进步和昌明的时期，某些新的改进时常出现，船舶替代了独木舟，毛瑟枪替代了投石器，蒸汽机替代了棍棒，纺纱机替代了捏线杆。托伦斯上校说，"人的手在没有装备任何有效的自然工具时，正如鸟以硬嘴，兽以利爪，直接对待它面前的物质一样。但巧妙地获得和使用人为的工具后，即能运用一种物质的力量，使另一种物质产生所需要的变化。几乎所有制造业中的巨大成就，都是以资本为手段而得到的。世界上直接用来从事劳动的筋肉力量，并没有显著不同；可是由于资本数量及资本使用技巧的不同，在有的国家里，人们只是赤手空拳，一无所有；而在另一些国家里，则土地上所有的原生产物，以及自然的所有力量，都被用来帮助他们享乐和增加他们的力量。"〔《论财富的生产》(*On the Production of Wealth*)，第 89 页。〕

在财富的生产中，有人有时认为信用有很大的效力，这是一个错误。具有生产力的是资本，而不是信用。信用不外是资本的借与贷。国家或个人信用的高或低，系依照他们所得到贷款便利的大与小而说的。信用的利益，包含在其以最好的方式分配资本的趋势中。它使有资本而不打算自己使用的人，把它贷给希望得到的人。一国的信用情况，时常直接以它的资本量及其是否能安全地自由出借为转移。没有资本的地方，不可能有信用。阻碍借贷双方对借贷条件的调整，或政府方面对这些条件的充分效果有任何的不支持,都会有降低信用的显著趋势。[①] 但是在任何国家,不管它的信用情况怎样,以它的资本量和它有利地使用这些资本的能力来作为计算供应人口需要和生产财富的手段,则仍然是正确的。

初看起来,前面给予资本这个术语的意义,虽然已经很广泛了。但我认为它应该要解释得更全面些。不要把资本了解为人以外的那些用以维持生存和便利生产的那部分劳动产品;似乎没有任何好的理由说明为什么人本身不应该,而是有很多理由说明为什么人本身应该作为是国家资本形成的一部分。人正如任何一架为他的手所制造的机器一样,是劳动的产品。我们觉得,在所有的经济研究中,应当完全以同样的眼光来看待人。每一个成年人,虽然他不曾学到任何特殊技艺或专长,但可以完全正确地被看作一架耗费了二十年勤勉照顾和支付了很大一笔资本而制造起来的机器。假如再花费一笔钱来训练或使他能掌握一种需要非常技能的事务或专业,那么,他的价值将相应地增加,他有权对他的努力要求更大的报酬,正如一架机器在制造中支付了更多的资本和劳动而使其增加新力量一样,变得更有价值。

亚当·斯密虽然没有前后一贯地来理解这个原则,但却充分地承认了它的正确性。他说,社会居民和成员所取得的有用才能,应该视为构成国家资本的一部分。他正确地说,“在受教育、学习和学徒期间获得的技艺,常常是耗费了一笔实际费用,正如资本一

① 对于限制贷款利息政策的考察,可参阅边沁有名的《高利贷的诉词》(*Defence of Usury*)及《英国百科全书》补编利息条。

样固定和体现在他的身体中。因为那些才能构成他的财富的一部分，同样构成他所属的社会的财富一部分。可以如机器或工具一样看待一个工人所取得的技艺，因为它能便利和节省劳动，它虽耗费了一笔费用，但那笔费用是会偿还并带来利润的。”（默莱重印本，第 212 页。）

因此，在估计一个国家的资本和生产能力时，对这个国家的居民群众的技艺、才能和智慧，应该特别加以注意，不应该如通常所做的那样完全忽视它。机器是人们造来帮助工作的，可是人们把机器的相对力量和效能，都过分重视了。人本身是所有机器中最重要的，他的技艺与才能每有增加，都会得到很大的效果。各民族的人，实际具备的身体组织与天生能力的区别是比较小的。但是从经济观点看来，一个美洲印第安人或非洲人和一个英国人或法国人之间的区别是多么大呵！前者，虽然处于取之不尽的肥沃土地和温和的气候中，但却是既愚昧无知，又贫穷痛苦。后者，虽然处于比较不利的环境中，但却富于智慧，有教养，并且是富有、繁荣和快乐。培根爵士的格言说，知识就是力量，这在物质和精神的意义上，都同样正确。知识不独使每一个人获得一种优势超过其教养不足的邻居，而且使他们的生产能力作不可估量的增长。一个愚昧而未受教育的人，纵然具有生产财富所需要的一切物质与力量，亦不免沦于贫困和野蛮。在他们的智力开始发展之前，在他们学会对事物运用思想之前，进步的大门对他们还是紧闭着的，他们既没有力量，也不会想到如何跳出他们所处的低下而卑贱的境界。

据说，而且事实也正是如此，棉纺织业的迅速成长与扩展，帮助我们胜利地通过了过去可怕的竞争，并给了我们足以制服几乎

整个欧洲联合势力的财富和力量，而这正是由最高无上的才能所指导的。但是，什么是纺织工业呢？这难道不完全是由哈格里夫斯，阿克赖特和瓦特等的发明和创造的结果吗？正是由他们的锐敏感觉，才发现和找到了这条有利地运用上百万资本和成千上万工人的伟大渠道。所以我们从这里得到的所有各种各样的和数不清的利益和好处，应该归功于这些发明和创造，以及这些发明和创造的原作者和发明家。

那些确信我们在上面简略说明的原则是正确的人，和那些真正感到科学对国家的繁荣和文明进步有巨大重要关系的人，对近年来在社会多数居民中发展教育的进步，感到无比的满足。贝耳和兰凯斯特的发明，以及根据他们的原则而建立的学校，在贫苦阶级的人民中传播初级知识有其极为强大的影响。现在在首都和帝国各大城市建立的机械学校将使劳动人民有机会熟悉他们所信任的原理，改善他们各自的技艺，从这些技艺的更好的运用中，必会更获得各种新进步。普及教育对帝国未来的有利影响，不可能作任何确切的估计，但是可以肯定，它必定是很大的。随着更多的人被安置于具有发明的环境，将会有更多的发明出现。这并不是不可能或不一定的，现在给予阿克赖特和瓦特等人的光辉，在不久的将来，虽然绝不致全部扫光，但可能为另一些人的更多和更重要的发明所掩盖，从而暗淡下来。但假如教育不是像现在这样地普及，不能使他们的天才种子为人类的普遍利益而开花结果，则这些人从生到死，也将会同样地再走他们没有志气的祖先所走过的阴暗无光和坎坷不平的道路。

四、不同国家之间的分工或商业　除了在一个社会里，每个人

限制于某种特定职业的那种分工之外，还有另外一种更为重要的分工。它不独使某些个人，而且使整个区域，甚至整个国家的居民专心于某一产业部门。正如托伦斯上校所说的，由于这种区域分工，所以在一国内的不同地区，以及不同的国家之间建立了商业。一个幅员广阔国家的不同地区，拥有各种不同的土壤、气候和生产能力，适于他们选择共爱好的产业类型。一个具有丰富煤矿、便于通向海口，并有便利的内陆航运的地区，是工业的自然基地。小麦和其他谷物是肥沃垦地的主要产物；牲畜在山区饲养以后，移至河边草地和低洼地方饲养，更有利于育肥。没有比这更明白的了，各种有用的和需要的商品，由不同地区的居民，根据其某些特殊的自然能力来有效地经营某种特定产业而生产出来，其数量将比他们无区别地企图从事每一种不同产业时所生产的总量要多得多。谁能怀疑，由格拉斯哥、考里的卡斯和阿尔盖郡等地的居民分别地从事工业、农业和牲畜饲养业所生产出来的工业品、谷物和牲畜要比之每一地区居民在没有商业往来的情况下，企图直接供给他们自己以这些不同的产品，其生产的数量要多得多呢？

但是很容易看出来，对外贸易，或不同的、独立国家之间的区域分工，有助于增加每一国家的财富，与同一王国内不同省区间的商业往来有助于增加它们的财富是完全一样的。自然界所赋予各个不同的和遥远的国家之间的生产能力，比之于同一国家不同省区内的生产能力，其差别要大得多。所以在它们之间建立自由交往制度，必是同比例地有利。很明显，在英国生产法国或西班牙的酒，要比约克郡生产得文郡同类的产物，要花费更大的开支。诚然，产物的种类是很多的，其中有一些具有极大的效用，非在某些特定的地方是绝对不可能生产的。如果不是有商业交往，我们将不可能得到一点点茶叶、咖啡、原棉、生丝、金块以及成千成万种其他的同样有用和有价值的商品。上帝对不同的国家，既给予了不同的土壤、气候和自然产物，显然也希望他们互相交往和传播文明。假如商业上所有的限制被取消了，每个人自然就会使自己致力于对各人最有利的那种行业；同时，每个人这样追求其利益，是与整个人类的利益巧妙地联系着的。商业通过鼓励勤劳、报酬发明创造、最有效地利用自然赋予不同国家的特殊力量等作用，把劳动分配到最适合于每人天才与能力的地方。它给予我们新的嗜好和新的口味，它也给予我们以满足这些嗜好与口味的方法与途径；它使每个人从别人所有的创造与发明中得到利益；它迫使日常事务让路于相互竞赛，它使本国生产者与外国生产者竞争，以鼓励他们的勤劳与创造。分工这个伟大原理，就是这样地得到了充分的发展。大部分必要和有用的产品，就这样地大大增加了，大家都富裕了。但是这些还不是商业所有的效果，从道德的观点来看，它的影响也是不小和有益的，它是一个巨大的契机，文明的幸福，由它而传播知识和科学的宝藏，由它输送到地球上有人居住的遥远角落。同时，由于它的作用，使得每一个国家的居民依靠别国居民的帮助，获得了他们所需要的大部分舒适品和享乐品，它构成一个强有力的联合原则，它以相互有利和彼此履行义务的平凡而有力的纽带，把所有的国家连结成一个整体的社会。

用一个已故法国作家的话说，“一切劳动，不问主次，不分彼此，都协力于财富的生产。产品的交换，保证了这种财富的生产，这种情况对于劳动阶级的鼓舞，对人民的刺激是何等的巨大，对文明是何等的有利，对人类又是何等的光荣！在这个制度里，所有的人为一种高尚的好胜心所鼓舞，随心所欲地去发展和增进他们的才能；他们每时每刻都了解彼此的需要，相互之间被惯常的关系连接在一起，为相互的利益所结合，并把那一度为国与国之间的隔离所打断的人类大家庭的联系重新建立起来。分散在世界上的这些国家，彼此为对方工作着，不再是各不相干的了，不论山高水深，不论有什么不测的风云和荒凉的沙漠的阻隔，仍能互通来往。由于商业的作用，无穷无尽的资源和勤勉精神都被开发与调动起来了，人们经历了一切风浪，战胜了一切困难，克服了一切障碍，整个世界都弥漫着劳动的恩惠。”①

不能否认，对商业的错误见解，正如通常对宗教所抱的错误见解一样，是许多战争和大量流血的原因。但垄断制度的笨拙以及由它所引起的毁灭性斗争已经很明显了。事实已经充分而明白地证明，再没有什么比曾经流行一时的惧怕别人在财富上和文明上有所进步更不合理和荒谬的了。每一国人民的真正光荣和实际利益的可靠发展，在于其科学和文明事业上赶上并超过其邻国，而不在于战争的流血和破坏的伎俩中获得那些无聊的优势。

商业对于增加劳动效率和国家财富的影响，很容易说明，如英国与葡萄牙所实行的商业往来或地区分工情况，很明显地看出，英国有品质优良的羊毛、丰富的煤炭、技术高超的工人、灵巧的机器以及工业所需的一切工具，使我们此葡萄牙人生产布匹更为便宜。

① 加尼耳：《政治经济制度》(*des Systemes d'Economie Politique*)，1821 年版，第 1 卷，第 173 页。

但在另一方面，葡萄牙的土地和气候，特别有利于栽培和生长葡萄，在他们那里生产要比我们这里便宜得多。因此，显然，由于英国在生产布匹方面有其天然的便利，如果专门生产布匹，然后用布匹与葡萄牙人交换酒，比企图在本国栽培葡萄能得到更多葡萄酒的供应；在葡萄牙方面，用它的酒交换英国的布匹，比它企图违反自然的意志而把利于生产葡萄的一部分资本和劳动转而制造布匹，将得到更多的布匹，因为生产布匹的便利是在英国方面。

我们已经陈述的这些，足够揭露法国重农学派理论的诡辩性。他们坚持说，因为由外国人那里得到的商品，必须给以等量的东西，所以对外贸易不可能增加国家的任何财富。他们问，以同等的价值交换同等的价值，如何能增加一国的财富呢？他们虽然承认商业能使世界的财富作更好的分配，但这只不过是以这一种财富交换另一种财富。他们否认这能使财富的数量有任何的增加。初看起来，这种诡辩的和虚妄的说法，似乎具有充分的理由，但是只消几句话，就够证明其错误。商业的利益不在于使从事商业的任何一方得到较之他们上市商品更多的价值。英国商人生产布匹以换葡萄牙的酒，其成本可能等于、甚至超过葡萄牙人生产酒所需的成本。但是必须看到，在交换过程中，葡萄酒的价值是依照有特殊天然生产能力的葡萄牙所需的生产成本来估计，而不是依照英国的生产成本来估计，否则贸易即无从进行。同样，布匹的价值是依照英国生产它所需的成本来估计，而不是依照在葡萄牙生产它的成本来估计。这两个国家商业交往的利益，在于它们都能得到一种在最有利的条件下，用最少的费用而生产的商品，而这种商品的生产，在它们没有自然能力的条件下，直接在本国生产，其耗费将要大得多。一方的所得，并不是另一方的所失。它们双方都因这种交往而得到好处。因为这使它们双方在商品生产中都节省了劳动和费用，结果，两个国家的财富不独更好地分配了，而且也因两国间建立起来的地区分工，而大大地增加了。

为使这个重要原理更加明了起见，我们假定在英国以一定的人数，在一定时期内能制造一万码布，收获一千夸特小麦，而在波兰，以同样的人数，在同样的时期内能制造五千码布，收获二千夸特小麦。显然，如在这两国间建立了自由交易制度，则在这种条件下，英国支出一定数量的资本和劳动来生产布匹，并输出到波兰以交换谷物，比直接在本国用同一数量的支出来耕种土地，能得到两倍数量的谷物；在另一方面，波兰自己不直接生产布匹而用谷物来交换，可得到两倍的布匹。那些坚持商业不增加劳动效果，从而也不增加财富的说法，是多么奇怪的争辩。假如英国与葡萄牙以及西印度之间的商业来往，一旦终止了，在本国生产酒、糖和咖啡，较之现在送到葡萄牙和西印度去交换的等价物，至少要超出百倍、甚至千倍的生产费用。

用穆勒的话来说，“一个国家与另一个国家的商业，仅仅是加惠人类的那种分工的延伸。正如这一个省区与另一个省区的贸易，使得一个国家更为富有一样，由于比没有商业往来情况下，劳动可以更加细分和更具有生产力；由于这一个省区有的和另一个省区没有的商品相互交换，可以使整个国家增加便利品与舒适品，国家也就因此达到更加富有和更加愉快的地步；同样，在整个世界范围内，也可以看到一系列的美好结果，只要把各个王国可以看作是大的帝国的一个省区。在这个巨大的帝国里，这个省区利于某种产品的生产，另一个省区利于另一种产品的生产。通过彼此相互交换，人类可以把他们的劳动，依照最适合于每一个国家和人民的才能而加以分配。全部劳动便这样地变为无可比拟地更有生产力，而每一种必需的、有用的和为人喜爱的物品，必更为丰富，而其耗费也必更为减少。”〔《商业辩》(*Commerce Defended*)，第38页。〕

琐细地研究限制商业自由的各种政策，是与系统地、一般地阐述经济科学原理的目的与范围不相一致的，因此，下面我对这个问题的考察，主要将局限于那些为促进国内产业和就业而部分地或整个地阻止输入本国能生产的那些产品的限制管理上。

无疑，假如一种为大家需要的物品，全部或大部分都由国外输入，那么禁止这种物品的输入，对国内这类产品的生产者将会得到暂时的利益。但是应当时常记住，立法者自己所应考虑的，不是某一阶级的利益。只对某一个阶级有利的限制条款，不足以表明其得策。正确的政策，必然显示其对消费者，或换句话说，对**一般公众**有利，最低限度是无害才行。假如限制条款对一般公众有利，便应当贯彻执行，假如对一般公众有害，自然应予取消。**消费**是生产的唯一目的；生产者的利益，只在对促进消费者的利益有必要时，才应当加以注意。

我们知道，没有一个国家能够超过其资本所能供养和维持的限度而雇佣较多的工人。但也很明白，没有任何限制性的管理办法，能给资本增加一个原子，而限制性的管理办法，可能是、事实也常常是把资本转移到一些如果没有这些管理办法，便不会流去的渠道里。这虽是它**唯一的效果**，但我们所要考虑的实际问题是，这样给予一部分国家资本以人为的引导，比让它自己寻找运用的出路是否能或多或少更具生产力？

在讨论这个问题中，可以注意的是，第一，每一个人经常努力的是要找出运用其资本与劳动的最有利的方法。确实，在他心目中所考虑的，是他自己的利益，不是社会的利益。但很明显，社会不外是个人的总集合体，每个人在不断追求自己的权势时，即是遵循着导致最大社会公众利益的准确路线。这个原理的结果是，假如没有某产业部门比其他部门更应该鼓励的话，则宁肯听其自然使个人获得最大财富，从而也得到增加国家资本的效果。个人利益是鼓励勤奋和磨砺智慧与才能的最有力刺激。没有比这个假定更切合实际了。每个人根据他自己所处的环境，比之别人能更好地判断什么对他有利和有用。亚当·斯密说："企图指挥私人应当在什么方式下运用其资本的政治家，不独使自己负担着最不必要的心事，而且擅自采取了一种不独对个人，甚至对议会或上议院都不能确实信赖的权力。在一个人手中握有这种权力，而又十分愚蠢傲慢地认为自己可以运用它，那是再危险也没有了。"（《国富论》，默莱重印本，第124页。）

第二，但很明显，正如斯密博士所公正地非难过的，阻止外国产品输入，有指挥私人应在什么方式下运用其资本和劳动的效果。假如没有这种限制性的管理办法存在，能够廉价从外国输入的产品，将永不会在本国生产。对社会行动的管理和对个人私生活的管理是同一准则。不要在家里生产那些比买来更贵的东西，是每一个精明家长的格言。每个人都应当利用别人的特殊生产能力与才能。正如亚当·斯密指出的，裁缝不打算做自己的鞋子，而是从鞋匠那里去买。而在鞋匠那一方面，则不打算做自己的衣服，而是雇佣裁缝去做，农民则既不做鞋，也不做衣服，而是用他的谷物和家畜交换这些匠人的衣服和鞋子。在所有的文明社会里，每个人都理解到，为了自己的利益，应当把自己的劳动用于某些特定的业务，而当有必要时，再把自己一部分特定产品去和别人的一部分劳动产品相交换。难于理解的是：为什么大家承认对个人是聪明和适当的行为，而对一个国家的情况——即是居住在国家土地上的个人综合——就变成了愚笨和荒谬的呢！

必须记住，商业的极端自由，将不会使外国人供给我们那些在本国生产比在外国生产更便宜的商品。本国生产者比外国人常常有更大的便利。他们的商品价格不会因远途运费而抬高；他们深切了解和熟悉其顾客的语言、法令、风尚和信用，而外国人则没有这些便利。能够与他竞争的，除了货物比较便宜以外，再无其他。但假如外国人能供给我们比在国内生产更便宜的物品，那我们为什么不从他那里购买呢？为什么我们不把我们和邻居交往而极为有利的原则扩大到外国人呢？虽然我们的港口是敞开地接纳世界上所有商业国家的所有商品，但肯定，除非他发觉对他有利，即除非他从外国人那里购买物品比他从自己国人那里所付代价更少时，他是不会从外国人那里购买的。很明显，这种买卖的成交，或这种交易的形成，我们不仅要允许我们的公民在最廉价的市场上购买他们所需要的货物，同时也应允许他们在最昂贵的市场上出卖他们自己的货物，或在他们能获得最大数量的其他产品的地方，从事交易。

有人说过，我也相信是真实的，假如不是由于限制输入，现在对许多人提供就业机会的几种制造业，很可能不会在我们这里存在。但是，我虽然承认这个说法，我却不承认它对我们现在所建立的原理，形成了任何正确的否定。无区别地从事于每一个可能的行业，其无利于国家正如无利于每一个个人一样。社会和每个家庭一样，都应当同样尊重分工的伟大原理。每个人都会体会到专心从事一种比别人有优势的产业部门，对他是有利的。因为只有用这个方法，他们才能充分地利用每一个国家的特殊生产能力、它们的资本、它们农民和工人的劳动，而使其达到最大的效率。

这是非常确实的，一个限制性的和人为的制度长久实行以后，如果一旦取消，对某些人必定会产生不少的烦恼与困难。为了这个理由，一个明智、公正和开明的政府，不会轻率地采取任何即刻就会损害其臣民中大多数人的措施，无论这个措施本身是如何的得策与适当。一个大国的公共经济每有变动，都应当慎重和逐渐实行。对那些把资本用于限制性管理办法保护下的行业的人，应该给予一个适当的时间和便利，或使他们完全从其业务中撤出来，或使他们准备如何经得起外国人自由竞争的办法。但这都是他们全体所应当要求的。我们在某些时期离开了产业自由的健全原理的事实，绝不能作为充分理由，说明为什么我们应当顽固地坚持走那已经证实为最有害于公共利益的政策路线，或说明我们为什么应当拒绝利用可以早日转移到一个更好制度的机会。根据这样的原则行事，即是坚持最坏的谬误，即是一个与政府的所有目的和意图完全不一致的行动。

这也是完全确实的，从一个独占商业制度改换为自由商业制度时所经常发生的损失和不便利，是被人大大地夸张了。但是，不

管其他国家在这方面的情况是怎样，我们在技术上的优势是这样地巨大，外国商品最自由的输入，在我们人口中也只有极小一部分会从他们现在所从事的职业中被驱逐出来。纵然承认这个措施可能产生迫使几千工人放弃他们现在职业的后果，但实际上应该看到，等量的新行业，最后将会开张，并把他们吸收进去；对劳动的总的需求，不致因限制性制度的废除，而有任何程度的减少。假定在一个自由贸易制度下，我们输入了许多现在完全由国内制造的丝织品和亚麻布匹。但这也是肯定的，因为不管是法国还是德国，绝不会把它们的商品无报酬地赠送给我们，所以等量的英国商品必会送到国外以支付我们从他们那里输入的商品。因此，很明显，以前从事我们蚕丝与亚麻制造而被抛出这些行业的技术工人，将会立即在制造相当于外国丝织品和亚麻数量的输出产品制造业中得到就业。假如我们今年比去年多输入了一千万或两千万价值的外国商品，可以肯定，我们一定会多输出一千万或两千万的某些产品去支付它们。所以，假如输出是一件好事，大多数热忱崇拜限制性制度的人都认为是这样，那么，输入也一定是一件好事。因为二者有不可分离和分解的联系；把它们分开，即使在观念中把它们分开，也只说明是对最明显原理的完全无知。一切商业，不管是和同一国家或不同国家的人进行，都是建立在公平互利的原则上的。商业中的买和卖，正如物理学中的作用和反作用一样，总是相等的和相反的。假如我们不从别人那里买，别人便全然不可能从我们这里买。每一个卖包含着一个同量的买，每一个买包含着一个同量的卖。所以，禁止买，事实上和禁止卖是完全一回事。一个商人假如他被禁止输入一个较大的价值来补充他的输出，他是从来、甚至将来也不会输出一包货物的。但是假如外国人必须给予我们的等价商品被禁止输入，则更是根本不可能的事。所以一个无限制的对外贸易，即是我们在怎样的程度上接受别国的商品，别国也将在同样的程度上成为我们商品的顾客，这就会促进我们的制造业并扩展我们的贸易。只要我们同自然合作，我们不可能被别人杀价；同时，由于商业的交互作用，劳动生产能力每有增加，即会增加我们的消费能力，或由商业的观点来看也是一样，它等量地增加了外国商品的输入，从而也就同比例地扩大了国内市场。所以，显然的，假如不轻率地企图在国内生产那些由国外输入更为便宜的产品，而把我们的资本和劳动全部用于某些部门，即我们的海岛位置、我们无尽藏的煤炭供应和我们的优良机器给予我们天然和实际便利的那些部门，那我们就可以把我们的商业，带到一个过去所未曾达到的更高的繁荣水平，并把它建立在一个宽广而不败的基础上。

以上的简单论述，证明了商业自由的利益，以及为求促进本国产业而限制国外输入的不得策，这些都反复地被人提出过。如已经指出的，商业自由的利益，差不多在一百四十年以前，就被达德利·诺思勋爵以非常明显的观点阐述过；以后，德克和闻名的休谟阐明和加强了同一原理，并指出了禁止制度的有害后果。但是那个制度的全部推翻，却被留给了亚当·斯密；斯密以最大的才能和权威，并以无可辩驳的丰富事例研究和否定了袒护限制商业自由的各种论据。但是，袒护旧制度的偏见，以及反对走向更为开明和更为自由意见的阻力是非常有力，因此虽然亚当·斯密的著作大量发行以来，已经约有半个世纪的时间，但只是在最近几年，政治家和商人们才对这个学说给予实际的同意,并试图依照实行。

但是,幸运的是新时代终于开始了(novus seclorum nascitur ordo)! 自由贸易的原理不再看作是愚笨和无益的空想,不再看作是理论家们的幻觉,关在房子里不能实现的快乐梦境。这些原理得到了英国议会的认可。我们对第一次宣布和证明这个正确和有利制度为真理的人给以光荣的同时,有权要求对第一次给予这个制度以实际意义和真实效果的人,给予更高的表扬。诚然,垄断现在仍然深深地植根于我们的商业政策中,我们仍然容许一些重要贸易部门在苛刻的和烦人的限制下经营着。但大多数部门已开始回到较好的制度,并且公开地宣布了我们的信念,商业自由无论对私人的幸福和社会的繁荣,都同样是具有生产性的。用一个有名的政治家的话来说,"假如反对商业限制、垄断和优惠的长期和光荣的事业,仍然在进展着,而同样的精神仍然在朝气勃勃中,国家和议会仍然维持着同样的决定——即假如对为经验所肯定、并为公众所称赞的制度最后给予完全而不折不扣的实行,那么不独这个时代,也不独这个国家将有理由颂扬我们的努力。没有那样的遥远时代,也没有那样的不文明国家,我们不能够在其中断然预见到英国哲学的这些成功研究、英国政策的这种英明榜样,在上帝的庇护下,将成为继续增进人类幸福的唯一丰富的泉源。"①

货币 当分工实行之初,一种商品是直接与另一种商品相交换的。例如,有谷物多余而缺少酒的人,便尽力找那些处于相反地位的,即酒多而谷物少的人,于是他们彼此便以这一种物品

① 格林维尔爵士在解散利范特(Levant)公司时的讲演,1825 年 2 月 11 日。

交换另一种物品。但是，很显然，如果只限于单纯的物物相易，则交换的能力，由于职业的分化，必定限于很狭窄的范围。甲可以有酒过剩，乙亦迫切地希望买到酒，但是假如乙没有甲等着需要的商品，在他们之间，便不能有交换发生。为避免这个不便情况，在世界的每一个时代，一当分工建立以后，每一个有远见的人，即如亚当·斯密所指出的，必定自然地尽力以这样的方式安排他的事务：在他的身边，除了自己劳动的特殊产品外，随时都保有一定量的这样一种或那样一种商品，这些商品，在他想来，拿去和任何人的生产物相交换，都不大会遭到拒绝。（《国富论》，默莱重印本，第 34 页。）

这种商品，不管它是什么形式，都可认为是货币。

在不同的国家和不同的时期中，不少的商品曾用作货币。但是除非它具有几种非常特殊的性质，任何物品都不能很便利地用作货币。只要稍微想一下使用货币的目的，就会使人相信，一个文明社会选作货币的商品，其不可缺少的、至少是非常需要的性质应该是：(1)可分为较小块的；(2)能长期保存而不损坏；(3)必须量小、值大，便于运输；(4)一枚一定量的货币，应当丝毫不差地永远等于任何另一枚同量的货币；(5)它的价值，应当比较稳定，或尽可能地少变动。没有这些性质的第一条，或不能分割成各种不同大小和不同价值的部分，则很明显，这种货币将几乎是无用的，只能和偶然遇到的很少几种和其不能分割部分同样价值的，或和这些不能分割部分的整倍数同样价值的商品相交换；没有第二条或保藏、或窖藏而不损坏的性质，则没有人肯用商品来交换货币，除非他预计马上能够用那种货币交换他希望得到的某些别种商品；没有第三条或易于运输的性质，货币就不能便利地在任何远距离的地区之间从事交易之用；没有第四条或完全同一的性质，则辨别每个货币的价值将极端困难；没有第五条性质，或价值比较稳定，则货币就不能作为测量其他商品价值的尺度，并且没有人愿意把他的劳动产品，用来交换一个不久便可能大大地降低其购买力的物品。

贵金属具有价值的比较稳性、可分性、耐久性、运输方便以及同一性等各种综合的性能，无疑地在每一个文明社会里，成为引诱人类采用它作为货币的反驳不了的理由。黄金和白银的价值也不是一定不变的，但一般说来，它变化只是很缓慢；它们能够分成任何大小部分，有重新熔铸在一起而无损失的特殊性质；它们不因长久保存而损坏；由于它们的坚实和细密的组织，因而不易磨损。它们的生产成本，特别是黄金，是如此的大，它们在小的体积里而具有大的价值，因此，比较便于运输；从世界上任何角落的矿藏中取得的一盎司黄金或白银，就其性质这一点来说，完全等于从另一角落中开采出来的一盎司黄金或白银。所以无容惊异，贵金属既然是如此优越地具有构成货币所必要的一切性质，因此它们在文明社会里，从远古的时代起，就作为货币使用。正如杜尔哥说过的，“它们成为大家接受的货币，不是出于人们的任何协议，或法律的干涉，而是出于事物的天性和力量。”

黄金和白银用作货币的最大缺点，在于这些金属的价值过高，以及因使用而造成的损耗。无可怀疑的，在高度文明和商业发达的国家里，用某些价值较低的材料作为它们一部分货币，其主要原因之一，即是希望减少这种损耗。为了这个目的而采用的各种代用品中，纸币在任何一点而言，都是最适合的。我们用纸来代替黄金，是以最便宜的通货替代最贵重的通货。这样就使全社会在没有任何一个人遭受损失的情况下，把使用纸币后多出来的金银币，变作原料或工业品，用以增加财富和享受。自从汇票使用以来，几乎所有大宗商业交易，都是用纸来进行。它在社会上的一般业务中，也经常广泛地使用。由于一定面额的纸币可以由持有人随意换成一定量的黄金或白银，所以纸币的价值，可以与这些金属的价值保持相等，一如完全由贵金属所组成的一样，所有货币价值的有害变动，可以有效地避免。

我们以后还将力图阐明决定商品价值包括货币价值的原理，货币也不外是一种商品而已。我们现在对货币的性质和职能所讲的一般概念，似乎已足够作为获得政治经济学原理的知识了。对于有关货币各种问题的进一步解释，读者可求教于专门讨论货币的作者。

第三节

资本和劳动的不同运用　农业、工业和商业同样有利　在不同事业中的投资，由各种事业所产生的利润率来决定

在上一节中，已经指明，资本的增加与减少，是国家繁荣所系的关键，假如你增加了资本，你即时就增加了维持和雇佣更多工人的手段，假如你减少了资本，你即时就从生产阶级那里抽出了

一部分舒适品和享乐品，或许还有必需品，并在整个地区散布了贫困和不幸。我们也已经指明，利润率的提高或降低，是资本增加或减少的主因。现在假如情况果然是如此，那么，似乎不可避免地会达到这样一个结论：产生最大利润的行业或最具生产性的行业，是最有利益的行业。但是斯密博士，马尔萨斯先生以及许多其他政治经济学者都反对这个标准。他们承认，假如两种资本产生相等的利润，那么运用这些资本的行业，对它们的所有人都同样的有利；但是他们却硬说，如把这些资本中的一种运用于农业，它们将会产生更大的社会利益。然而，要揭露这种意见缺乏充分根据，是不困难的；同时要指出在所有情况下，平均利润率是我们判断哪一个行业最有利和哪一个行业最不利的唯一可靠标准，也是不困难的。

资本可以运用于四个不同的途径：第一用在社会使用和消费的原生产物(raw produce)的生产；第二用在立即使用和消费的那种原生产物的加工和准备；第三用在依照需要把原料和制成品从一个地方运到另一个地方去的转运；第四用在为了适合需要者的便利把某些部分分割成为小的包装。资本用于土地的改良或耕种、矿藏或渔业是属于第一个途径；制造业者的资本，是用于第二个途径；批发商的资本是用于第三个途径；零售商的资本是用于第四个途径。很难设想资本能用之于不属这些项目中的某一类别。

把资本运用于获得原生产物，特别是运用于土地耕种上的重要性，是无须夸张的。不论是供给我们必需品、舒适品或享乐品的所有商品物质，首先是从土地，包括矿业和渔业而获得的。取得土地原生产物的产业，由于它们是自然赋予我们的，所以先于任何其他产业。但是这些天然的产品，其数量常常是极端有限的。只有农业，即是联合运用直接的劳动和资本以耕种土地，才能得到人类食物主要部分的那种原生产物的大量供应。各类谷物，如小麦、大麦、黑麦、燕麦等等，曾经是不是野生的，不能十分肯定。即使从前是这样，但在我们所熟悉的国家里，这种野生产品是极端稀少的，绝大部分都需要以大量的劳动来生产它们，这压倒一切地证明我们受农业的恩惠是非常之大的。从畜牧业过渡到农业的生活方式，是社会发展具有决定性的重要步骤。确实，当我们把某一垦殖良好的国家的一定面积土地上所得到的粮食和其他原生产品的数量，跟那些为狩猎和游牧民族占有的国家的同样肥沃、同样面积土地上所得到的数量，加以比较，农业对于增加有用产品的力量，便表现得非常明显而突出，使我们不再惊异，比之于工商业，人们何以那样早而普遍地偏重于农业了。我们无疑地会同意西塞罗的赞叹，他说，"凡是能够有所收获的事业，没有此农业更好、更丰富、更愉快，并对人、对自由人更适当的了。"

但是，对这种偏重真正有任何正确的根据吗？工业和商业不是和农业同样有利吗？很明显，没有农业，我们绝不会得到大量制造食品和衣服的原料供应；但这不是同样明显吗？没有把这些物质转变成为食品和衣服的技术知识，这些原料纵有最大量的供应，也将很少有用，甚至完全没有用处。磨粉人磨谷物的劳动，烘面包人烘面包的劳动，对于面包的生产和农民耕耘土地的劳动一样，是同样必要的。农业家的业务是种植亚麻和生产羊毛；但是没有纺纱工人和织布工人的劳动给予它们以效用，把它们制成舒服适用的衣服，则亚麻和羊毛纵然不是完全没有价值，也怕接近于没有价值。没有矿工的劳动，把矿物从地球深处取出来，我们就得不到制造有用器皿和华丽家具的材料。假如我们把从矿里开采出来的粗糙矿物和完成品比较一下，我们就会相信，矿物的提炼人与精制人的劳动，和以后将矿物转变为有用物品的技士的劳动，和开矿工人的劳动一样，都是十分有用的。

但是，不仅制造工业，或那种使原生产品适合我们使用的工业，在赋予原生产品获得可观的价值方面是必要的，这一点是肯定的，而且如果没有制造工业，这种原生产品本身也得不到较大的数量，这一点也是肯定的。机械工人制造耕犁，跟用犁耕地的农人对于谷物的生产是同样的有效。但犁匠、机匠、铁匠以及一切为农人制造工具和机械的工人，他们是真正的制造工人，但除了他们是在较硬的物质上工作外，跟那些从事于给羊毛和棉花以效用的人们，没有任何区别。投放于工具和机械的固定资本，是工具和机械制造者的劳动产品；没有这些固定资本的帮助，农业劳动或其他任何劳动，都不可能具有较大的生产性。

加尔涅侯爵说："区别农民的劳动和其他工人的劳动，几乎是一种徒劳无益的空论。一切财富——就我们所了解的意义而论——必然是两种性质的劳动的成果，两者不能或缺。没有这两种劳动的相互配合，就不可能有可供消费的东西，因而更谈不到财富的创造了。既然把这两种劳动分割开来，就不可能获得真正的产品，那么，同是一种具有实际价值可供消费的产品，又怎样能够比较其不同呢？面包的价值归根结底来自割麦子、打麦子、磨麦子和做面包等等工人的劳动，他们把麦子相继地变成面粉和面包，正像小麦的价值来自农民和播种人的劳动一样。没有织工的劳动，亚麻就和荨麻及其他无用的植物一样,都不能列入财富。那么,又有什么必要去找出在两种劳动之中,究竟是哪一种对国民财富的增长贡献最大呢?这岂不是好像人们争论究竟是右脚还是左脚对走路更为有用一样吗?”①

事实上,农业与工业之间,归根结底是没有任何真正区别的。如已经指出的,认为农业活动对已经存在的物品有所增加,是一个庸俗的错误。人们所能做的,以及人们所曾经做过的,只是给予物质以一种适合于使用的特定形式和式样。但是魁奈和重农经济学家们(亚当·斯密在这一方面赞成他们的意见)硬说,使物质适合我们使用的农民劳动,借助于自然的生长力而大大地减轻了,而制造工人的劳动,却必须自己一一来完成每一件事,得不到任何一点这样的帮助。亚当·斯密说,“运用于制造业中的等量的生产劳动或资本,不能像运用于农业中的那样,得到同样大的再生产。在制造业中,自然一点也不做,而人则做所有的一切;并且再生产必定总是与生产要素的力量成正比例的。所以运用在农业中的资本,比之运用在制造业中任何同量的资本,不独可使更大量的生产劳动从事于活动,而且也正比例于它所使用的生产劳动的数量;它给国内土地和劳动的年生产以及居民的实际财富和收入,都增加了较大的价值。在资本所能使用的一切途径中,这是对社会最有利的途径。”(《国富论》,默莱重印本,第185页。)

这或者是《国富论》中最可批驳的一段,最令人惊异的是,为什么像亚当·斯密这样一个精明而敏感的理论家,还会保留这样明

① 加尔涅对亚当·斯密《国富论》第2版写的绪言,见该书第58页。

显的错误学说。诚然，自然在农业中，有力地帮助着人来劳动。农民为种子准备好土地，并把种子种在地里；自然则培育其胚胎，供给其养分，并使植物发育生长达到成熟阶段。但是自然在其他各种产业部门中，对我们不也是做同样多的事吗？水与风的力量转动我们的机械，推动我们的船只渡过大海，空气的压力，蒸汽的弹力，使我们能运转最笨重的引擎，它们不都是自然的自愿赠与吗？事实上，机械的唯一利益，在于它使我们能强迫自然力为我们服务，使自然力做那些否则便须全部由人来做的主要工作部分。例如，在航海事业中，能怀疑自然力——水的浮力，风的推动力，磁石的指极作用不是完全和海员的劳动一样，帮助我们把船只从这一半球航行到另一半球吗？在漂白和发酵中，整个过程是由自然力来进行的。由于可软化和可熔解金属的热力，使我们在做饭和取暖中得以利用许多最有力和最便利的工具，并使我们在北方寒冷气候中，能够舒适地居住。认为自然在农业中为人们做了许多事，而在工业中则一点也没做，这种说法，离开真理是太远了，事实则正几乎与之相反。自然对工业的恩惠是无穷无尽的，而它对农业的恩惠，则是有界限的，而且这种界限也并不太高太远。在蒸汽机或其他种类的机械制造中，可以投入尽可能大的资本，而且在资本倍增到无限大时，最后一个机械，对于节省劳动和生产商品，仍然同第一个机械同样有力和有效。但对于土地却不是这样。头等质量的土地很快就会耗尽，不可能把资本无限地用于最好的土地上而不产生利润率的递减。地主的地租，不像亚当·斯密所想象的那样，在所有产物中除去可视为人的劳动报酬以后，剩下来的，是对自然工作的报酬！我们以后将要指出，这正是耕种最好的土地所获得的产品，超过耕种最坏土地的部分。它不是农业劳动生产力的增加，而是减少的结果。

但是，假如对物质给予效用，是每一种生产性事业唯一的目的的话（事实正是如此），则很明显，资本和劳动用于把商品从生产地运到消费地，以及把它分装成小包，以便适合消费者的需要，都和农业或工业一样是真正具有生产性的。矿工的劳动给予物质，如煤，以效用，把煤从地底下搬运到地面上来；但商人或搬运工的劳动，把煤从开采地运到城市里或燃用的地方，则是再给煤以价值，或者可以说给予更多的价值。我们有火取暖，绝不能只感谢矿工，或只感谢煤商，这是他们二者联合活动的结果。同时也是在工作中提供他们以工具与器械的那些人们联合活动的结果。

但是，不仅商品有必要从生产地运到清费地，同时也有必要把它分割成为合宜的大小，以便每一个人可以在他能力范围内购买到他希望得到的数量。亚当·斯密说，"假如没有屠夫这个行业，每个人就不得不一次买一只整牛或整羊。这对富人，一般说来固然是不方便，对穷人则更是如此。假如一个穷工人，一次必须买一个月或半年的粮食，那么，他就必须把本来拟作为业务工具，或店中家具，并可以使他得到收益的大部分资本，留作即时消费并得不到收益的准备金。最方便的事，莫过于当他需要时，能够每天，甚至每小时都能买到他的生活用品。这样，他就几乎能把他全部的积蓄用作资本。这样，他就能从事较大价值的工作，而且他所得的利润，除补偿零售商对他所购买的生活用品所增加的价格外，还有余裕。某些政论家反对零售店铺和零售商人的偏见，是完全没有根据的。对零售商课税，或限制他们的人数，是大可不必的，他们的人数绝不至于自动增多而至损害社会的利益，只可能增多到损害他们自己利益的程度。例如某一个市镇能够卖出的杂货数量，是为那个市镇和其邻近居民的需要所限制的。所以，能够有利地运用于杂货交易的资本，不能超过购买和零售这些杂货所需要的资本。假如这个资本是由两个不同的杂货商人所分配，他们的竞争，将显明地趋向于使他们两人出卖的价格都比在一个人手中时便宜；假如这笔资本由二十个人分配，他们的竞争恐怕更为激烈，而他们联合起来提高价格的可能将更少。他们的竞争，可能毁灭他们中的一些人，但对于这个事情，当事人自会关心，完全可以听其自由处理。对于消费者或生产者绝不会有什么损害，相反，这将使零售商人，比之整个交易为一两个人所垄断时，卖得更便宜，而买得更贵。他们中的一些人，也可能偶然诱骗一个不熟悉行情的顾客来买他一时买不到的东西。但是这个害处，是太不重要了，不值得社会注意，也不必要以限制他们的人数来制止。”（《国富论》，默莱重印本，第 168 页。）

这样，便很明了了，把资本使用于生产行业的一切方式，换言之，使用于收割原生产品、把收割到的原生产品制成有用的和需要的物品、把原生产品或制成品由这里运到那里、把产品适应大众需要分成小份零售，都是同样有利的。这就是说，把资本和劳动用于某一部门，和用于其他部门一样，都同样有助于必需品、便利品和奢侈品的增加。没有原生产品的事先供应，我们不能有制成品；没有制成品和商业这个行业，这些原生产品的大部分，将完全没有价值，既不能满足我们的需要，也不能有助于我们的舒适。制造者和商人之于国家，正如消化力之于人体。我们不能无食物而生存，但是，如果自然用以使这些食物适合我们的需要，并使之与我们的躯体溶成一气的机构毁坏和失调了，则最大量的食物供应，也不能延长我们的寿命。所以没有比估计农业、工业和商业的利益谁多谁少的事，更愚笨和幼稚的了。可惜，这种估计却经常被人提出来。这些行业都是有密切联系而不可分割的，并且是相互依存相辅相成的。借用蔡尔德的正确而有说服力的话来说，“土地和商业是双生子，经常和永久如胶似漆地附在一起。不能轻视商业，否则土地将会衰败，也不能轻视土地，否则商业将受影响。”这个理论是不能被驳倒的。根据这个理论的权威，我们有理由认为企图以人为的利益抬高某一种产业的地位，而使另一种产业蒙受损失的做法，是失策和有害的。从来没有过、将来也不可能因重视农业轻视工商业，或重视工商业轻视农业而不招致最深远的有害后果的。在每一个情况下，人都应当被允许根据自己的意愿来使用他们的积蓄和劳动。在劳动自由的地方，个人的利益，绝不会违背社会的利益。如果我们最成功地增加了我们的财富，我们也必然会最成功地增加我们所隶属的国家的财富。

不同产业部门的相互依存，以及它们的彼此合作，使人类文明取得重大进步的这种理论，在较早的《爱丁堡评论》(*The Edinburgh Review*)某一期上，已经有精辟的论述了。“可以稳妥地作出结论，所有能帮助供应人类生活必需品或增加舒适品和娱乐品的各种行业，就生产这个字的严格意义来说，都是同样生产的，都是有助于增加人类的财富数量的。我们这里所谓的财富，是指一切为人所需的、便利人的或使人愉快的东西。社会进步，使原来合在一起的行业，分离开来。原先，每一个人是尽可能置备他自己的必需品、娱乐品，准备他一切的需要和一切的享受。逐渐地这些忧虑开始分化了，准备社会必需生活品的是一群人的职业，准备舒适品的是另一群人，而准备享乐品的则是第三群人。把不同的活动委诸不同的人手，是更有助于达到每一种目的。物物交换制度的普遍建立，则把这些分工和再分工，整个联系在一起——这就使一个人替大家制造物品时，不致因没有耕种土地和打猎而有受饿的危险，另外的人，则为大家耕地或打猎，而不致因不从事制造而有缺少工具或衣服的危险。这样，便不可能确切地说出，谁是对社会供给食物、衣服或娱乐的人，正如不可能说出，在制针业中的哪一个工人是真正的制针匠，或者哪一个农夫生产了谷物一样。一切有用的产业部门都为着一个共同的目的而工作，正如每一部门的各分支为它们的个别目的而合作一样。假如你说农民供给了社会的食物，并产生了其他阶级用以制造的原料，我们将回答说，除非其他阶级把原料制成产品，并供给农民必需品，不然，农民便不得不把他的一部分劳动用于这种行业，并迫使他人也来参加原料的生产。在这样一个错综复杂的制度里，很明显，所有劳动都有相同的效果，并同样地增加社会财富的数量。没有比只愿使机器的某一部分转动还更荒谬的企图了，机器某一部分的转动，必然是全部力量结合在一起的结果，并且是相互依靠于彼此结合在一起的各部分。”（第 4 卷，第 362 页。）

关于大工业地区可惊的死亡率的讨论，已经不少了。人口拥挤地区疾病的容易传染、缺少充分的空气流通、儿童受劳动的幽禁、某种操作有碍健康，这些情况使大多数作者不考究事实是否真实如此，即以之作为是工业城市的死亡率必然非常之大的条件。户籍报告证明这些意见是错误的。大不列颠的工业人口对全部人口的比例，在1810年和1820年大大地超过了1780年；然而，虽然我们习惯上认为不卫生的行业是大大地增加了，但英国和威尔士的平均死亡率，在1810年时，现存人口中每五十二人中只有一人，1820年时，每五十八人中只有一人；而在1780年时，每四十人中便有一人！1750年以后，死亡率便逐渐减少。毫无疑义，这一部分是由于贫民中爱清洁和节酒，以及食物、衣着和房屋的改善；一部分是由于沼泽、湿地的沟通排水；[①]还有一部分可能是1800年以后，由于医药科学的发明和天花的根绝。[②]不管这种增进健康的原因是什么，大量的证明指出，它们没有为工业的扩张而抵消。反之，几乎专门从事工业的城镇居民，比之于农业区域的居民，其健康增进的比例要大得多。如曼彻斯特1770年时的平均死亡率，是二十八人中一人，[③]现在减到每四十三人中不足一人，同样的改进在格拉斯哥，派斯利以及其他的大工业城镇中也有了。这也是肯定的，这种死亡率的大大减少，是制造工业改进和发展的直接结果而不是间接结果。每人都知道，以较便宜的价格，供给穷人以舒适的衣着，对于健康是多么的重要。这是改进工业企业带给他们的许多利益之一。由于现在棉织品生产的便利而促成的价格低廉，使每一个最穷的人也能穿着温暖、清爽和漂亮的衣裳；由此增加的舒适和享受的大小，是我们长期享受这些好处的人，所难于估

① 沼泽对增加死亡率的影响，在林肯、剑桥等低湿郡区，仍可强烈地感到。见米尔恩：《论年俸》(*On Annuities*)，第2卷，第453页。

② 以前致人死命的赤白痢，现在几乎不见了。见赫伯登：《论疾病的增加和减少》(*On the Increase and Decrease of Diseases*)，第34页。

③ 珀西瓦尔博士：《曼彻斯特人口状况考察》(*Observations on the State of the Population in Manchester*)，第4页。

计的。

在工业地区，由于劳动极度细分，以及需要工人专心致志地对付一个单一活动的情况，被人认为对工人的脑力作了最大的损害。因此，有人说主人是培养得聪明伶俐了，但工人的智慧，则永久被疏忽了。我们听说，大多数机械性的技术，只有在完全压制着感情和理智的情况下才能得到最好的成功。据说，手和脚的动作都变成了彼此不关联的习惯。工场被巧妙地比作一部机器，它的零件即是人！〔弗格森：《论文明社会》(*On Civil Society*)，第 303 页。〕亚当·斯密对社会由分工而得到的利益，给了一个令人叹服的说明，但在这个问题上的偏见，则与人一致，并进而肯定，经常在大工场内，从事某一特定的工作，“必定使工人变成人类可能达到的痴呆与无知”。没有比这些说法更惊人地不正确了。雇用于工业地区的工人，比之雇用于农业地区的工人，较不聪明和敏锐的说法，不独不是真理，而且和事实正完全相反。格拉斯哥、曼彻斯特和伯明翰的纺织工人以及其他机械士所拥有的见闻，要比帝国任何地区的农业劳动者普遍和广泛得多。这才真正是对这个问题的不偏不倚的研究，应能启发我们的猛省。农民相继地从事的是各种作业，他们的经常工作受到像气候那样变动不定的力量的影响，每天眼睛里看到的和为他们所熟悉的，都是一些经常变动的形象，这些东西吸引他们的注意，就使他们并不了解那些总是磨针尖的人或从事完全相同操作中无穷无尽的同一动作的人所感到的单调无聊，也不了解他们希望有外来和偶然刺激的这种情况。但这种要求刺激的欲望，在各种方法中都不像教化的方法——即刺激智力的方法能得到既便宜又有效的满足。大部分的工人都没有什么消

遗的时间；即使他们有的话，在一切安定而人口稠密的国家里，工资都是很低，同时储蓄和积累的倾向又很强，不能允许他们以大部分的工资来放纵逸乐。他们因此就不得不寻求刺激智力的娱乐，而他们所处的环境也正是给了他们这样娱乐和消遣的便利。由于在一起工作，他们常有交谈的机会；每人出很少的钱即可得到大量的报纸和廉价期刊。不管对原因的看法存在着多大的分歧，但这个事实是无可怀疑的，在制造业中工人的智慧是随着他们人数以及工作的细分而增加的。没有理由可以假定他们比农人更不聪明；不管从前的情况是怎样，现在没有人敢于肯定，工人在智慧的获得方面不如农人，或者说，他们只像机器一样，没有感情也没有理智。甚至完全倾向农业一边的马尔萨斯，也公正和明白地认识到，“工业和商业对社会的最大影响是人们能享受到最高度的利益。它们在国家的各阶级中散播着新鲜的生气和活力，使下层社会的人可由个人的成就和努力而得到上升的机会，并刺激上层社会的人晓得应依靠别的办法，不应单纯依靠身份和富有而获得地位。它们刺激发明，鼓励科学和应用技术，散布智慧和进取精神，在劳动阶级中刺激使用舒适品和享乐品的口味。总之，它们以增加中等阶级（每一国家的自由、公德和优良政府都必须依靠的主体）的比例，给予社会以新而愉快的结构”。〔《论谷物条例的后果》（*On the Effects of the Corn Laws*），第 29 页。〕

这样我们就通过不同的道路达到我们试图建立的结论。永无止境的谋利欲望经常引诱资本家们经过详细考虑后，把他们的资本投放于能产生最高利润率的产业部门。不难证明，那些产生最高利润的行业经常是投资对于公众最有利益的部门。某一产业部门的利润,除非它产品的需求有所增加,否则很难提高。如果对棉织品的需求增加,需求它们的竞争即增加,结果它们的价格上升,制造商因而获得较高利润。但是各个行业的利润率,有一个彼此相等的趋势。当没有垄断从中阻碍时,一个行业绝不能继续维持高于或低于另一个行业的利润率。所以一当棉织品的价格上升的情况发生了,就会有更多的资本运用于棉织品的生产。从事棉织业的制造商,将努力借入更多的资本;而从事获利较少的行业的资本家,将逐渐紧缩他们的业务,并转移他们一部分资财到产生较大报酬的地方去。利润的均衡便这样再行恢复了。因为用于棉织品生产的增加资本,由于它们的供给同增加了的需求相平衡,不可避免地会把价格降到适当的水平。就是这样的方式,使得个人的利益,在各种情况下,都会服从于社会的利益。高利润吸引资本,个别行业的高利润是高价格形成的,一当增加的资本投于这类生产,有更多的人能购买到这种商品以后,价格经常是会降低的。所以,很清楚,资本的最好运用是产生最大的利润;因此,假如两笔资本,产生**相等的**利润,这就清楚地证明,它们各自投入的产业部门,虽然在许多方面是很不相同的,但对国家则是同样的有利。没有比惧怕产业的极端自由会把资本吸引到比较无利的行业中去的想法更不必要了。假如资本流入工业或商业,而不流入农业,这只是由于这样做,对个人、从而对国家都会产生较大的利润的缘故。

在这样尽力地阐明了最利于财富生产的条件以后,我们课题的自然顺序,将引导我们下一步研究决定人口增加的条件。但是在进入这个研究之前,我将尽力为那些已经确立的学说辩护,驳斥一些反对它们的主张,即是要指出,机械的发展与改进总是对劳动者有利的，并不是滞销的原因。

第四节

改善机械的效果与改善劳动者的技艺相类似　不会引起商品的滞销　有时迫使工人改变他们所从事的行业，但对劳动的有效需求并没有降低的趋势　李嘉图先生对于机械所假定的情况，有可能但很不容易发生　滞销的真实原因

在研究人们所假设的由于无限制发展与改进机械而产生的各种不良后果以前，可以先观察一下，继续改进工人的手艺与劳动也会产生同样的后果。假定机器结构的改进，使织两双袜子所需要的费用和以前织一双袜子所需要的费用一样，总是对劳动者都有损害的话，那么这种损害同织工本身提高技巧和手艺的情况是一样的。例如，假定一个妇女本来在一个星期内可织两双或三双袜子，将来可以织四双或六双。这两种情况，很明显是没有区别的。西斯蒙第为了和他曾经提出的原理一致〔《经济学新原理》(*Nouveaux Principes*)，第2卷，第318页。〕，毫不犹豫地谴责这种改进是一种极大的罪恶。他认为假如袜子的需要已经有了充分供应的话，将会把从事织袜的一半工人抛出这个行业。所以关于改进机械的问题，归根到底，是同改进有关工人的科学、手艺和劳动的问题一样。所以在这一情况下支配我们决策的原则，也能同样支配另一种情况。假如无限地发挥工人的手艺是有利的话——使他能用相等的、或者更少的劳动，生产更多的商品，那么，他利用

最能帮助他得到那个结果的机器的援助，必然也是有利的。

为着更好地理解从增进工人的手艺和技巧，或从改进他所使用的工具或机器所得到的效果，我们先假定生产力已普遍地提高了，从事各种行业的工人，用同一的努力，能生产十倍于目前的商品量。这不是清楚地表明了这种生产技巧的增加使每人的财富和享受也增加了十倍吗？从前每日做一双鞋的鞋匠，现在能够做十双。当同样的改进，在其他每一个产业部门也发生后，他便能以自己制造的鞋子，交换到十倍数量的其他各种产品。处在这样环境下的国家里，每个工人将有超过他以前所有的大量劳动产品出卖；同时，由于每一个其他工人也处于相同的情况，所以每一个人将能够用自己的货物，交换到别人的大量货物，或用另一个说法，得到了别人的大量货价。这样一个社会的情况，将是极端愉快的。一切生活必需品、奢侈品和便利品，都能得到广泛的普及。

但可能有人会问，会有足够的需求来购买这些增加了的商品吗？过度的增多，不会引起市场滞销而迫使它们以低于生产成本、甚至低于递减的生产成本价格来出卖吗？但是为使劳动生产力的增加有利于社会，这些生产力是不必经常予以充分运用的。假如工人所支配的生活必需品和舒适品，突然较现在的数量上升了十倍，他的消费和储蓄无疑地将会大大地增加，但是他却不一定要继续不断地运用他的全部力量。在这样的一个社会下，工人不会每天从事十二或十四小时的繁重劳动，小孩子也不致从他们的幼年起，就禁闭在纺织场内。工人能够在不危及他的生计下，把大部分时间用于娱乐和智力修养方面。只有在劳动生产力比较薄弱的地方——食物供应必须从第四或第五等肥沃程度的土地上取得的地方——人口过多的地方，工人们才不得不作过分的劳动。高工资之所以有利，是因为它带来更多的舒适品，除此之外，还能有更多的时间从事娱乐，这确实不是小事情。任何工资高而变动少的地方，我们将发现那里的工人，将是活泼的、聪明的和勤劳的。他们将不像由于严重的需要所迫而不得不极度地绷紧每一根神经的人那样，紧张地从事他们的业务。他们能够享受他们的舒适和轻松愉快的时间，假如享受不到，将会抱怨不已。

虽然可以假定，劳动生产力增加了十倍；不，甚至假定它们增加了一万倍，而且它们被充分地运用了，但仍然容易看出，它们不致招致市场的任何长期滞销。确实，那些不勤劳的人——宁愿闲散而不劳动的人——可能没有钱来购买那些最勤劳的人所生产出来的商品，或者说，他们不可能提供一个等量物来交换。但由这样偶然发生的事件而产生的滞销，必定很快便会消逝。每个人运用他的生产能力的目的，必然是直接消费他的劳动产品，或者把他的劳动产品交换他想要得到的商品。假如他做的是后者——如果他生产商品并提出来和某些人交换，而这些人却不能提出他所希望的东西，那么，他是犯了计算的错误——他就应当把自己所生产的商品提出来和另一些人交换，或自己直接生产自己所需要的商品。假如政府不阻挠他从他的错误后果中得到补救，他就会在不能以交换的媒介达到其目的时，立即更换其职业，只生产他想消费的那种商品。所以，很明白，生产能力的普遍增加，绝不是市场货物永久过剩的原因。假定本国用于每一不同行业的资本和劳动，依照有效需求调整了，而且它们都产生相同的净利润；假如劳动的生产力普遍增加了，生产出来的商品就会彼此都保持同样的比例。一

种商品量的两倍或三倍，就会交换到另一种商品的两倍或三倍。社会财富将有普遍的增加，而市场上却不会有商品过剩；一方面的增加，恰好为另一方面的等量增加所平衡。但是假如有一部分生产者勤劳，而另一部分人懒惰的话，无疑，这将会有暂时的过剩。但是明显的，这种过剩完全起于那部分懒惰人的生产不足。这不是由于生产增加得太多，而正是由于生产增加得太少的结果。增加得多些——使懒惰的人与别人一样从事生产，那么，懒惰的人将也能提出等量的商品，过剩便会立刻消逝。马尔萨斯先生想要假定有一种不愿消费的人存在，来解释这个理论，是徒劳无益的。在世界上的任何国家里，没有一种不愿消费的人——甚至如马尔萨斯先生曾经特别提到的墨西哥也没有。〔《政治经济学原理》(*Princ. of Polit. Econ.*)，第 382 页。〕不是不愿消费，而是不愿生产。在墨西哥如在其他别的地方一样，一个人除非能提交他人以同等数量的产品，是不能消费他人的劳动产品的。但是墨西哥人宁愿懒惰，也不愿以他的劳动来获取商品以满足自己的需要。马尔萨斯先生把不愿生产，错认为不愿消费，结果是否定了有效需求依赖于生产这个前提。

马尔萨斯先生正确地说过，对一个商品的需要，“依赖于购买这个商品的意愿与能力的结合”；也就是所能提出等量物的能力。但是什么时候，有人听到过缺少购买商品的意愿呢？假如单独意愿即能够得到生活必需品和奢侈品的话，那么，每一个乞丐都将变得像克勒苏斯一样富有了，市场将经常是商品的贮藏不足。购买力是真实的和唯一的需要物，只是由于没有能力提供他们希望得到的产品的等量物，才使这样多的人陷于穷困和苦难之中。因此，这种能力增加得愈多，也就是说，每一个人变得更为勤劳，生产变得更为方便，社会情况也就会变得更加改善。

认为国外对劳动产品的需求不足，是由生产能力的增加所引起的说法，是完全没有根据的。需求不足，如果当真发生了，必定出于下列的某一种原因：或是由于我们的商品价格比较高了一些，或者是由于限制英国商品输出外国，或外国商品输入英国的结果。现在，很明显，假如外国需求的下降是来自第一个原因，并假定生产成本继续不减，则这种下降必定会无限地增加。纵有阿克赖特和瓦特等人的发明，节省了商品生产的劳动和费用，如果我们仍有被外国人少买的危险，那肯定的，假如没有这些发明，我们甚至连一年的竞争都经不起。因此，首先我们应埋怨我们的货物价格在国外市场上定得太高，再者也要抨击只采用降低价格而增加需求的一种办法，这样做并不是一点效果也没有的。

如我们经常所经历的，商业上的突然衰退，不应该归之于生产的更加便利，实际上，应该归之于对自由贸易的限制。波兰、瑞典、法国、中国、巴西等等国家的居民，极愿用他们的谷物、木材、生铁、酒、丝、茶叶、糖等等交换我们的产品。这些商品也特别适合于我们的市场，而且实在也是我们的商人最愿输入的一些物品。所以，很明显，有时外国对我们产品的需求下降，不是由于它们供给过多，因为外国人既能够又愿意购买它们，而是由于那些不得策和有害的条例束缚和限制了一切商业国家的自由输出和输入。这不是我们的力量，也不是任何一个国家的力量能对商业给予普遍的自由。但是假如我们废除了我们自己的限制条例——假如，不强迫我们的人民用次等的和昂贵的加拿大木材建筑他们的房屋，而允许他们用较好的和较廉的挪威和瑞典木材；假如不强迫他们耕种生产很少和报酬不足的贫瘠土地，而允许输入波兰和美国的较便宜谷物——那无疑的，外国对我们的商品需求，即会有惊人的增加，更重要的是这种需求可能变得比较稳定。

但曾有人说过，我们从采用较自由的商业制度所能得到的任何帮助，都只是暂时的；我们所增加的生产力是这样的大，以致我们的商品不久就会在世界市场上发生过剩！必须承认，这是一个相当不可能的假定。但是，假定我们能够用改进机械的方法，生产足够数量的棉织品以供应世界市场，并把它们的价格降低到生产成本之下，那也不会有坏的后果，而是恰恰相反。制造商的自利心将会立刻体会到把他们一部分资本抽出而转到别种产业去谋利益。在我们回到自由贸易的健全原理以后，对我们商品的需求将会比较稳定。它将不会再为我们的收成是较平常多或少，或为现在影响我们贸易很大的偶然事件所严重影响。假如，根据两年或三年的平均情况发觉在出卖我们的棉织品和毛织品上，我们不能取得足够的利润，这就证明它们生产的规模太大了；同时也可能由于错误地预计到未来的需求会迅速增加。这样，制造商就不能像现在那样留于不利的行业，而应该转移他们的一部分资本到别的行业中去，货物的供应便这样减少了，它们的价格也就立即上升到适当的水平。

但是也有人这么认为，在一个自由的商业制度下，我们不仅可能把某一种商品制造得过多，而且可能把外国人所需要的各种商品都制造得过多。但是纵然承认这是事实，仍不能提供任何根据，以怀疑生产力的增加，有其重大而纯粹的利益。假如外国人不能提供同我们送到外国去交换的等量物品，那我们就必须停止这种输出商品的生产，而直接生产那些我们想要输入的产品。现在真正的问题是——假如一个问题能在这样的课题上提出的话——假如我们能够便宜地生产这些商品，这究竟有利，还是没有利？国外贸易的好处，是因为一个国家能够输出某些特殊有利的产业部门的产品，能够输入那些对外国人有利的产业部门的产品。但是为保证这种好处，并不需把国家的全部资本都投入到那些特定部门。英国比别国能提供较好和较便宜的棉织品，但是并没有人主张它只应当生产棉织品，而不必生产别的东西。假如它能够用现在十分之一的资本和劳动，提供同量的棉织品，那么它生产其他商品的手段不是也显然地大大增加了吗？

但有人辩驳说，这种生产手段并不能安置在需要的地方，因为在一个一百万以上工人的产业部门里，节省了这样多的劳动，不可能合理地希望其他产业中对劳动需求的增加会正好把这些闲弃的人手吸收进去。因为这种反对论调以不同的形式，曾着重地提出过千百次之多，所以有必要详细地研究一下。

第一，必须注意到，能收到降低棉织品价格十分之九效果的一种改进，这是说，能使现在用于棉织品制造的十分之一的资本和劳动产生同量商品的改进，并不可能把其他十分之九的资本和劳动抛出这个行业之外。对棉织品的需求，并不是停止不动，而在这种情况下，将会很大地增加。靠劳动生活的人，他们购买生活必需品和奢侈品的能力，经常是比较有限的，而这样的人却形成每个国家人口的绝大多数。日用商品价格的任何减少，几乎常常是极大比例地扩大了对日用商品的需求。棉织品制造的情况，明显地就是这样。或许不可能指出另一种产业部门，它的生产能力有这样多的增加；但是，肯定由于每一种节省劳动和费用的新发明而产生的市场扩大，常常促使更多数量的人被雇用。也没有任何理由可以作出结论说，未来进步的效果，在任何方面，都将不同于过去进步的效果。像我们上面所说的这种降低价格，就使我们的棉织品在全世界每一个市场上，获得一种决定性的优势。外国政府想要禁止它们的输入，是毫无效果的。便宜的货物，经常会顺利地通过每一个障碍。用蔡尔德的话来说："那些肯给商品以最高价钱的人，一定会想方设法得到它，纵然有法律限制，或海上、陆上势力的干涉；这些狡猾和暴戾势力的干涉，在贸易中只不过是家常便饭而已。"(《贸易论》，1690 年版，第 129 页。)

第二，但是不难指出，由于机器发明而带来的利益，像马尔萨斯先生所说的，拜不是完全依赖于随商品减价的比例而扩大的市场。在没有发生这种市场扩大的情况中，这种利益也是同样大的。假定棉织品的价格，由十减到一；假如棉织品的需求不能扩大，肯定的，投放在棉制业的十分之九的资本和劳动，将会抛出那个行业。但也是同样可以肯定的，对其他产业部门产品的需求将会正比例地扩大。必须记住，从前以高价购买棉织品的钱财，不会因为它们的生产力增加和价格下降而减少。他们仍然有同量资本可资运用和同量收入可资花费。唯一不同的，只是今后一镑钱将能买到从前十镑钱所买到的棉织品数量，剩下来的九镑钱，将可用来购买其他一些商品。他们将会这样使用是肯定的，因为我们虽然可以有足够的某种商品，但我们绝对不能认为我们经常会有足够的一切商品。积累的热情是没有界限的。

克勒苏斯的财富，波斯王朝都不能感到满足。

由棉织品价格下降而解放出来的那部分收入，不会允许在我们的口袋内闲待着。无疑地，它将被用来多买一些别的东西。所以，社会的总有效需求，将不致有丝毫减少。从棉织品制造者那里解脱出来的任何资本和劳动，以后将会有利地运用于那些需求有同量增加的商品生产。因此，在资本和劳动转移到新的行业的时间过去以后，工人们的需求仍如以前一样大，而每一个人能以同量的劳动，得到十倍于以前的棉织品数量，或任何其他实际价值保持不变的商品。

但是有人反驳，当机器被用于从前用手工来操作的工作时，商品价格降低的比例，很少甚至不能达到等于被抛出这个行业的工人工资。西斯蒙第说（《经济学新原理》，第 2 卷，第 325 页），机器的发明使棉织品的价格较现在降低百分之五，但可能使英国的每一个纺织工人遭到开除；同时，由于这个小小的节省而增加的其他商品需求，只能提供百分之五或二十分之一的解雇工人就业：所以，假如这个改良发生了，这些人们的绝大部分必然是干脆挨饿，或准备送入贫民院。但是在作这样的说法的时候，西斯蒙第忽略了一个最重要的因素，他没有告诉我们，他的机器是怎样地被生产出来的。如果真如西斯蒙第所暗中假定的，生产机器不耗费任何一点东西，如像空气一样，它们是上帝的无偿恩赐，不需要任何劳动来生产，那么，就不是价格落下百分之五了，而是落到没有价格了；从前用于购买棉织品的每一个铜板，将被解脱出来用于购买别的商品。但是假如西斯蒙第的意思是说，而且他必然会说，采用新机器减低了棉织品价格百分之五，那么，以两万镑投资于一架改良

了的机器，将会生产出以二万一千镑作为流通资本或使用现有机器所生产的同量棉织品；那么，显然的，所有从前用于棉织品制造的全部资本的二十一分之二十，今后将用于制造机械，其他的二十分之一将形成一笔资金，用于维持生产其他商品的工人的生活，由于棉织品价格下降百分之五，对其他商品的需求，必然会按比例而增加。所以，很明显的，在这种情况下，不是雇用在棉织品制造业中的每二十一个工人中的二十个，会被扔出那个行业，而是没有一个人会遭到那种景况。但是，因为他这个思考是假定这个机器只能使用一年。所以，西斯蒙第仍然可以辩驳说，假如它们能够使用十年或二十年，那么，便会有就业的不足。但真理却是在反面；对劳动的需求不是减少，而是依照机器的更大耐久性而增加。假定利润是百分之十，当两万镑资本投放在一架估计可用一年的机器，这架机器生产的货物必须卖二万二千镑，那就是二千镑作为利润，二万镑作为机器本身的重置。但是如果机器能使用十年，那么，它每年生产的货物，不是卖二万二千镑，而是只卖三千二百五十四镑，那就是二千镑作为利润，一千二百五十四镑作为年金，积累十年以重置原资本的两万镑。这样可以看出，用等量资本制成一架可以使用十年而不是一年的机器，它所生产的商品价格，即会降低到它们以前的七分之一。所以棉织品的消费者，如果他们对其他物品的需求有等量的增加，则今后即会提供七分之六的解雇工人就业。但这还不是将要发生的唯一效果。机器的所有人，除去他资本的一般利润外，在第一年年底，将会多得到一千二百五十四镑或等于他的机器价值的十六分之一的钱，而这些钱他又必须以各种方法用于工资的支付；在第二年年底，这种额外的收入或资本，约将增加到机器价值的八分之一；很明白的，在机器存在的以后各年，对劳动的需求不是减少，而必然是接近于加倍的增加。

所以，可以看出，使用有可能降低价格和增加商品供应的机器，绝不致降低对劳动的需求或减少工资率。一个行业使用了这种机器，必定会使其他行业对这个行业所解雇的工人，有相等的或更大的需求。对工人所给予的唯一困难，只是在某些情况下，迫使工人改换职业。但这是很不重要的问题。一个有劳动和勤勉习惯的人，是能够很容易地由这一行业转到另一行业。一切大产业的各分支部门，有不少的技术是相同的，一个在某一行业有一定技艺训练的人，到了另一行业也不会有多大困难，就能达到同样的熟练。织棉布的工人很容易转为毛织或麻织的工人；教一个做车子或做犁的工人来制造打谷机是只需要很少的一点训练就够了。

但是马尔萨斯先生不同意这种推论。他说，“把资本从这一行业抽出投向另一行业，几乎常常有不少的损失。纵然剩下来的全部资本，不差毫厘地运用了，其总数也还是会少的。虽然这可以产生较多的产品，但却雇不了以前那样多的劳动；除非有更多的家庭仆役被使用，不然就会有许多人失业。因此，支配同数量劳动的全部资本力量，很明显地要依靠于由旧行业抽出的全部闲置资本时的偶然情况，以及即刻能在别处找到的同量就业机会。”(《政治经济学原理》，第 404 页。)马尔萨斯的意思是说，虽然社会的有效需求不因生产能力的增加而减少——因为他清楚地承认，不会有这样的减少发生——但是，除非由于改进而使业已无用的全部固定资本能够抽出来，并投放在某些别的部门去，否则将是没有方法供给这种需求，或者将是没有方法像从前一样雇用同数量的劳动。

但这种反对是建立于错误的基础之上的，值得惊异的是马尔萨斯先生竟会陷入这样错误之中。一个制造者雇用劳动的能力，不依靠于他的全部资本，而只是在于他的那部分流通资本的数量。一个有一百部蒸汽机和五万镑流通资本的资本家，比一个没有机器，只有五万镑钱专门用来支付工资的资本家，对劳动并没有更大的需求，事实上，他也不能够多雇一个工人。但所有这部分资本是可以抽出的，同时雇用劳动的力量的大小总是受流通资本的大小所限制，所以如果说，资本由这一行业转到另一行业，“就会有不少人失业”，是不真实的。

确实的，每个被迫把他的资本从这个行业转到另一个行业去的人，将会损失那部分资本未转移时所得到的全部利润。但是就因为废弃了旧而笨重的机器，损失了投于这里的资本的缘故，就不使用改良了的机器吗？少数几个人是会有损失的，但是整个社会由于采用了节约劳动的办法而经常会产生更多的财富。已经指出过，**购买**商品的能力或意愿，不可能由于采用便利生产的机器而减少。由于雇用劳动的力量，是根据于流通资本的数量，而流通资本是可以毫无损失地抽出来，所以，很明显的，流通资本雇用劳动的力量是不可能减少的。所以劳动工资将仍继续如从前一样高，而商品价格的降低只会使这些工资交换到更多的生活必需品和舒适品。所以很清楚，不管对这个问题的意见有多么大的分歧，机器的每一个改进，对工人较对资本家总是更为有利。在特殊情况下，有可能减少资本家的利润，破坏他的一部分资本，但是在任何情况下，不可能减少工人的工资，只是降低了商品的价值，从而改善了工人的生活条件。

可能马尔萨斯先生认为：假如外国对我们棉织品和金属制品的需求突然停止了，对被抛出于这两个行业的资本和劳动再寻找一个同样有利的机会，可能是困难的，或者是不可能的。——(《政治经济学原理》，第411页。)虽然这是一个好的理由，可以用来说明为什么我们应当极其谨慎，而不要采用那种有使我们的外国顾客趋向于制造自己需要的商品，或使他们不得不把我们从他们的市场上排除出去的任何措施。但是令人难于了解的是，为什么这会使马尔萨斯先生怀疑到改良机器的利益。这在我看起来，生产力的增加，对一个像贝克莱主教所说的铜墙铁壁包围的国家，和对一个同世界上所有其他国家都保持着广泛交往的国家一样有利。除了我们希望用我们的棉织品或其他产品交换到我们想从外国输入的那些商品外，是没有任何动机能诱使我们输出这些产品的。虽然外国人可能拒绝用这些商品来交换我们的棉织品和金属制品，但是很清楚，在这种情况下，我们或者提供他们愿意接受的某些商品作为交换的等价物，假如那也不可能的话，我们就须生产我们所希望得到的商品。现在，假如我们不得不采用后一种方法，不输入葡萄牙的葡萄酒，西印度的糖，波兰的谷物，被迫在我们国内生产这些东西或其代用品；同时，假如我们发现一种方法，使我们可能和从前一样便宜或更便宜地得到它们或它们的代用品，那我们能对这种最大利益有所怀疑吗？可是马尔萨斯先生却确实地说，没有任何根据可以假定这样一个进步能够发生。我不愿意反对这个意见，但是问题不在于进步能不能够取得，而是在于，假如取得了，是否有大而显著的利益？是否每一个进步都没有利益？

应该注意到，在这个问题的争论中，自始至终假定着制造机器者心中所抱的目的是降低这种机器所生产的商品成本，从而增加它们的数量。但是李嘉图先生假定(《政治经济学与赋税原理》，第 3 版，第 466 页)，使用机器的目的不在于减少商品的成本，而是因为它给予机器所有者的净利润，与雇用人工时相等，或者还可能更多一些。在这种情况下，无疑地，使用机器的直接结果，是最有害于工人的。为便于更易了解，我们假定利润是百分之十，一个资本家以一万镑资本用于支付工人的工资，这些工人为他生产的布匹在年底卖了一万一千镑，即是以一万镑补偿他的资本，以一千镑作为利润。李嘉图先生说，资本家把他的一万镑资本投放于一架非常耐用的机器，它只生产十一分之一的布匹，还是用以生产一千镑利润，对他是没有分别的。明显的，假如他这样做，所有他雇用的工人都将闲置而无事可做，对他们的劳动不再有任何的需要，也不再有资金来维持他们的生活了。虽然这样的情况是可能的，但是完全可以肯定，这是从来不曾发生过的事，同时也是今后所绝对不会发生的。资本家除非希望借用机器能更便宜地生产从前一样多的商品，是绝对不使用机器的。假如他们是依照李嘉图先生所设想的原理行事，那些从前向市场提供十一万码布而得到一万码利润的人，以后将只提供一万码布了。在这样的情况下，每使用一架新机器，就会使商品供应量减少而价格提高。但是我们有信心作这样的预言，今后的情况也将如每一个人所知道的一样，随着每一架机器的使用而来的，倒是相反的结果。假如使用机器较之把资本用于雇用工人所得的利润完全相同或只稍多一点的话，则没有人愿意

把他的资本投放于一架不能撤回的机器;因为这会使他的财产遭遇到变动的极大危险,同时也会降低他在国内的影响与尊重。李嘉图先生所设想的情况是很少有可能的。在世界的现实中,机器绝不是用来减少、而总是用来增加产品总量的,换言之,机器的使用,只是人们相信它能以比从前更便宜的价格供应现在的需要;并且事实已经充分证明,这样做,它们对工人绝不会有一点损害,相反,必然有很大的利益。

所以很清楚,便利生产是绝不会有害的,而且还必然始终伴随着最大的利益。“清除掉一切障碍,刺激人们的活动,以便尽可能多地增加每年的再生产;这就是政府应该拟订的一项重大目标。”〔迪南《政治经济论文集》(*Essai sur l'Econ. Polit.*),第134页。〕某一特定商品的生产过剩,有时是可能的,而每一种商品都有太多的供给,则是不可能的。错误不在于生产得过多,而是生产出来的商品不适于我们希望与他们交换的那些人的口味,或者我们自己不能消费。假如我们注意到这两大要求——假如我们只生产一种我们拿来出卖而能为人买去的商品,或一种直接便于我们自己使用的商品,那么我们增加生产力一千倍或一百万倍,也同我们同比例地减少它们的生产一样,是不会有任何过剩的。每一个有商品的人,才有资格变成一个需要商品的人。但是假如他不把商品提供到市场上去,而是自己消费它们,那很明显的,事情就终结了;同样明显的是,像这样把商品作无限的增加,绝不会形成滞销。但是,假如他不自己消费它们,而是希望得到其他种类的商品,因而把它们拿出来交换。在这种情况下,而且只有在这种情况下,可能有滞销。但这是怎样发

生的呢？不一定是因为生产过多，而是因为生产者没有适当地把他们的手段适应于他们的目的。例如，他们想得到丝织品，因而提出棉织品来交换。但是有丝织品的人，却已经有了足够的棉织品，而只需要呢绒。所以滞销的原因是明显的了：它不是在于生产过多，而是在于生产了不为人所需要的棉织品，却没有生产为人所需要的呢绒。这个错误一经纠正，滞销便会消逝。即使假定有丝织品的人不仅有了棉织品，而且也有了呢绒以及有了需要者有权要求生产的其他商品，那我们现在所主张的这个原理，也不会无效。因为，假如需要丝织品的人，不能用呢绒或其他自己有的、或能生产的商品交换到丝织品，那么，在他们的手头，即有个很显明的办法，他们可以放弃他们不需要的商品的生产，而自己直接生产自己需要的商品或其他代用品。所以在任何情况下，不管一个国家与其他邻国有没有交往，也不管它的商品的市场能不能扩大，生产力的增加是不会有任何不便的。否则的话我们可以说，土地肥沃程度的增加和气候的改善都是有害的。运到市场上去的商品，其生产的目的只是在于用以交换想要得到的其他商品；它们过多的这件事实，本身便提供了一个决定性的证明：人们想要买或交换的那些商品的供应，有相应的不足。所以一切种类商品的普遍滞销是不可能的；一类商品的过剩，必然为其他某些商品的同量不足所平衡。这不是由于生产力的增加，而是由于生产力的错误使用，手段和目的的不相适应的缘故。总之这就是滞销的特殊原因。明显的，对这类祸害的实际和有效的补救，只能由产业的完全自由，只能由建立一个自由的和扩大的商业制度来得到。假如我们逐渐地恢复自由贸易的健全原理，放弃培植和鼓励一个产业部门而不培植和鼓励另一个产业部门的每一个企图，那么，生产不适当的可能性，便将大为减少，即使一旦发生了，也能够很快纠正。直到目前为止，当过多的资本被吸引到一个产业部门时，政府往往插身其间，阻止价格和生产成本恢复到那种有时为投机欲望所破坏的自然均衡，而不让它自己去寻求其他投资的途径；但那些当事人的自利心，如果任其自在而不加干涉，则那种均衡是必然会恢复的。现在所发生的滞销，十分之九可以从政府方面的这种干涉得其踪迹。限制和制止的制度，使社会脱离其自然状态。它使得每一个事物，都处于不安定的基础上。例如，我们的谷物条例把大不列颠谷物的平均价格，提高到将近别国谷物价格的两倍，它阻止了非常丰收年份的所有输出，非到价格降至生产成本的百分之四十或五十，或使农民陷入困境和破产的深渊不可。普遍的情况就是这样。每一个人为的刺激，不管对其所给予的产业部门的暂时效果是什么，对其他产业则是马上便产生不利，最后必然是连它想要促进的产业部门也被毁坏了。专横的管理办法或立法机关的法令，不能对一个国家的资本有任何增加，它只能迫使资本流入人为的途径。不仅如此，当足够的资本流入这些途径以后，即必然开始其反作用。没有对外的通路可以销售他们的剩余产品；当有任何风尚的改变，或消费者口味的变化而使需求降低时，仓库里一定会充满了商品，而这在自由制度下，是不会发生的。无知而有偏见的人常常把这种滞销归之于生产力的过剩。但真理却指出这只是生产力的降低，是采用于有毒秘方所不可避免的结果。这种秘方伤害和扰乱了公共经济的自

然和健康状态。①

第五节

人口总是与生活资料成比例　人口原理的力量补偿了时疫与荒歉所造成的破坏　资本和人口的相对增加

以上对最有利于财富生产的条件，业已探究和阐明了。现在再简单地研究一下决定人本身增减的一些条件。

从最远古到我们现在的时代，立法者的一贯政策，是以鼓励早婚和对养育最多子女者给以补助等人为的刺激来增加人口。马尔萨斯先生虽然不是人口原理的首先发现者，但却确确实实是把这个原理建立在稳妥的基础上的第一人，指出了所有这种干涉的有害性质。他的研究证明，以人为方法促成的人口数量的增加，如果

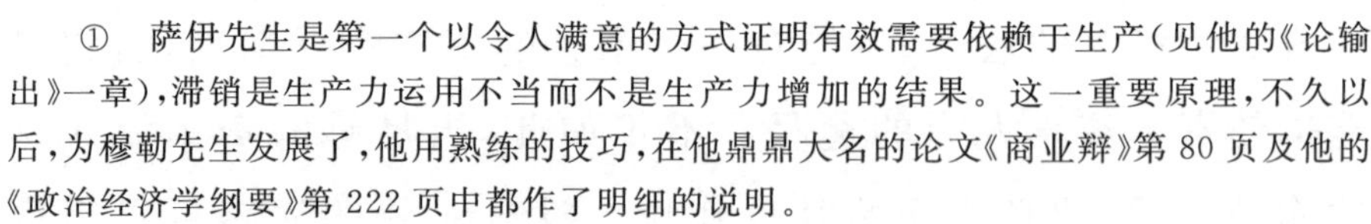

① 萨伊先生是第一个以令人满意的方式证明有效需要依赖于生产（见他的《论输出》一章），滞销是生产力运用不当而不是生产力增加的结果。这一重要原理，不久以后，为穆勒先生发展了，他用熟练的技巧，在他鼎鼎大名的论文《商业辩》第 80 页及他的《政治经济学纲要》第 222 页中都作了明细的说明。

虽然这个原理完全是由上面提及的两位特出作家建立的，但屠克尔在他 1752 年出版的小册子内也注意到了这个问题〔《归化法案质疑》（*Queries on the Naturalisation Bill*），第 13 页。〕，而在 1795 年出版的论文中，则更明白地说明了这个问题。作者说，"需求在任何时候，都是由生产所决定的。它永不会超过生产，而是常常跟随着生产的。只要有生产，就必然有需求，不可能设想有这一个而无那一个。假定只有商品生产而无对这种商品的需求——如果这种商品是对路货，并且没有人愿意生产任何别种商品——正如假定构成社会的所有个人的收入，都过大于他们的消费是同样谬误的。"〔《国家进步与衰落概要》（*Sketch of the Advance and Decline of Nations*），第 82 页。〕

事先或事后没有生活资料的相应增加，只能产生贫困或增高死亡率；困难永远不会是如何生人，而是生了以后，如何供给他们衣、食和教育；在每一个地方，人口的数目都在增加，直到为供应生活资料的困难和从而引起的社会某些部分的贫穷所限制为止；所以，我们不是想要加强人口增加的要素，相反，却应当是坚定不移地努力控制它和调节它。

假如大多数政府开始鼓励增加人口时所产生的那些离奇古怪的痛苦，还不够肯定其有害的话，这就更足以证明，采用这种方法完全是多余和不必要的了。人是不需要任何外来的引诱，来刺激他结婚的。两个人如有生活资料，他们就一定会结婚。亚当·斯密说，“对人口的需求也像对其他商品的需求一样，必然支配着人的生产；当它生产得过于迟缓时，加快它；当它生产得过于迅速时，停止它。就是由于这种需求决定和支配了世界上所有国家的人口状态。在美洲、在欧洲、在中国都是如此；这种需求成了美洲国家人口迅速增殖，欧洲国家人口缓慢增殖，中国人口则停滞不增殖的原因。”（第 14 页）最广博和最深刻的经验证实了这个说法的真理性。研究世界过去和现代状况的人将发现，所有国家的人口，一定与他们所有的生活资料成正比例。当这种资料增加了，人口也就增加，或者生活供应得更好些，当这种资料减少了，人们或者生活得较坏些，或者人口保持一个实际上业已减少了的数目，或者两种结果同时发生。

但是人类增加的原理是如此的有力，它不仅使得天独厚的国家和产业最具有生产性能的地方的人口与生活资料相适应，而且还有超过生活资料的强烈趋势。有的国家在财富的积累上，虽有

长足的进展，但它的不少居民，仍必须与贫穷保持经常的斗争，多数家庭需要的必需品，只勉强地得到供应。生活资料是最主要的必需品。假如生活资料有足够丰富的供应，人口可以完全听其自然。它绝不会有下降到生活资料所能维持的限度以下的危险。而危险的倒是在另一方面。植物和动物的生长能力，是没有限度的。它们都受着一个原则的支配，这个原则使它们增加的数目超过了为其准备的营养物。地球的整个表面，可能逐渐为一种植物的幼芽所覆盖。同时，纵然没有任何其他居民，但不要多少年代，地球的整个表面，也可能为一个国家的人民，甚至一对夫妻的子孙所布满。

马尔萨斯先生说，"通过动物界和植物界，大自然用它的最大方和最慷慨的手法广泛地散布了生命的种子；可是它在为抚养它们所必需的空间和养料方面却比较吝啬。地球上所有的生命胚种，假使能自由发育的话，则在几千年里就能填满几百万个这样大的世界。必然性，这个专横而又无所不在的自然规律，把它们限定在规定的范围之内。植物的种类和动物的种类都僵缩在这个大禁律之下；而人，也不能以任何有理性的努力逃避得了它。"(《人口论》，第 5 版，第 1 卷，第 3 页。)

瘟疫和疾病流行的结果，非常明显地证明了人口原理的有力作用。即使人们全然不知灾害对人的折磨有多么大，也没有理由假定世界上还应当比实际人口更稠密些。只要生活资料不减少，人口增加原理的作用，即会使人口迅速地填满为任何非常的死亡率所造成的空隙。人口减少改善了那些活着的人的处境，减少人数而不减少养育和维持他们生活的资本，这将给予他们一个超过生活资料而增加的力量。结果是结婚加速地提早，出生的人数亦正比例地增加。默桑瑟在他的法国人口论这本有价值著作的表格中指出，1720 年马赛时疫所加给的破坏，很快便弥补了，虽然人口减少了，但在死亡率减少以后，不久结婚和生育就繁多起来。而 1710 年和 1711 年普鲁士和欧洲中部瘟疫流行后的情况，则更为显著。苏斯米耳希的准确性是著名的，他提到，在这个瘟疫流行以前，普鲁士的某一个区域里，经过慎重的调查，平均每年的结婚人数等于六千人，虽然有人推测这个瘟疫足足死掉了三分之一的居民，但是在这个高度死亡率的第二年，结婚人数等于从前人数的两倍，或等于一万二千人！（马尔萨斯，《人口论》，第 5 版，第 2 卷，第 170 页。）人口原理的巨大积极性以及它对惊人的破坏所作的弥补，可以很方便地举出一千个以上的例子来。例如，可以设想，法国革命的屠杀，及其在二十多年中所经历的流血战争，对法国的人口应有何等严重的损害，但是从波旁王朝被逐到复辟期间，法国的人口不是减少了，而是大大地增多了。贵族封建特权的取消，以及什一税、盐税、徭役以及其他可恶的和繁重的负担的废除，都改善了人民的生活条件，并刺激了人民的勤劳。生活资料因而大大地增加了，这种给予人口原理的新刺激，不独足够弥补断头台和利剑的蹂躏所招致的荒凉，而且在二十五年的过程中，比 1790 年的人口数量，还增加了三百万。1666 年猖狂于伦敦的可怕瘟疫的影响，在十五年或二十年之后，便察觉不到了。土耳其和埃及周期性的瘟疫所给予他们的灾害，是否使他们的平均人口有所减少，甚至也是可以怀疑的事。假如他们现在的人口比从前少了很多的话，这也应该归之于土耳其政府的专制与野蛮的压迫，破坏了他们的

勤劳,而不应该归因于瘟疫对他们的损失。中国、印度斯坦、埃及以及其他国家,最具有破坏性的荒歉的踪影,但很快便消逝了。人们发觉到自然界的最可怕的震动,如火山爆发和地震,假如它们不发生到,威胁居民生命或破坏他们的产业这样频繁程度,对平均人口几乎不发生任何影响。(马尔萨斯,《人口论》,第 2 卷,第 198 页。)

掌握人口原理的极端重要性,可以由比较人口的自然增加率和资本的自然增加率而证明。我们已经知道,一个国家积累起来的一部分产品或资本,其中包括可供人使用的食物、衣服或其他各种物品,形成了文明国家居民能够得到任何一份给养的唯一基金。因此,显然的,如果资本增加的自然趋势比人口增加为快的话,一般说来,社会的情况必然变得更加繁荣;另一方面,如果人口增加的趋势比资本为快,同时,这种趋势又不为当时流行的道义所束缚,或为人民的审慎和远见所限制,同样显然的,人民的生活条件必定变得越来越不幸,直到大多数人所得到的生活资料减少到只能维持动物生存的最低量。

要非常准确地估计一个国家在各个不同时期的资本绝对量,是不可能的。但是,根据我们的目的,以人口增加来估计养育和维持人类生活的资本数量及其增长率,是可以准确地得到的。从上面的陈述可以明了,一个国家的居民,假定他们对生活必需品和便利品的支配量是相同的或大略相同的,没有资本的相应增加,就不可能增加。所以,不论什么时候,我们发觉一个国家的人口增加了,而他们的生活条件并没有任何改变,或只有很少的改变时,我们就可以结论说,那个国家的资本,也以相同或非常近于相同的比例在增加。这是最确实的事实，现在北美各州的人口，在对移入人口作了适当的扣除以后，在过去一个世纪里，每二十年或最多二十五年的短时期内，继续不断地成倍增加；由于美国每一个居民所得到的必需品和便利品的数量，在过去一个世纪中，实际上并没有增加或减少，所以人口的这样增加，即是证明这个国家的资本也是以相同的比例在增加。但在一切古老的和已经开发的国家里，资本的增加，从而人口的增加是很缓慢的，例如，苏格兰的人口，在1700年时估计为一百〇五万；而在1861年为三百零六万二千二百九十四，那么，根据已经说明的规律，即是那个国家的资本，要经过一百六十年，才能变成三倍。① 在同样的情况下，英格兰和威尔士的人口，1740年的总数是六百零六万四千人，1861年则是二千零六万八千二百二十四人。这表示那个国家的人口和用于维持人们生活的资本或粮食、衣裳以及其他维持人类生活所需的供应品，在一百二十年内，变成了三倍多。

在各个国家中，资本和人口增加比例不一致的原因，可以在这一些国家的产业条件，比之另一些国家的产业条件更具有生产力的事实中求得。明显的，由粮食及其他为人们生存和便利所需要的原生产物，构成的一个国家的那份资本的增加，必然深深地为耕地的肥沃程度所影响。假定农业科学在两个不同国家的发展是相同的，假如一个国家耕地的肥沃程度两倍于另一个国家，明显的，由粮食和其他原生产物构成的那份资本，总是最重要的资本，它的

① 在这个期内，资本增加要多于三倍，因为所有各阶级人民的生活条件，都大大地改善了。

增加能力，在肥沃程度高的国家，将两倍于肥沃程度低的国家。根据这个规律，我们能够说明美国以及一般殖民于土地肥沃而人口稀少的国家，它们的资本、从而它们的人口何以会非常迅速地增加了。美洲具有无限肥沃，以及直至现在尚无人居住的土地，它的农业员工熟悉欧洲一切技术和科学，而把这些技术和科学应用于最肥沃土地的耕种。结果是他们的劳动得到了极高的报酬。每一个农民都得到比他自己和他的家庭消费需要更多的产品。由于他把剩余的部分积累起来作为资本，所以资本便相当迅速地增加，结果，人口也是这样地增加了。

但是大不列颠以及一切已经开发而人口比较稠密的国家，其情况便大不相同了。我们最肥沃的土地，很早以来便耕种了，为了获得所需要的更多的粮食，不得不加强较肥沃土地的生产，或求助于生产力非常低的土地。结果，我们农业劳动的报酬比较不好。把同样的劳动用于英国最坏土地的耕种，较之用于美国西部各州已耕种的肥沃条件最坏的土地，所生产的粮食和原生产物肯定不会超过一半以上。结果是，由于英国从事任何企业的人，必须同这些州一样，把同数量的产品给予他的工人作为工资，所留给自己的只有很少的数量，因而资本积累的力量也就比例地减少。确实，当耕种扩展到较次的土地而使工资减低的情况下，工人的雇用者所得的产品份额不会与生产减少的程度同比例地减少。但是，因为工人必须经常能得到足够使他们生活和延续他们后代的必需品和便利品的供应，所以在大多数情况下，工资不可能有很大的减少。事实上，这是经常为人所察觉到的，在耕种广泛地扩展到次等土地的地方，产品数量和落入资本家手中的份额，都要大为减少，结果便是资本和人口的增加都相对地缓慢了。

研究已耕种土地的质量对劳动生产力,从而对资本积累所发生的有力影响,用探讨同一国家耕种方法的进步和比较不同国家的情况,都可以得到解决。例如,艾弗森女士、哈维、韦克菲耳德先生以及经众议院委员会审查于 1822 年指派研究农业情况的其他明智的见证人都说过:在英国已耕种的最好土地,每亩地收获小麦三十六到四十蒲式耳,而已耕种的最坏土地,只能收获八到十蒲式耳。现在可以明白了,用同样的农业技术,当英国只耕种最好的土地时,以一定量的劳动,所得到的产品数量,要四倍于以同样劳动量耕种最坏土地时所得到的。因此,假定在两个时期,其他条件都大致相同,在第一时期,应有**四倍的积累资本力**,结果是供应人口需要的能力,也等于后一时期的四倍。

诚然,在英国社会的发展中,资本和人口在不同时期的增加率之间实际达到的不同与依次耕种的土壤的不同质量,并不成比例,这是由于农业科学并没有静止,而是所有时期都在不断进步。

但是,明显地,如果农业科学停留在相同的情况,国家增加粮食供应的能力,从而提供人口增长的主要所需,应该是正确地随着依次耕种的土地质量而变动。

但是在英国和美国的情况下,他们的居民使用同一语言,彼此有广泛的交往,两国都在普遍地发展一切技术和科学,必然会趋向于接近而相等的程度。英国农业科学上的重要发现,没有不立即传到美国的,美国也没有不立即传到英国的,所以,如果美国最后开垦的土地,比英国最后开垦的土地有两倍或三倍的生产力,那么毫无疑问,前者的农业劳动生产力将会两倍或三倍于后者。每个国家所具有的那一份由食物和其他农产品所构成的资本力，也将同比例的增加。

所以，看得很清楚，各国都须生产足够量的食物以养活其居民，但它们所具有的这种力量或能力，在发展的各个阶段中都是非常不同的。在较早时期，人口比较有限，它只需要耕种最好的土地，劳动是比较富有生产力的，资本和人口都有迅速的增加。但是在一个发展中等程度的国家里，最好的土地很快就会用尽。一当这种情况产生了，不可避免地必须求助于较次土地的垦殖，以便获得正在增加的人口的供应手段。随着每一块次等土地的垦殖，劳动的生产力和资本与人口增长率，都将正比例地减少。假如肯塔基和路易斯安那两州的耕作扩展到最后垦殖的土地，其肥力不大于大不列颠最后垦殖的土地，则两地的资本和人口的增长，即会降低到恰好同样的水平。

但是当一切国家养活更多居民的力量，随着它们连续垦殖土地的肥力下降而加速地下降时，它们居民所具有的增加人口的能力并不会有任何可感觉到的变动。那个驱使人们繁殖其种族的规律或本性，能在所有的时代和国家里都表现得几乎相同，用数学家的话来说，可作为是一个不变量。美国的人口于每二十或二十五年即增加一倍，这种力量，是随时随地都在发生作用的。假如维持人们生活所必需的食物和其他物品的供应，能如过去那样快地继续增加，则人口在未来的一切时代里都将会大致以同一比例继续增加，直到进行产业活动所需要的空间变得不足时为止。但是人口增加的规律，虽然在约克郡或诺曼底是与在肯塔基或伊利诺斯一样强有力，可是英国或法国人口在这样短的一个时期内，加倍增长是明显地不可能的。这是由于我们现在耕种的土地比较贫瘠，大不列颠企业主与工人间分配的产品数量要比美国少得多，结果是劳资双方供养家庭的能力，都比较弱。这种情况对我们人民的习惯有其相应的影响。他们觉得，不具备能养育自己将来出生的孩子的合理前景，结婚生活对他们自己以及他们的后代都同样是有害的。结果，与美国人相比，英国人把结婚普遍地推迟到一个较晚的时期。大多数人发觉到，在独身的状态下，度其一生是得策的，这样的情况是幸运的；正是幸运、良知以及保持自己社会地位的健全愿望，才能不顾那些虚伪说教而控制了他们自己情欲的冲动。人不能超过供养自己的生活资料而增加。所以，十分明白而确定的是，在文明进步的国家中，从而也就是在食物供应困难不断增加的地方，人口增加的自然趋势，如不为道义的势力或为人们的谨慎和远见所遏制的话，必定要为恶习、不幸和歉收的势力所遏制，第二条路是没有的。假如食物有足够的供应，则每一个国家的人口，即有每二十五年趋向于增加一倍的力量。但是，由于土地的数量和肥力的有限，不可能以这样的比率生产食物，所以必然的结果是，除非适当地节制情欲并按比例地遏制人口的增加，不然人类的生活水平，不仅将会降低到可能的最低限度，而且荒歉和瘟疫将会不断地发生作用，以解救人们中生来就挨饿的困难。

测定一个国家人口是否真正和有益的增加，其唯一的标准，是它的生活资料的增加。假如这种资料没有增加，则出生人数的增加，只能产生灾祸与死亡率的增加。马尔萨斯先生说，“假定其他情形相等，可以断言各国人口的多少是由它们所生产或所能获得的人类食物数量来决定的;而它们的幸福则依照这宗食物分配的宽裕程度,或一天的劳动所能买到的数量来决定的。生产小麦的国家比畜牧国家的人口多,而生产稻米的国家又比生产小麦的国家人口多。但是它们的幸福不依存于它们人口的多少,不依存于它们的硗瘠或肥沃程度,也不依存于它们立国年代的长短,而是依存于人口对食物相互之间的比例关系。”(《人口原理》,第 2 卷,第 214 页。)

第三章　财富的分配

劳动是财富的唯一源泉，如何可使它具有最大生产力的各种办法，以及在不同产业之间的相互关系和依赖性，前面已探究和阐明了。现在我们进入课题的第三部分，研究工艺和产业所生产的不同产品在各阶级之间的分配比例的规律。

在研究财富的生产中，不须考虑获得和生产商品的劳动，以及没有这种劳动的支出就没有交换价值，是否就是价值的唯一限制原则和尺度，换言之，也就是不须考虑价值是否有些部分得自其他原因，仅有一部分得自劳动这个问题。但是熟悉社会发展各阶段中决定商品价值的条件，却是我们确定商品分配原则时所绝对必需的。

第一节

两种价值　一、交换价值　它是怎样决定的　使商品交换价值不变的条件　二、实际价值　它是怎样决定的　使商品实际价值不变的条件　生产一个商品所需的劳动量不同于它交换时得到的劳动量

一个商品的价值，可以由两个不同的观点来考虑：第一，由它

所具有的交换或购买某数量劳动或其他只能由劳动而得的商品的相对量或能力来考虑；第二，由获得它或生产它所耗费的劳动量、或在研究期内，为那个目的而需要的劳动量来考虑。

在第一个观点中所考虑的价值，通常叫做交换或相对价值。

在第二个观点中所考虑的价值，可以叫做实际价值。

非常明显，一切具有交换价值的商品，也必然具有实际价值，反之亦然。

一、交换价值　一切为人需要，并必须以一份劳动才能得到的商品，都具有价值，也就是说，具有交换劳动或别种商品的能力；因为雇用劳动来生产或获得一个商品，实际上就是用劳动来交换它；任何必须以劳动得到的商品，自然和其他用同量劳动得到的商品有同样的价值或同样的交换能力。

虽然交换价值或交换他种物品的能力，乃是自然物以外的一切商品所固有的性质，但除非把它们拿来互相比较或与劳动来比较，是不能体现，也不能评价的。一个商品的价值，如果不与某些其他作为标准的商品或劳动来比较，是完全不可能体现的。任何物品或产品，除非把它与用以交换或可能用以交换的其他商品来比较，是不可能有任何交换价值的。正确地说明绝对交换价值，一如正确地说明绝对高度或绝对深度一样。我们说 A 是有价值的，或说它具有价值，是因为它有交换一定量 B 或 C 的能力；很明显，A 交换到的 B 或 C 的数量，形成 A 价值的唯一可得到的尺度或表现；正如 A 的数量成为 B 或 C 价值的唯一可得到的尺度或表现一样。

从交换价值是一个商品交换其他商品或劳动的能力来看，一个商品价值的变动，绝不会不引起与它比较的一切商品的交换价值的同时变动。假定，1820 年一蒲式耳的谷物，交换到五个先令，现在它交换到十个先令：在这个情况下，明显地，谷物与白银比较，价值是提高了一倍；同样，白银与谷物比较，白银的价值掉了一半。像这样一种变动其他与之有关的各种事物即随之变动的情况，正同一切商品或产品相互交换时的情况一样。如果说 A 的价值提高了，这必定是就它与另一种东西如 B 的关系而说的。如果说 B 的价值降低了，这必定是就它与另一种东西如 A 的关系而说的。所以，明显地，不可能只变动 A 对 B 的关系，而不变动 B 对 A 的关系。

所以，很明显，没有一种商品的交换价值能够固定不变，除非它在所有的时候都能交换到或购买到同量的一切商品或劳动。假如 A 交换到一个 B、两个 C、三个 D 等等，并能经常保持它对它们现在的关系而无变动，那它的交换价值才是不变的；同时，很明显，为使 A 具有不变的价值，必须是，现在决定 A 与 B、C、D 等的关系的条件，或者说 A 交换或购买 B、C、D 等商品的能力的条件，不管怎样，永远对它和它们保持同比例的影响。[①] 说明商品交换价值处于经常变动状态的经验，充分地证明，商品实际生产的情况，与现在所假定的情况在作用上是非常不同的。但这也可能是值得注意的，假如各种商品真正是在这种情况下生产出来的，则不仅 A，

① 产生交换价值不变尺度的必要条件，已在《价值的性质、测量与原因论》(*Dissertation on the Nature, Measures, and Causes of Value*)第 17 页中，第一次明白地指出。

而且其他每一种商品，都会有一个不变动的标准；正如市场上任何已知商品，都可以用作其他商品价值的标准一样，同样也很明显，这样一个不变的标准，是没有什么用处的：它所能告诉我们的应该是，最初使 A 交换 B 的原因，在同一比例范围内，继续影响它们两者；但是这些原因的性质以及它们作用的强度，我们是完全不能了解的。

二、实际价值 我们已经确定了，任何一个商品的交换价值必定总是以它与其他商品或劳动所发生的关系来表示，我们下一个应注意的目标，即是研究决定这种关系的条件或价值的支配规律。假定 A 现在等于 B，若一个月后，A 变为等于两个 B，发生这个变动的事实并不能告诉我们它是如何引起的。但是假如我们确定了为什么 A 在一个时候交换到 B，或它的价值为什么等于 B 的原因，那么我们借助于探究这个原因的作用，即可得到某些更确定的结论。

我们已经看到，一种商品，除非它是为人所需要，并且在生产它与获得它时需要某些劳动，或如亚当·斯密所说的需要一些辛苦和烦劳，它是不具有或不能具有价值的，也没有交换其他任何东西的能力。所以，人的需要可以视为交换价值和实际价值的最后源泉或原因；使需求有效所必需的劳动量，或者说生产或取得所需商品的必需劳动量，构成支配和决定商品实际价值的唯一原则。在没有垄断的时候，当市场商品的供应恰巧与有效需要相应的时候，它们的交换价值与它们的实际价值是一致的。在这样的情况下，假如我们发觉了，商品 A 购买或交换另一种商品 B 的能力增加了，同时，假如我们发觉了，生产 A 所需要的劳动量发生了同量的增加，而生产B所需要的劳动量仍旧不变，我们应该有权说，A增加了交换价值，因为它增加了实际价值——假定获得任何东西的辛苦和烦劳是测量它实际价值的标准，或者是它的所有者所认为的标准，结果也就成为了他用以交换其他东西的比例尺度。

同量辛苦和烦劳所生产的各种商品数量并不总是相等的：但是实际价值是根据所消耗的劳动量，而不是根据消耗劳动的方式或生产力的大小。增加劳动生产力的各种创造发明，对它的实际价值或者说对这些手段所生产的商品的实际价值并不增加任何东西。在不发达的社会里，技术还在幼稚阶段，劳动者所使用的机器比较无效率，一天劳动的产量，比之在进步和文明阶段，技术高度发展、最有力的机器普遍使用的情况下，一天劳动的产量，无疑是大不相同的。但是最清楚不过的是劳动者所作的牺牲，在这个情况下，和在那个情况下，却都是同样的大小，所变动的不是人这个要素所付出的体力或劳动力的大小，而只是那种力量被使用的方式。但无论如何是付出了同量的劳动，不管所生产的数量有多少，这种成绩必然是那些工作者受了同样的牺牲的结果；所以，很明显，同量劳动或辛苦和烦劳的产品，不管它们的数量是怎样的不同，必然总是有完全相等的实际价值。除非赋予一定量的劳动或体力，不会得到任何有价值的东西。这是人对一切非自然物所必须支付的价格；很明显，它的实际价值是根据所付出的这种价格的大小，而不是根据物品本身的量值大小来计算的。

所以，如果我们只考虑劳动量和商品量彼此之间的关系，而不考虑生产或制作时所加予人们的牺牲，则我们就没有方法得以说明商品交换价值变动的原因。假如不可能发现这些原因，则像现

在所知道的这种政治经济科学便无由存在。如果价值是完全变动不定,没有一定的原则可寻,而就着手研究商品价值决定的原因,那还不如闲待着好些。例如,一个商品 A 在某一个时候交换了一定量的劳动 B,而在另一个时候又交换到两倍的数量,那么这个变量可能是由于单独影响 A 或单独影响 B 的原因,或者是一部分影响这一个,一部分影响那一个的原因;但是如果我们只是把商品和劳动量拿来比较,我们将永不会发现变动的原因。因为这一个必然是另一个的标准,所以我们可以同样适当地说,或者是商品 A 的价值提高了,或者是劳动 B 的价值降低了;假如承认实际价值可以存在,则我们可以说,或者是 A 的实际价值停留不动,而 B 的实际价值下降了,或者说 B 的实际价值停留未变而 A 的上升了。

但是一当我们把我们的研究稍稍向前推进一点,一当我们开始研究限制或决定价值的条件时,我们便会立刻察觉到,一定量的劳动不应当和它的一定量产品或一定量商品,作同样的考虑。因为,不管一定量的劳动所生产的商品数量有无变动,在生产者的估计中,那个数量的价值必定还是一样。他总是愿意把它与一个相同的数量交换,或与别人以同量劳动所生产的产品交换。假如在 1820 年时,一个人一天的劳动,能生产两配克(一个配克合 9.092 公升)小麦,现在以同量的劳动只能生产一配克,他和别人都会把这一配克的实际价值看作和从前的两配克一样;因为生产它时花费了同量的汗水与辛勤。结果,他能像过去两配克那样,交换或买到像 1820 年那样同量劳动所生产的同量商品。

所以,很清楚,任何已知商品的交换价值或购买力,必须用某些它将交换到的其他商品或劳动的量来测量或确定;而一个商品的实际价值，或它的所有人对它的估计是用生产它或得到它所需要的劳动量来测量或确定。

假定一蒲式耳谷物交换到或值一码布：假如生产谷物所需要的劳动量加倍了，而生产布所需要的劳动量仍继续不变，谷物的实际价值和交换价值与布比较，都加倍了。但是，假如生产谷物所需的劳动量并不加倍，仍如以前一样便利地继续生产，而生产布所需要的劳动量减少了一半；在这个情况下，布的实际价值，以及它的交换价值，与谷物比较则减少了一半；所以，此时谷物的实际价值并没有发生任何变动，可是它的实际价值和交换价值，像前例一样，与布比较都加倍了。①

现在假定消耗在商品生产中劳动量的大小，是决定实际价值的唯一原则，那么，假如任何商品在任何时候，都需要同量的劳动、或辛苦和烦劳来生产它，则它的实际价值即不变。但是，显然，没有这样的商品可能存在。土壤肥力的变动和劳动方法的改进，都使生产各种商品所需要的劳动量，发生不断的变动。所以，我们不

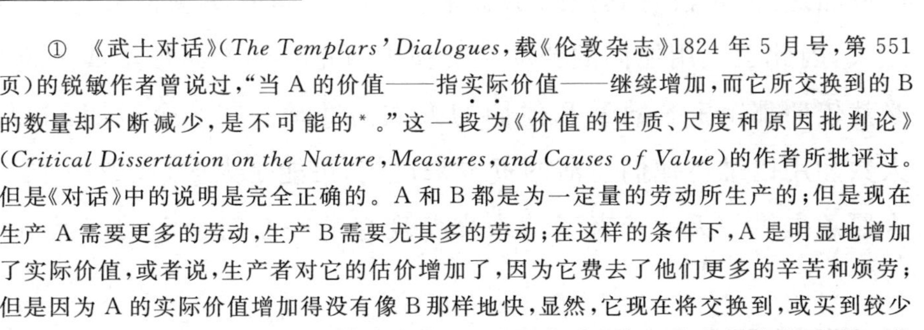

① 《武士对话》(*The Templars' Dialogues*，载《伦敦杂志》1824 年 5 月号，第 551 页)的锐敏作者曾说过，“当 A 的价值——指实际价值——继续增加，而它所交换到的 B 的数量却不断减少，是不可能的*。”这一段为《价值的性质、尺度和原因批判论》(*Critical Dissertation on the Nature，Measures，and Causes of Value*)的作者所批评过。但是《对话》中的说明是完全正确的。A 和 B 都是为一定量的劳动所生产的；但是现在生产 A 需要更多的劳动，生产 B 需要尤其多的劳动；在这样的条件下，A 是明显地增加了实际价值，或者说，生产者对它的估价增加了，因为它费去了他们更多的辛苦和烦劳；但是因为 A 的实际价值增加得没有像 B 那样地快，显然，它现在将交换到，或买到较少数量的 B。很难设想《批判论》的作者为什么没有察觉到这种区别；如果察觉了，他一定会对李嘉图和《对话》作者所提出的论点，减少不少的批评。参阅《价值的性质、尺度和原因论》，第 41 页。

* 这里“是不可能的”疑为“是可能的”之误。——译者注

应把任何一个商品、或一组商品作为实际价值的标准，而必须把一定量的劳动来作为实际价值的不变标准。

当人们说，一定量的劳动、或一定量劳动的产品总是有相等的实际价值，这并不是说，购买劳动的人，总是以不变量的劳动所生产的同样分量产品来交换同量的劳动。真正的意思是说，当市场不受实际的或人为的垄断所影响，各种商品的供应等于有效需求的时候，生产它们所需要的比较劳动量，将决定它们的所有者用它们来彼此交换，以及与劳动交换的比例。一个为一定量劳动所生产的商品，在我们现在假定的市场情况下，将一律交换到或买到同量劳动所生产的任何其他商品。但是，它绝不会交换到或买到生产它所费的完全等量的劳动。[①] 虽然它不会这样，但总会交换到或买到如它自己一样在同样情况下或以同样劳动量而生产的其他商品的同样多的劳动量。当一个资本家用他的资本或商品交换劳动，他实际上是以已经制成的劳动产品交换用来制造商品的劳动。这也是明显的，一个国家既然除掉资本或已经生产的或实际存在的商品之外，再没有其他的基金来养育和维持从事新商品生产的工人，因此工人用他们的劳动在交换中所得到的产品数量或工资，必然依照那个资本数量和他们的人数而变动。在一个时期，工人人数和用以维持他们生活的资本来比较，可能是太多，以致一个工人愿意提供一天的未来劳动来交换现存的一小时劳动的产品；而

① 事实上，它总是交换到多一点，这个多余的部分，便构成利润。没有一个资本家愿意把已经制成的一定量劳动的产品，来交换尚待制造的同量劳动产品。这等于不收取利息的贷款。

在另一个时期，工人人数和资本比较，可能有很多的减少，以致工人可以以十二小时的未来劳动交换现存的十小时劳动产品。但是实际价值，以及在市场的正常情况下支付了等量劳动的那些商品的交换价值，却不受这些变动的任何影响。变动在原则上不支配和决定价值——价值由工人的体力操劳或他们的汗水和辛劳决定——而是支配和决定他们由辛劳而得到的物品。凡他所生产的，或是以等量劳动所得到的东西，总要费去他等量的牺牲，因而不管所得到的是大还是小，总是有等量的实际价值。他所支出的是一个常量，但所收到的，却是一个变量。

这个区别必须经常注意。斯密博士似乎把生产一个商品所需要的劳动量与那个商品所交换到的劳动量，作为等同来表示。结果或者可以说，A 的实际价值等于 B 的实际价值，因为生产 A 所需要的劳动量等于生产 B 所需要的劳动量；也可以说，A 的实际价值等于 B 的实际价值，因为 A 将交换到的劳动量等于 B 将交换到的劳动量。但是这两个命题间的不同，在大多数的情况下，不减于什么是真理和什么是荒谬之间的不同。正是李嘉图的敏感区别了它们两者之间的不同，并指出当第一个是无可否认地正确时，第二个便不是一个相等的命题，它经常同第一个相反，从而也是完全不精确的，是李嘉图的敏感使这门科学得到了一个最大的进步。

在谈到生产商品所需要的劳动量同时是唯一决定和测量它们的实际价值，一般地说，也是交换价值的原则时，自然而然会把一切种类的劳动，都归结为同样的标准强度。那些成年和体格正常的人，在体力上的不同，就其本身说来并不重要，从整体来看时，会完全抵消。假定在一定时期内，一般成年人所完成的工作是一个固定量(x),假如一方面有少数人的劳动,比这个一般数量稍为多一点$\left(达到\ x+\frac{x}{10},或\ x+\frac{x}{15},等等\right)$,在另一方面,很可能还有不少人的劳动少于这个数量$\left(达到\ x-\frac{x}{10},或\ x-\frac{x}{15},等等\right)$。所以在一组工人中可以得到的超额部分,可为另一组中相应的不足完全抵消。因此很清楚,各种商品的一般和平均的实际价值,恰好相应、或相等于生产它们所需要的一般和平均的劳动量。

在下一节中将指出被称为有技术的、比一般人付与较高工资的某些劳动,其所根据的原则,对我们力图建立的有关各种商品实际价值的正确原则,并不会有任何影响。

这些研究的结果,可以简单地陈述如下:

一、一种商品,除非它是为人所需要,除非生产它或获得它时需要一定的人类自愿劳动,不然就没有实际价值或交换价值。

二、一个有实际价值的商品,必然也有交换价值,反之亦然。

三、一个商品的实际价值,总是取决于、并且完全相应于生产它或获得它时所需要的劳动量。

四、一个商品的交换价值,取决于并且完全相应于它将交换到的任何其他商品的量或劳动的量。

虽然一切具有实际价值的商品,必然也具有交换价值,但这一个商品对另一个商品的比例,由于垄断的作用和商品供求关系的变动,极易引起很大的变动。例如一蒲式耳小麦和一码布都是由同量劳动生产的,从而它们有同样的实际价值;但是一个实际的或者想象的供应不足,就会使谷物的交换价值,或其交换或购买其他东西的能力，大大地超过布的交换价值，或其交换或购买其他东西的能力；另一方面，一个非常大的丰收或对布的非常需要，就会提高布对谷物的交换价值。所以，很明显，虽然一个商品的生产，确有在任何时候都需要同量劳动的情况，但是并不如有时所设想的，它能成为测量其他商品或劳动的交换价值变动的标准。因为这个商品的交换价值，可能由于影响它本身的原因而变动，纵然是实在的，但也并不取决于生产它所需要的劳动量；或由于作用于它所比较的商品的类似原因而变动。假如 A 总是同量劳动的生产物，假如生产 B 和 C 的劳动量是变动的，那么，若交换价值只根据劳动量而不根据其他，或假如 A 总是与 B 和 C 的数量保持相同的比例，我们把 B 和 C 与 A 比较时，就立即可以说，它们的价值是否停留不变的，或是指出 A 变动的确实幅度。但是如还有其他的原因可能影响 A 本身的价值以及 B 和 C 的价值时，很明显，如果只把 A 同其他两者比较，我们就不可能说出是不是以前在它们之间所达到的比例关系发生了变动，是不是单独影响了 A，或单独影响了 B 和 C，或者是不是它们在不同的程度上都受了影响。

虽然，想找出一个不可能存在的东西——交换价值的不变尺度，是十分的幻想，但是要找出商品交换价值一切变动的正确原因，也不是像最初所想象的那样困难。一切商品的实际价值与交换价值二者间所达到的不一致，并不是任意的和变动不定的。它们都是决定于很少几个规律，这些规律的作用和影响是能够清楚地阐明和解说的。只要这样做，一个商品的交换价值与它的实际价值之间的关系，在一定时期内是容易决定的。

对价值作了这些观察以后，我将进一步观察控制工艺产品和机器工业产品在社会各阶级间分配的规律，以及在社会发展各阶段中，决定它们交换价值的条件。

第二节

工业产品在各阶级间的分配　工资在所有不同产业部门间的均等　利润的均等　耐用程度不同的资本

在文明和工艺有相当进步的国家的居民，一般分为工人、资本家和地主三个阶级；不管社会的情况怎样——是有教养还是无教养，是富有还是贫穷——社会上的每一个人，只要他不是贫无所依，不是只靠他人的救济而生存，必然是属于这些阶级中的这一个或者那一个。各类公务人员以及从事所谓自由职业或教学工作的人，是以他们的劳务交换有价值的报酬。这些人的全部生活资料是从工资而来的，他们显然同手持铁铲和耕犁的工人一样。所以世界上的财富，必然首先是属于这三个阶级的。因此，关于财富分配的研究，实际上可归结为决定地租、工资和利润规律的研究。

对给予从事不同行业的工人以不同的工资，以及投放在这些行业的资本对经营者所产生的不同利润率，要创设一般都能适用的任何规律，初看起来，似乎是非常困难的。但是，情况并不是这样。它们的不同，只是表面的。这些不同，完全在于付给工人的钱或商品的数量，或对资本家所产生的毛利润率的变动。但是，当考虑了影响工资的其他情况之后，我们将会发现，在一定时期内，每一个行业的工资实际上是相等的，或者非常接近于相等。同时也会发现，在一定时期内，虽然毛利润率有所不同，但在所有的行业中，净利润率都是相等的，或者变动非常之小。

在不同行业中，劳动工资的均等　假如一切行业都是同样地适意和合乎卫生，假如在每一个行业中所从事的劳动，都是同样的强度，假如对工人所要求的手艺与技术都是一样的程度，那么，很明显，如果劳动是十分自由的话，支付给从事各种行业工人的工资率，就不可能有永久的或巨大的不同；在另一方面，假如雇用于某一行业的工人，较其邻近行业的工人多得到一些，那么，就会有工人流向那个行业，直到增加的人手使工资降到一个同一的水平为止；同时，假如雇用于某一行业的工人，较其邻近行业的工人少得到一些，那么，就会有工人从那个行业流出来，直到人手减少使工资升高到同一水平为止。但是，事实上，各行业中的劳动强度、所需的技术程度、卫生条件以及社会对它们的尊重，都是相差很大的；这些不同的情况，必然使付给各种工人的工资率，产生相应的差异。工资是对工人们耗费了的体力、技术和才能的补偿。所以，它们必须依照所需的劳动的紧张程度以及技术和才能的大小而变动。例如，一个珠宝工或雕刻匠，较之一般工人和清道夫就必须支付较高的工资。在珠宝业和雕刻业中培养一个工人，必须有较长时期的训练。假如这种训练的成本，不以较高的工资补偿他，他将不学习这样困难的技术，而宁愿从事不需要任何训练的行业。所以，实际得到的工资率的差异是限制在某一范围的——增高或减低只在于充分平衡各行业的有利和不利条件而已。

下面是亚当·斯密论述促使某些行业的工资率低于或高于一

般平均工资率的条件：

(1)职业的适意或不适意；

(2)学习这些职业的难易或需要费用的大小；

(3)工作是经常的还是临时的；

(4)对担任工作的人所赋予责任的大小；

(5)在工作中成功可能性的大小。

(1)职业的适意性可能来自物理的原因，也可能来自道义的原因：来自所从事的劳动的轻松、健康或清洁，对职业重视的程度等等。职业的不适意性，则来自相反的情况：来自劳动的紧张，以及不健康和肮脏，对职业憎恶的程度等等。工资率必然明显地随着对工人发生巨大影响的条件而相应变动。认为一个人不应关心自己的利益，从事一个被人认为下贱和不名誉、或者劳动紧张的职业，而所得的工资率还应当和从事受人尊敬和劳动比较轻松的人一样的话，确实是个十分不合理的假定。扶犁人的劳动不是不卫生，也不是令人讨厌或不适意，但却比牧人的劳动紧张，所以，待遇一般地比较好。这个规律是具有普遍性的。矿工、镀金匠、铸字工人、铁匠、烧酒人以及所有从事不卫生、不适意以及有危险业务的人，比那些有相等的技术但从事于比较适意职业的人，必定要得到较高的工资。对某些行业有不好的看法，也像从事非常不卫生和紧张的劳动一样，对工资有类似的影响。例如，屠夫的职业，一般被视为是相当低下和不名誉的，这种感觉使年轻人们如此不愿意从事这种职业，虽其劳动较为轻松，但也只有允许给屠夫以较高的工资，才能克服这种感觉。小旅馆或酒店的主人永远不能管好自己的店面，自己也常有被醉鬼殴打的危险，所以这就是为什么这个

职业成为一般行业中最有利的职业之一的缘故。相反的条件，则有相反的结果。打猎和钓鱼，在一个进步的社会中，是富有的人最适意的娱乐，但是由于其被人这样看待，所以把打猎和钓鱼作为职业的人，一般只能得到微薄的工资，从而特别穷困。服务的适意和卫生、尤其是劳动的轻便、需要技术较少，这些似乎是人数过多的主要原因，因而普通农场雇工，以及通常说来受雇于一般田野劳动的所有工人，他们的工资就较低。

普通兵士所受的严格纪律和各种艰苦，以及他们很少有机会达到较高的地位等，是不利的条件，因而认为应当有一个较高的工资率来加以补偿。但是我们知道，在一般行业中，很少能以新兵入伍时那样低的工资招聘到工人。要发现这个变态原因也不困难。除了真正从事战争活动的时候，兵士是比较闲散的，而他的自由、放荡和一般惊险的生活，华丽的制服，威风凛凛的军事检阅和演习，以及他们行进间所伴随的军乐，对年轻和无远虑的人起着最有诱惑的影响。战争的危险和艰苦被他们低估了，而升官的机会，在他们血气方刚和火热的想象中则相当地被夸张了。亚当·斯密说，“在新战争开始时，士兵们由于没有考虑到危险，特别容易应征。虽然他们的擢升机会很少，但在他们少年意气的空想里，描绘出无数可以获得但事实上并不能获得的荣誉和功勋机会。这些浪漫的希望，用他们的鲜血作为全部代价。他们的报酬较普通劳动者为低，而实际勤务上的劳累却远较普通劳动者为大。”(默莱重印本，第 98 页)。

亚当·斯密说过，在海上服役而成功的机会，比在陆军中大得多。“一个稳健的工人或技士的儿子，往往先得到他父亲的允许，

再从事海上生活。可是在他应募陆军的场合，却往往不是这样。因为在前一职业中，别人也能看到几分成功的机会，但在后一职业中，除了当事人，谁也看不到有任何成功的机会。”但对青年人说来，参加陆军的诱惑却大于参加海军的诱惑。海军的生活比之于陆军的生活，或者更富于惊险性。但是他没有正式的制服，他的职业比较肮脏和不愉快，他的劳动更紧张，在海上的时候，他忍受着一种禁闭的生活，不能如陆军士兵那样，会引起国人的羡慕或赞赏。结果，水兵的工资，几乎经常超过陆军士兵的工资，但在战争爆发的时候，很不容易得到新兵补充。

在英国，航海生活可能遇到的不便与障碍，由于实行义务兵役制而更大大地增加了。水兵所遭受的暴行与不公平，最有力地起着阻碍青年人走上船去的作用。由于这样人为地减少了水兵供应的缘故，因此，使得他们的工资超过了它们的自然水平而达到极有害于国家公务和商业服务的地步。“义务兵役制使一个生而自由的英国水兵和土耳其的奴隶立于同一地位。土耳其皇帝的专制行为，无过于把人从他的家里拖出来、违背他自己的意愿去充当炮灰；假如这样的行为经常施加于任何一伙有用的人，难道不会把他自己的臣民驱到别国去而使自己的人口逐年减少吗？剩下来的少数人不会两倍或三倍地增加他们的工资吗？这正可说明我们的水兵在战时对我们商业的极大危害性。”

为证明这个说法的正确，只要提及以下一点就够了。美国水兵的工资，一般比英国较低，而所有其他各类工人和技士的工资，则一律都较高。原因在于美国海军只是以自愿参加的方法而补充。美国人希望成为海军大国，他们明智地放弃了把他们最好的水手从海军中驱逐出去，而强迫犯人来补充其舰队人数的办法。

有人估计，在上次战争末期，有一万六千以上的英国水兵在美国船上服役。在和平时期，我们水兵的工资，每月很少超过四十或五十先令，而在那时却提高到一百和一百二十先令！英国水兵大批地参加美国兵役以及我们水兵工资的高度增加，只能用美国放弃了义务兵役制以后，而我们仍然还继续采用来解释。从前，我们的水兵在战争开始的时候，惯于大批地逃到荷兰去，但是语言的不通，是他们出逃的非常有害的巨大阻碍。但对美国的情况则完全不同，在那里，我们的水兵一定会被他们的亲戚和朋友——这些人在语言、宗教信仰和风俗习惯方面，都与他们自己相同——所收容，他们自然会以各种诱惑使他们参加服役。除了废除义务兵役制以外，没有别的办法能够抵消这样难以抗拒的逃避、诱惑，并有效地减少我们水兵的工资。如屡次所指出的，废除义务兵役制在任何方面或任何条件下，都对补充海军人员是必要的。[1] 我们相信，它将会很快地废除；美国人增加他们海军力量的努力，将不会因我们坚持一个充满不公正、残忍和压迫的制度而得到帮助。

陆军和海军军官以及许多得到很大信任与责任地位的官吏只收到比较少的金银报酬。对这些职位的尊重以及其职权的影响，构成他们薪俸的主要部分。

(2)在某些业务内的劳动工资是依照他们学习的程度而定。

有几种劳动不需任何事先的学习，或者只需很少一点学习就能从事，因此，在这种劳动中受雇用的人一开始就能得到一定的工

① 《爱丁堡评论》，第 81 期，第 154 页及第 84 期，第 297 页。

资率。但是，在所有文明的社会里，大多数职业，只能由那些经过正规训练的人来担任。很明显，这些技术工人的工资必然超过技术比较粗糙者的工资，以便能充分地补偿工人们在受教育时所花费的时间和他们所负担的费用。为说明这个原理，现在假定一年支付给非技术工人的平均和一般工资是二十五镑，假如一个技术工人——例如一个珠宝匠或雕刻匠——的教育和维持到他自己开始独立生活之前所耗费的，比维持一个非技术工人在同一时期所需要的多二百镑，十分明显，除非他所得的工资，比他的非技术工人的邻居为高，同时除非在他的生命可能终结以前，足够偿还在受教育和维持生活时所费的额外二百镑资本的一般利润率，否则他的处境还不如他的非技术工人的邻居为好。假如他所得的少于这个数目，对他就是少付了；假如他所得的较此为多，则将会有新的人流入，直到他们的竞争，把工资减低到适当水平。

大多数欧洲国家的政策是增加培养技术工人的一般和必要的费用，以便迫使他们的学徒时间，在大多数情况下，比他们所认为获得业务知识所需的时间为多。但是，因为劳动工资不但总是必须与工人的技艺，而且必须与他在学习业务时所花费的时间、困难与费用相应。这是很清楚的，假如一个人可以两年或三年学到的业务，而不得不学徒七年的话，那么在他学徒期满以后，他所得到的工资率，必须相应地高于不如此的人。不必要地延长学徒期限的制度，产生两重弊害：1. 它有害于工人的雇主，因为人为地提高了他们工匠的工资；2. 它有害于工人，使他们消磨这样长的青年时期而无任何足够的动力使他们勤奋，会使他们形成懒惰和放荡的习惯。

依照英国的习惯法，每个人有权依照自己的意愿从事每种合法的行业。但是这个健全的原则，在伊丽莎白女王当朝的第五年，根据公司团体的请求，通过一项一般称之为艺徒规章的条例而几乎完全被推翻了。条例规定，当时英格兰或威尔士的任何行业、手艺或技艺，除以前曾受过最少七年的学徒教育者外，任何人以后不得从事。这样，以前只是几个公司的章程，便变成了王国的一般成文法律。但是，很幸运，法庭经常不愿实行这个条例的规定。虽然条例的字句明白地包括英格兰和威尔士整个的王国，但它只被解释为商业城镇；只被解释为当条例通过时英国已有的行业，与以后新兴的行业无关。这种解释产生了几种非常荒谬的、甚至是可笑的例外。例如，它判决马车制造人不得自己或雇用工匠制造车轮，而必须向车轮匠那里购买。因为车轮制造业在英国是伊丽莎白第五年以前就有的。但车轮匠虽然从来没有做过马车制造人的学徒，但却可以自己或雇用工匠制造马车。马车制造业所以不在条例范围之内，是因为它在条例通过时，英国没有这个行业。这些管理办法的矛盾与荒谬，以及这个条例的不适宜和有害的作用，很久以前就明白了的。但是健全立法的进度是这样的缓慢；对改变迷人的私利的反抗，又是这样的强烈，因此直到 1814 年它才被废除。但是，为废除而通过的条例，不涉及各种依法组成的公司的既得权益、专利或章程；可是凡是这些条例不被引用的地方，学徒制度的设立及其年限之久暂，现在完全委之当事人自己处理了。

(3)不同行业的劳动工资，依照共业务的经常与间歇性而不同。

一些行业的工作比另一些行业的工作较具经常性。许多行业只能在一年的特定的气候和季节内进行。假如服务于这些行业的工人，当其在间歇期间难于在其他行业中找到工作的话，他们的工资必须按比例增加。例如珠宝匠、织布匠、鞋匠或者成衣匠，在正常的情况下，可算是有经常工作的人，但泥水匠、砌砖匠、铺路工人以及一般露天进行工作的人，则常常易于中断工作。他们的工资必须不仅在他们被雇用时能够维持他们的生活，而且当他们的工作被迫中断时，也能够维持他们的生活；并且如亚当·斯密所说，必须提供一些东西，以补偿那些预计到有时必然会发生的不安定和丧气的时刻。

这个原理指出，一般人对脚夫、出租马车夫、船夫以及一般只在短时期内或特定时期内被雇用的一切工人获得高收入的看法的错误性。这些人一个或两个钟头内所赚到的，往往同经常雇工一天所赚到的一样多；但是，必须了解，当他们被雇用的时候所得到的这种较多的工钱，仅仅是对他们所做的劳动以及他们被迫中断劳动时间的补偿；这些人不仅多赚不了钱，反而比那些从事比较经常职业的人多半更为穷苦。

由纪念假日而引起的工作中断，对工资有相同的影响。有些国家，包括星期日，有足足半年的假日；在那里，工人的必要工资必须两倍于不计这些假日所应得到的数目。

(4)劳动工资依照赋予工人责任大小而变动。

“金匠和珠宝匠的工资，在任何地方都较优于具有同等技术，甚至具有更好技术的其他工人，这是因为把贵重材料付托给他们的缘故。”

“我们把我们的健康委托于医师。把我们的财产，有时甚至把我们的生命和名誉委托给了律师和辩护士。像这样的信任，不能贸然委之于微不足道的人物。因此，他们所得的报酬，须足够保持他们负此重任所必需的社会地位。而社会地位的获得，又少不了长期教育与巨额费用，于是他们的劳动价格，就更加抬高了。"（《国富论》，默莱重印本，第104页。）

（5）不同行业的劳动工资，依照其成功可能性的大小而变动。

这种变动的原因，主要影响那些较高级的劳动者或那些从事通常称为自由职业者的工资。

假如一个青年人决定作鞋匠或成衣匠的学徒，无疑，他在业务上能达到一般熟练和精深的程度，他就能以此为生。但是，假如他决定做一个律师、画家、雕刻家或者表演家的学徒，在这样的任何一种职业中，他能否达到依靠他的收入维持生活那样的熟练程度，只有十分之一的机会。在这种一个人成功，而有使许多人失败的职业中，幸运的这一个人所得的工资率，不仅要补偿在他受教育时所担负的一切费用，而且还须补偿那些未成功的竞争者在受教育时所花费的一切。但这也是非常肯定的，律师、表演家、雕刻家等的工资，总计起来，绝不会有这样大的数目。律师职业和其他自由职业的这种彩票，固然有许多巨额奖金，但空彩更多。亚当·斯密说，"就某特定地方的鞋匠和织布匠这一类普通职业而言，我们如果把他们一年间的收入总额和他们一年间的支出总额作一计算，就知道他们一般的收入多于他们的支出。但我们如果用同样的方法，总计各法学协会的律师及学法律学生的年收支，纵令尽量高估他们的年收入，并尽量低估他们的年支出，他们收入的全部，也只够补偿支出的很小部分。因此说，学习法律这种彩票，远不是一种

颇有希望的彩票。这种职业，和其他有名誉的自由职业相同，从所得的金钱这一点来看，报酬是太少了。”

但是由于人们爱好在各种自由职业中伴随成名而来的那种财富、权势和受人尊重，以及对自己好运道的信心，足以抵消其伴随而来的不利和缺陷，因而使这些职位永远洋溢着最勇敢和最活跃的气氛。

对这一部分课题，我们不必再更细致深入地叙述了。这已经足以证明，在劳动自由而不受限制的国家里，从事各种职业者长久所实际得到的差别工资率，只够平衡各种职业的有利和不利条件。那些得到高工资的人，如把他们的教育费用、成功机会以及在他们职业中所可遇到的不利因素，都一并加以计算，实际上他们并不比低工资的人收入更多。我们说各不同等级工人所得的工资是**相等**的，这不是说，在一定时期内每个人都得到**同样**数量的先令或便士，而是说，他的收入相应于他必须劳动的紧张程度，相应于对他要求的事前教育和技术程度，以及相应于已经指出过的其他各种原因。自然，只要允许竞争规律发生作用而不加限制，或者只要允许每人随意选择自己的职业，我们可以相信，市场的讨价还价总会依照我们所论述的规律、调整各不同行业的工资率，从全盘来看，它们将是非常接近于相等的。假如你把一个行业的工资率压低到一般水平以下，工人们将会离开这个行业而走向别的行业；假如你把它提到相同的一般水平以上，工人们将会从工资低的部门吸收到这一部门来，直到他们与日俱增的竞争，把工资率下降到平均的标准为止。依照影响每个特定行业的特殊条件，实现这种平衡，总是需要一个或长或短的时期。但是，一切研究是以建立一般规律

为目的的，它就要求或者应该要求找出一个平均的时期来。每当出现这种情况，我们总可以不出丝毫错误地断定，从全盘来看，各个不同行业所得的工资，都是完全相等的。

与现在所述的理由相似，很容易看出，从事不同业务的资本家所增殖的利润，虽然因其危险性的大小，以及其他影响资本运用的情况而有所变动，但从全盘来看，都必然是相等的。自然，当利润还没调整到把各种有利因素和不利因素都平衡起来以前，它们是不会达到应有的水平的。如果用在某些非常有危险性的行业的资本，只能产生像用于比较安全行业可得到的同样利润的话，则没有人会从事非常有危险性的行业。任何有非常危险的地方，则那个危险应该得到补偿。因此毛利和净利的区别是大家都知道的。毛利总是依照各行业的危险性、受人尊重以及适意性的不同而变动，而净利则在任何特定时期内都是一样的，或者非常接近于一样。例如，火药制造商应当比把资本运用于最安全行业的人所得到的利润为高，以便足以保证或保险他的资本在这种极端危险的行业中不致遭到可能遭到的意外危险。假如火药制造商所得到的要多于这样的利润率，那么，更多的资本将被吸引到他的行业中来；假如他所得到的要少于这样的利润率，他将从这个行业中抽出其资本。经常发生作用的竞争规律，或用另一个说法来说，每一个人的自利心，绝不允许任何一组工人或资本家，把一切情况都考虑在内来看，所得到的工资或利润，继续长久地低于或高于其他行业所雇用的工人、或投资于其他行业的资本家所得到的通常和平均的工资和利润。正是这个共同尺度经常制约着特定业务的工资和利润。它们绝不能显著地离开这个尺度。它们有经常相等的趋势；

如全部理论研究所假定的，如没有任何错误的话，它们可能完全趋于一致。

劳动和资本在同一时期用于不同产业部门得到的工资和利润具有相等性的规律，或者毋宁说经常趋向于相等性的规律，是哈里斯先生（《论货币和铸币》，第13页），也是康提龙先生〔《贸易分析》（*Analysis of Trade, etc.*），第15页〕所指出的；但在《国富论》第一卷第八、第九、第十章中第一次得到充分的论证。这个规律的建立是亚当·斯密对政治经济学这门科学所作的最大贡献之一。对这个课题，没有比他所作的推理更为清楚、更令人信服和更使人满意的了。工资和利润的相等性，自从他的著作出版以来，被认为是可承认的和无可争辩的。

在这门科学的所有研究中，应当注意到运用于商品生产的资本几乎都有一种可想象的耐久程度，或换一句话说，它们的消耗几乎都需要有一种可想象的耐久时期。面包、啤酒以及其他用来维持工人生活的其他物品，构成国家的一部分资本，而且还是重要的一部分；但是与一座桥梁或花岗石船坞来比较，这些物品的耐久性是何等地有限：前者可以在一小时的时间内消费掉，而后者则可能维持五百年或一千年。这两种资本，可以代表耐久性的两个极端。在它们之间，还可以假定充满着中等耐久性的资本，我相信确实是这样。这一架机器能够维持五十年，另一架四十年，第三架十年，如此等等。在资本最少消耗和最快消耗之间的漫长阶段中，不可能不插入代表、或者可以代表一项资本的耐久性的某一期限。

第三节

生产成本是决定价格的原则　商品供求变动对价格的影响　垄断的影响　平均价格总是与生产成本相一致

我们业已理解从事于不同行业的工人，从全盘来看，他们所得的工资是完全相等的，并从同一原则了解，投于不同产业部门的资本所得的利润也是一样的，于是我们就可以进一步研究工资率和利润率的变动对商品价值所可能产生的影响。但在进入这种研究以前，先考察一下商品供求关系，在商品相互比较时对决定其交换价值的影响，在与货币比较时对决定其价格或价值的影响，将是有益的。长久以来，有一种普遍的意见，甚至现在大多数从事实际业务的人，以及一些有名望的经济学家，仍然认为商品的交换价值完全取决于它们在市场上与需求比较时的相对丰富与稀少。但无疑的，这种意见，实质上是错误的。我现在将某些说法简单地归纳一下，以证明它的谬误。

已经知道，资本投放于不同行业，在一定的时间内，产生同一的通常和平均净利润率。但是十分明显，假如任何商品运到市场并交换到较必须支付其生产成本（生产成本中包括当时通常的和平均的净利润率）还多的其他商品或货币时，它的生产者与其他的人比较起来，即是处于一个相对有利的地位；结果，将有资本流向那个特定部门，直到竞争把物品的价值或价格降低到生产它的资

本只能得到通常利润率的水平为止。另一方面,假如一个商品运到市场,不能交换到足以补偿它生产成本额那样多的其他商品或货币时,它的生产者即是处于一个相对不利的地位;结果,他就会从这种商品的生产中抽出他的资本,直到这种商品的价值或价格上升到足以使他与其邻居一样处于同一地位,或产生同一利润率的水平为止。

生产商品的成本——亚当·斯密和加尔涅称之为自然的或必要的价格——如以后将要证明的,是与生产它们并把它们送到市场所需要的劳动量一致的。虽然我们现在还没研究构成生产成本的要素,但是很明显,生产成本是在不受垄断统治的情况下,把新资本和新劳动用于生产而能无限增加数量的每一种商品的交换价值或价格的永久和最后的决定者。这些商品的市场价格与它们的生产成本不总是一致是肯定的;但是它们不能在太长的时间内分离得太远,它们有经常相等的趋势。很明显,假如商品低于其生产成本出售——即是不足以补偿他所消耗的费用,同时他的资本得不到通常和平均的利润率,则没有人会继续生产。这是一个限界,低于它,很明显价格不可能持续地下降;同样很明显,假如价格在长时期内,上升得高过于它,则新资本即会吸引到这个有利的行业来,而生产者的竞争将会降低其价格。

一种需求之所以称为有效,必须能够补偿它的生产支出。假如不足以补偿的话,它就不可能成为促使商品生产出来并运到市场上去的手段。有能力和愿望的购买者对某种商品的需求,可以十倍或万倍地增加,也可以同比例地下降,但是假如它的生产成本继续不变,则它的价格不致发生长久的变动。例如帽子的有效需求突然增加了一倍，这种情况无疑地会引起价格的上升，结果是做帽子的人获得大利。但是这种上升只能局限于很短的时期内，因为大量的利润将立即吸引更多的资本到制帽业来，市场上帽子的供给势将增加。假如它的生产成本不发生变动，它们的价格必然会降到它从前的水平。在另一方面，假如帽子的需求增加了十倍，它们的生产成本也同比例地下降，虽然需求增加了，我们仍能够在一个非常短的时期内，以现在所费的十分之一的价钱买到一顶帽子。再假定帽子的需求下降，而生产它们的成本增加，虽然减少了需求，价格仍将逐渐上升，直到制帽人用于业务的资本对他能产生通常和平均利润率的那一点为止。我们承认，需求和供给的变动，能促使价格暂时的变动。但是必须指出，这种变动只是暂时的。生产成本是价格的主要决定者，它是那些反复无常上下摆动的中心；在产业自由的地方，生产者的竞争总是把价格提高或降低到它的水平。

某些产业部门例如农业，易于受季节变动的严重影响，资本也不容易抽出，在产品市场价格和生产成本相等以前，比其他部门要有一个比较长的时间间隔。但是这种相等最后必然会发生，是绝对肯定的。农民，或者其他任何种类的生产者，除非他们的卖价足够支付其生产支出，包括使用资本的通常和平均利润率在内，否则是不会继续把产品运到市场去的。[①] 当供给过多，把谷物价格压低到这个水平以下时，劣等土地的占有人，即遇到最大的困难：他

① 没有一个理智健全的人，如果他看到不可能捞回成本，而肯把钱花在耕种上。〔瓦罗：《论农事》（*De Re Rustica*），第1卷，第2节。〕

们中的一部分人，最后将会被迫离开他的行业；于是提供到市场的谷物将较少而价格便提升，使仍在继续耕种最劣土地的耕作者能得到通常的利润率，不能更多。土地耕作者的自利心，不允许价格永远被压低到这个水平以下，社会一般人的自利心，又不允许永远高于这个水平。因为，假如价格被提高到这个水平以上，那么，耕作者将得到比通常和平均利润率较多的利润，资本自然就会立即被吸引到农业中来，并且继续向这个方向流动，直到利润的自然的和不能毁灭的均衡恢复为止。也就是说，直到农产品的价格下降到使最坏土地的耕作者、或最好土地的改良者，正好都能获得平均利润率这样一个数目为止。这就是平均价格必然维持不动，或市场价格必然围着摆动，直到生产成本增加或减少为止的那一点。假如在农业中有了一个大的发现，例如，有这样一个发现，能使耕作成本降低一半，那么农业品的价格亦将同比例地下降，并且继续在那个降低了的价格水平上出售，直到人口增加后不得不求助于肥沃度递减的土地为止。当这个情况发生时，价格又将上升。为什么谷物的价格在我国比在法国几乎常常较高呢？是因为我们对谷物的需求较大，还是因为我国的生产成本较高呢？

一磅重的黄金，现在大约值十五磅白银。但这不能说，这是由于黄金需求大于白银需求的结果，因为事实正与此相反。也不能说这是黄金绝对稀少的结果，因为愿以足够的价格购买黄金的人，可以随他们的意愿得到任何数量。这两种金属价格有这样不同的原因完全是在于生产一磅黄金的费用约十五倍于生产一磅白银的费用。从公认的事实看来，情况确实是如此，黄金的生产者不比银、铁、铅或其他任何金属的生产者得到任何较高的利润。他们不能垄断黄金的生产。每一个人都可以随自己的意愿，把资本送到巴西去成为一个黄金的生产者。如果那里情况是这样，那么竞争的规律总会使产品出卖的价格，恰能偿还它的生产支出而不能更多。假如发现一个金矿与银矿有同等的生产力，则黄金生产将立即变成所有业务中最有利的一种，结果，黄金将会大量地涌入市场，它的价格，在很短的时期内，便将降低到同银子一样的水平。

假如从各国聚集到一起的一伙人，对彼此的需要都不知道，同时对生产商品所必需的劳动和费用也互不知道，而这种劳动和费用却是我们假定他们每人都有的，这样，则商品将会是依照买卖双方的相对需要和猜测而进出的。在这种情况下，一磅黄金可能交换到一磅铁，一加仑葡萄酒可能交换到一加仑次啤酒。但是一当商业往来制度建立起来，社会的需要和生产的能力深切地为大家知道以后，这样随意的交换方法必将终止。成千上万的贩卖者将进入市场。但当情况是这样以后，一磅铁交换一磅黄金将不再可能；这是什么原因呢？因为铁的生产者彼此将降低价格出卖，直到由于他们的竞争，把交换价值或价格降低到它的生产成本的水平为止。在每一个文明社会里，这就是交换价值时常转动的中心点。与野蛮人占据的国土接触过的航海人，常常用生产成本极低的玩具或首饰等从野蛮人那里换到商品；但在所有文明和商业的国家里，一个商品交换另一个商品的比例，一般都完全是根据它们生产的比较成本。

这样，便很清楚了，需求的变动，假如没有伴随着生产成本的变动，对价格不可能有任何长久的影响。纵然需求增加到任何可想象的程度，但如果生产成本降低了，价格也将同样地降低。纵然需求减少到最低可能的程度，但如果生产成本增加了，价格也将同样地增加。

必须时刻记住，这个理论只适用于那些无限制允许竞争，并能以新资本和新劳动用于生产而能无限地增加该商品数量的情况。但是在某些情况下，商品的供给严格地受到限制；每当情况是这样时，商品的价格便不再为它们的生产成本所决定，而为它们的真实的或假想的**效用**与买方的购买手段和需要的程度来比较决定。在沙漠或围城里，一磅面包可以比一磅黄金还值钱。[①] 虽然人为的垄断很少会搞到这样难堪的地步，但这一规律，对所有垄断条件下的一切商品价值，仍是适用的。当某人或某一伙人得到了生产某种货物的独占特权时，竞争规律对它们便停止了作用，因此，它们的价格便完全根据运到市场上的数量与需求的比例而定。假如垄断者提供到市场上的数量很充分，或始终使市场上贮备的商品充足到就像那里没有垄断时一样，那么，他们所生产的商品就会按照它们的自然价格出售，这样，垄断除了把许多人从每人都有权经营的行业中排除出去之外，就没有更有害的了。但事实上，在垄断条件下生产的商品，很少、或者说绝对不可能充分供应市场。所有各种商品的生产者，都企图使他们的商品取得可能的最高价格；那些以垄断办法保护自己不受别人贱卖危险的人，或者使市场供应不

---

① 普利奈：《自然历史》(*Hist. Nat.*)，第 8 卷，第 57 章和瓦勒留・马克西姆：第 7 卷第 6 章谈到，当卡西利囊被亨尼巴耳围困时，粮食奇缺，一只老鼠卖到二百迪纳伊(denarii)！他们还说，卖者饿死了，做了最亏本的生意，当时老鼠已成为买者维持生命的手段。伐勒留说，“因为当时吝啬的人，宁肯饿死，也不愿享受自己用肮脏手段劫掠来的财物；一个公正的人，为了保全自己的生命而倾家荡产，用获得的食物生存下来；这是可贵的，也是必需的。”

足，或者供应次货，或者二者兼而有之。在这种情况下，假如不能方便地从外国偷运进来，或秘密在本国生产，则买方的竞争可能使商品的价格上升到它的最高点；结果，价格可能达到生产和销售允许竞争发生作用时的五倍、十倍或者二十倍的数目。垄断者贪心的唯一限度是购买者提高价格的意愿和能力。

除去在人为的垄断下所生产的商品外，还有另外一类商品，它的数量不能由人类劳动的作用而增加，因之，它们的价格即不能根据它们的生产成本。古代的雕刻、花瓶、宝石、大师们的图画，只能由特殊性质的土壤所生产的某种数量有限的葡萄酒，以及其他少数种类的商品，都属于这一类。由于它们的供给不能增加，它们的价格必然只随需求*而变动，而完全不为其他任何条件所影响。

但是，和大量的商品来比较，这些例外为数很少而且不重要，在任何产业不受限制，也允许竞争活动的地方，工艺和产业的各种产品的平均价格，总是和它们的生产成本一致的。当任何商品的市场价格下降时，在我们晓得其生产成本也是相应下降以前，我们不能说那个下降是否真正对消费者有利，或者说生产者的一部分财富是否无偿地转移给消费者。如果生产成本是相应下降，价格的下降，对生产者就不是不利，而价格亦将继续维持下去；如果情况不是这样，即如果生产成本继续保持不变，则这个下降必定对生产者有害，结果，价格就会很快地回到它们以前的水平。同样，除非生产成本作相应的增加，上升了的价格就不能长久维持下去。假如生产成本保持不变，或者没有以相同的比例增加，则一当涨价

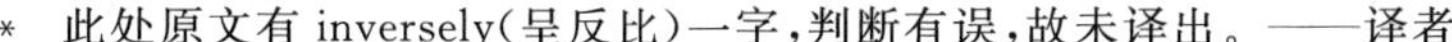

* 此处原文有 inversely（呈反比）一字，判断有误，故未译出。——译者

的原因消逝以后，价格就会下降。

对调节价格的规律，有一个正确的认识，是极端重要的；何况对这个规律的不一致和错误的看法，现在仍然非常盛行，我希望对上面的冗长说明，并对下面插入的加尔涅《货币史》(*Histoire de la Monnoie*)中的一段，都会得到足够的原谅。我们现在提出的学说，在加尔涅的著作中也以同样的天才和动听的言辞论述了：

“但是生产者根据需求不断地设法调节其产品的数量，他们不会满足于生产低于这个需求的数量，也不会扩大生产超过这个数量，以免遭受损失。生产量和需求量两者极力求取相互的平衡，它们从两边向着静止的一点靠拢，这一点就是它们的水平线，也就是这一点构成这种商品的自然价格。产品数量超过了一定的限度，就卖不出去。这个限度是什么呢？就是自然价格。因为如果生产者出卖他所有的产品而不能获得这个价格，他就要亏损。消费者需求的界限又是什么呢？这个界限也是自然价格。因为消费者不会愿意多付出超过他所获得的数量。如果由于新的发现或技术的改进，生产者能够用较少的时间和费用来进行产品的生产，那么，自然价格即将下降；同样，需求的数量也将按照相同的比例而增加，因为将有更多的消费者有能力支付那些比原来较低的自然价格。就每一件商品而论，它的自然价格将是一个共同的限度，超过这个限度，则对这项商品的需求及其生产的数量就不能再增加。当市场价格和自然价格一致的时候，生产者和消费者彼此所付出的和他们所获得的相等。当市场价格和自然价格分离的时候，或是消费者遭受损失，而对生产者有利；或是生产者遭受损失，而对消费者有利。这种情况不可能持久，市场价格即由此发生变动。

这些变动不是别的，正是一种要回复到自然价格的努力。这个问题，亚当·斯密已经阐述和分析得非常清晰了。不承认一个自然价格的存在，而企图理解这些变动，正如不承认引力重心的原理而企图解释钟摆的摆动一样，是一种无的放矢的徒劳。这是只承认事物的运动而否认其间歇，看到液体的流动和固体的平衡，而拒不承认水平定律和引力定律。如果商品没有自然价格，那么，其流通受到一个盲目的和不可知的力量所引导，平均价格不过是纯粹偶然机会的结果，也不再有真正的等价，价值也不再是自然的尺度，政治经济学也不再能列入科学的行列，因为它缺乏构成科学的特质；它所研究的事物也不再是建立在不变的自然定律之上。”（第 1 卷，绪言，第 62 页。）

这样指出了生产成本是交换价值和价格的唯一调节原则以后，我将进一步研究成为和组成这个成本的因素。[①]

第四节

在社会发展的最初阶段，商品完全属于劳动者　生产所需的劳动量，那时是决定它们交换价值的唯一原则

我们在上面已经看到，在社会发展的任何时期，从它最初的幼

① 托克先生在他的充满着新奇和重要知识的名著《论高价格和低价格》（*On High and Low Prices*）中，就商品供求的变动，对其价格的影响给了一个非常完整的分析和阐明。——这些变动是起于季节或货币价值的变易，起于投机的兴趣、风尚的无常或战争的影响等。

稚时期直到它的文明与开化的最高阶段，没有任何一个人不是属于劳动者、地主或资本家等阶级中的任何一个阶级而直接参加产业生产的。但是在一些社会状态下，产品只属于这些阶级中的一个阶级，而在另外一些社会状态下，生产只属于这些阶级中的两个阶级而不属于第三个阶级。这是因为在社会发展的最初阶段，资本积累很少，甚至没有，结果，资本家与劳动者的区分是不知道的；在新开发的和土地还未为私人占有的国家里，很多肥沃的上地，不须对谁支付任何地租即可得到。

在土地私有权还没建立和资本或资财尚未积累以前的那个远古时期内，人们还没有任何定居习惯而到处飘荡着，他们只依靠获取土地上现成产物所需要的劳动手段而生活，那时，劳动的全部产品属于劳动者，消耗在获得各种不同产品的劳动量必然明显地成为测量它们的相对价值或交换价值的唯一尺度。亚当·斯密说：

“假如在一个狩猎民族里，猎获一头海狸所需的劳动，常两倍于猎获一头野鹿所需的劳动，则一头海狸当然换两头野鹿，或值两头野鹿。通例，那种两天或两小时劳动的产物必定两倍于一天或一小时劳动的产物。

“假如这一种劳动比另一种劳动更为困苦，则对这种较大的困苦，自然应该有一些贴补；困苦较大的一小时劳动的产物，往往交换困苦较小的两小时劳动产物。

“或者，假如一种劳动需要不平常的技巧和技能，为尊重具有这种技能的人起见，对他们的产物自然要给予一个较其生产时间为高的价值。这样的技能，除了长期经验的结果，是不能获得的，给他们的产品以较高价值，经常只不过是对获得这些技能时所消耗的时间和劳动给以一个合理的补偿。在进步的社会里，这种对较高困难和较高技术的贴补，普通是在劳动工资上考虑；在初期蒙昧时期里，也可能有这样的某些情况。

“在初期蒙昧社会状态下，劳动的全部产品属于劳动者自己；一般运用于取得或生产任何商品的劳动量，是唯一决定那种购买、支配或交换其他商品劳动量的条件。”（《国富论》，默莱重印本，第38页。）

这样便没有怀疑或持不同意见的余地了。当没有别的阶级而只有劳动者的时候，一切劳动产品，明显地必然属于他们；每一个人在生产商品中的牺牲，或消耗于产品的劳动量，大家都承认是能够决定产品交换价值的唯一原则。

所以到了这点，我们就便于开始研究，当有地租支付给土地、及有流动和固定资本用以便利工人的劳动时，什么是决定商品交换价值的条件。我将开始努力说明地租是否构成生产成本的一部分。

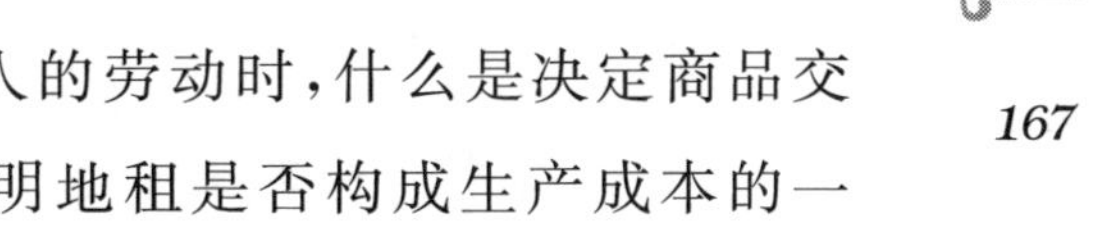

第五节

一、谷物或产品地租的性质、起源和发展　地租不是农产品高价值的原因而是其结果　不构成价格的一部分　农业和工业间的区别

二、货币地租，部分决定于耕种扩充的范围，部分决定于位置　商品的真实价值为生产它们需要的劳动量所支配或决定的规律，不因支付地租而受影响

亚当·斯密认为在土地变为私有财产、地租开始支付以后，地租便对土地产品的交换价值，作了一个等量的增加。（《国富论》，默莱重印本，第44页。）这个意见，首先为牛津大学的一位先生[1]和马尔萨斯先生[2]几乎同时出版的两篇非常有名的专论中提出疑问。这些作者都试图证明地租不构成价格的一部分；地租不是如一般所设想的，是土地被分割和变成私产的结果；而是由于土地的有限、肥沃程度的不同和无限地把资本用于任何质量的土地而不可能不从土地那里得到一个不变的递减报酬。以后，李嘉图以他素有的才能论证和加强了这个学说，排除了这个学说一开始即为之阻碍的错误，并指出它对正确理解决定利润上升和下降规律的极端重要性。在下面的解说中，我将试图探索地租的发生和发展；消除一些对地租不构成价格一部分这个学说所作的似是而非的反对论调。

一、谷物或产品地租 地租确实是"农民为利用上地的自然的和固有的能力，而付给地主的那一部分上地的产品"。假如有房屋建筑在一个农场上，或者用资本和劳动把农场圈起来，进行排水或用任何方法把它加以改良，则农民为使用它而付给地主的那一笔钱，就不仅包括着真正的地租，而且也包括着使用为改良它而支出的资本报酬。在普通的语言里，这两笔钱常常在地租的名义下混杂在一起；但是要研究这种性质，就必须把它们看作是完全不同

① 《论资本运用于土地》(*Essay on the Application of Capital to Land*)，牛津大学院研究员（韦斯特先生）著，1815年。

② 马尔萨斯：《地租的性质和发展的研究》(*An Inquiry into the Nature and Progress of Rent*)，1815年。

的。决定地租与决定利润的规律，是完全不同的。支配这一个的规律，如果不把它与支配另一个的规律分开来考虑，是不能确切说明问题的。

最初居住在尚有大片未为私人占有的土地的任何一个国家里，是不会支付地租的；没有人会对不付代价而可以无限量地获得的东西支付地租，这个理由是很清楚而明白的。例如，在新荷兰这个地方，因为那里有广阔的肥沃而未被私人占有的土地可供使用，所以，在最好的土地都被耕种以前，从未听说过有地租。但是，假如耕种已经进入到这一点，即对农产物所增加的需求，根据农业科学实际的情况，不再能以耕种最好的土地来供应；在这些情况下，很明白的，或者是必须停止人口的增加，或者是居民们必须同意对农产物给予一个较高的价格，使次等质量的土地能被耕种。低于这个价格，就不可能使人们多获得一个蒲式耳的谷物；而且，如我们即将指出的，竞争也不允许他们更多付一些。所以，他们只有一条路可走。假如他们愿意支付一个足够补偿耕种次等土地费用的价格，他们将得到更多的供应。假如他们不这样做，他们必然有匮乏之虞。现在假定消费者提供的价格可偿付那块只能出产九十夸特谷物的土地所生产的谷物的费用，而同样的费用在第一等质量的土地上本来能得到一百夸特的报酬。很显然，一个农民是对第一等质量的土地支付十夸特的地租，还是耕种第二等质量的、未被私人占有而可自由使用并不必支付任何地租的土地，对他是毫无区别的。假如人口继续增加，那些只生产八十、七十、六十、五十夸特的土地，也可能陆续被垦殖，而同样的费用在最好土地上则获得了一百夸特。当必须求助于这些次等土地的时候，优等土地的谷

物地租，很公平地应等于从它们所得到的产品量与耕种最劣等质量的土地所得到的产品量之差。例如，假定耕种着的最劣等土地生产六十夸特，那么，第一等质量土地的地租将是四十夸特，或一百减六十；第二等土地的地租，同样将等于九十与六十之差；或三十夸特；第三等土地的地租将等于八十减六十或二十夸特，余类推。最后耕种的土地，或最后用于土地的资本所收获的产品，将始终以其必要价格或对耕种人恰能产生一般平均利润率的那个价格，或用另一个说法，补偿它的生产成本的那个价格而出卖。假如价格高于这个水平，那么农业将是所有行业中最好的一种，耕地将立即扩大；在另一方面，假如价格低于这个水平，资本将从土地抽出，较贫瘠的上地将废弃而不耕种。在这样的情况下，无可否认，地租不能构成最后用于土地的资本所收获的那部分产品的价格。它的价格完全是由工资和利润所组成。较优土地的所有人，将获得地租；但这是土地较大肥力的必然结果。不耕种次等土地，需求便不能得到满足；要使次等土地能被耕种，它们的产品便必须对它们的耕种人提供一个一般利润率的售价。但是这种价格对更肥沃土地的耕种人产生一个高于一般利润率的多余部分，就是这个多余部分形成了地租。

所以，地租的增加，不是通常一般所设想的由于农业的改良或土地肥力的增加。它完全是由于人口增加，因而必须使用肥力递减的土地的结果。地租对使用于耕种的资本和劳动所得到的产品数量呈反比例的变动；那就是，农业劳动的利润减少时地租增加，利润增加时地租减少。在新荷兰、印第安纳和伊利诺伊以及一般不付地租和只耕种最好土地的地区，利润是处于它们的最高点；但是，只要资本以利润的形式而产生任何过剩时，便不能说，地租已达到了它们的最高点。

在埃塞克斯或者在科斯高里收获一夸特小麦，可能等于本国其他地方耕种最坏土地收获一夸特小麦所需费用的四分之一或五分之一。但是在同一时候和同一市场，对同一种物品，不可能有两个或者更多的价格。很明白，假使小麦的平均市场价格不能补偿在最坏土地上的生产者的耗费，他们便将停止把小麦运到市场上去，所需求的供应便不再能得到满足；同样明白的是，假如小麦的市场价格超过这个数目，新的资本将用于这种生产，竞争将立即把价格降低到它们的自然水平，那就是降低到对在最不利的情况下，以最大费用生产的那份需要供应的谷物的生产者恰巧能提供一般的和通常的利润率的数目。这就是其他部分产品的平均价格必须始终因这份生产成本而调整。所以很清楚，在进步的社会里，第一等质量上地的超过生产成本的报酬究竟是属于一个不住在当地的地主，抑或属于一个土地的使用者，对消费者都没有区别。它必然属于这一类或那一类。谷物不因为支付地租而提高价格，而是因为谷物价格提高，才支付地租。因为需求是这样，不耕种与最好的土地比较起来肥力较低的土地，便不能满足。假如有效需要是一千万夸特，其中一百万夸特必须从对其生产者只产生一般的和平均的利润率的土地上收获，很清楚，不付给最优土地以地租，对于次等土地的耕种者并没有什么好处。这样并不减少他们的费用；也就是，不减少在最不利的条件下生产的那份需要供应量所必需的资本和劳动的数量；假如这种费用不减少，需求也不下降的话，很清楚，降低价格是不可能的。但如生产成本有变动，则情况便完

全不同。假如生产成本降低，生产者的竞争必然同比例地降低价格；假如生产成本上升，除非价格提升到一个相应的水平，市场上将没有供应。所以，不管需求大小，不管是需求一夸特还是一百万夸特，在任何情况下，农产品的价格绝不能长久高于或低于支付在最坏土地上、或最后用在土地上的资本所生产的那份供应量的生产成本所必需的数目。

对这个理论，曾经有两种反对论调。第一，有人说，虽然这个理论可以应用于新荷兰这样土地未被私人占有的地方，但在每一个文明和土地已被私人占有的国家里如英国，一切土地仍然对其所有人产生一些小额地租；所以，不能说在这样的国家里，农产品的价格决定于不付地租的那种质量的土地上所收获的产物的成本。

穆勒先生正确地谈到这种反对论点。他说，纵然假定这个理论是建立在坚固的基础上，它实际上也不能影响以前建立的任何结论。在英格兰和苏格兰，有成千成万亩的土地，地租不到二十镑，但是耕种它们则须支付许多千镑；所以，地租对生产费用的比率小到完全不能被察觉和不被重视的地步。〔《政治经济学要义》(*Elements of Polit. Economy*)，第1版，第19页。〕

但是，不能怀疑，在我国以及大多数土地广阔的国家里，有许多不产生任何地租的上地。在美国和俄国，情况无疑地就是这样；但是没有人敢说，在美国和俄国，决定地租的规律就不同于在英国和法国决定地租的规律。最贫瘠的土地，时常大片地出租。假如企图把这些土地的某一部分分开来单独出租，它们不会产生任何地租；但是表面看来，它们还是产生地租，因为地租不是对它们支付，而是对那些夹在它们中间较肥沃的小块土地所支付的。虽然在英国每一路得（等于四分之一英亩）土地都支付一种高地租，这完全是真实的，但这种地租不曾也不能构成农产品的价格，也仍然是真实的。一个国家的**地租是最初用于土地的资本所得到的产品和最后用于上地的资本所得到的产品之差或价值之差所构成**。如已经指出过的，一个耕种者，不管他是付十夸特地租给地主，租用他的土地，预付一定的费用产生一百夸特谷物，还是使用同量资本耕种只产生九十夸特谷物的次等土地而不付地租，对他说来完全是一样的。假如对优等土地，每次增加同量的资本而总是可以得到一百夸特，那么，明显的，没有人会耕种那些次等的土地。但是在社会发展过程中，新的和较贫瘠的上地常常被用来耕种的事实，证明不可能以更多的资本和劳动无限制地用于已被耕种的土地而得到同等的利益。某些国家的社会情况可能是这样，对农产品的需求大到使每种质量的土地实际都产生地租；但这是同一回事，假如有任何资本，不管它是用于新土地还是用于早被耕种的土地，它所产生的，只是本钱和它的平常利润。在我国和每一个其他国家中，有很大量的资本用于这样的状态是一个事实，而对这样的事实，没有、也不可能有任何怀疑。一个农民租种一块农田，他运用于这块农田的资本，除依照农产品现有价格，能使他支付地租、获得平均利润率、并在租期届满以前收回他的资本外，如果再增加资本，能收回资本本身并提供一个一般的利润率的话，他仍愿运用更多的资本。他是否使用这一部分追加资本，完全决定于农产品价格能否归还他的费用和利润，因为他知道他不再支付地租了。甚至他的租赁期满后，他的地租也不致提高。假如他的地主，因他使

用了更多的资本而要求收取地租时，他就会抽回资本，因为把它用在农业，他只能得到与他用在任何其他产业部门所能得到的利润一样。假如最后用于土地的资本产生着多于一般的和平均的利润率，则新的资本将投放于农业，竞争将使价格降低到恰使它们能产生这种利润率的水平而不再多；假如最后用于土地的资本产生着少于这个一般的和平均的利润率，资本将被抽回，直到由于价格的上升，最后存留的资本只产生这个一般利润率为止。所以在每一种情况下，无论用于耕种的最坏上地是否产生地租，最后用于土地的资本只能产生一般的和平均的利润率：结果，它所产生的产品价格，以及由此而决定的所有其余产品的价格，都完全不为地租所影响。

第二，与地租的性质和原因的这种说明持反对的意见者认为在所有土地广阔的国家里，地主允许农民占有最坏的土地而不支付任何地租。但很容易证明这是错误的。农产品的价格不是由于农民的竞争，而是由于地主的竞争，才保持必要的价格。在任何土地广阔的国家里，最好的和最坏的土地之间，必然有很大的差别，但是从一个极端到另一个极端的等级仍然是逐渐的，并且几乎是不易察觉的。最好的与和其紧相接连的次好的土地之不同，也只是一点点而已，最坏的与和其接连的较好的不同，也是如此。因此，要确切地指出何处是最好的土地的终结、次好土地的开始，或次好土地的终结、第三好土地的开始，正如要确切地指出何处是虹霓的相邻颜色的正确界限一样，同样是不可能的。现在，假定以一、二、三、四、五、六、七等等数字来标明一个土地广阔国家不同质量的土地，并且假定对农产品的有效需求，正好对耕种第五等肥沃、或第五号地的人提供一般平均利润率，当情况是这样时，无疑地，第五号土地将被耕种，因为，除非农业有各种特殊的吸引力之外，耕种第五号上地，正如从事任何其他业务一样有利。但是，它不能有更大的利益，因为它的产品不能以地租形式产生剩余。但假如第一、二、三、四和五号地的所有人联合起来扣留他们的一份产品不运入市场，由于这个结果，或者任何其他原因，谷物的价格稍被提高于第五号地的生产费用之上，在这种情况下，很明显，肥力最贴近的次等上地或第六号地，就生产力而言它同第五号地差得极少，将会立即被用来耕种；由此而增加的供应必将把价格降低到对第五号地的耕种人，或者对供给或有效需求要求必须耕种最贫瘠土地的耕种人，只能提供平均利润而不能更多一点的水平。所以，就价格而论，不管一个国家的土地被私人占有、或者没有被占有，事情完全是一样的。当土地被私人占有了，价格将因地主们的竞争而保持在它们的最低限度。在英国和法国如在新荷兰和伊利诺斯一样，农作物价格是由同一规律——在最不利的条件下生产的那份必要供应量的生产成本——所决定。

但是，有人说这个理论包含着一个矛盾，——它以同一的方法，即以扩大耕种来说明价值的上升和下降两种情况！但实际不是这么一回事。谷物的市场价格在生产费用少的地方如波兰，总是低的；生产耗费大的地方如英国，当市场供应充足的时候，才有时是低的。假定如上所说的情况，谷物的有效需求在大不列颠现在恰能使第五等肥沃的土地被耕种，但是，由于收获量的变动，由于立法机关采取的不聪明的鼓励，由于投机的狂热，由于农民的错误估计，或者由于任何其他原因，使第六等肥沃的土地被耕种了；

这种增加的产品数量投入市场以后，明显地将压低价格到这样一个地步：不是对第六号地的耕种者产生平均利润，而是对第五号地的耕种者也将不产生平均利润。但第五号地的耕种者所得到的，较第六号地的耕种者所得到的为多，所以，后者将首先被驱出他们的行业，而当他们退出以后，价格将上升，但自然不致升到使第六号地被耕种，而是升到使第五号地的耕种人能继续他们的业务，那就是以前已经证明的，升到使最后用来供应有效需求的那份产品的生产者得到恰巧等于一般和平均利润率的数目。假如需求不是继续停留不变，而是增高到不耕种第六号和第七号地就不能得到供应的地步，则谷物的价格，将与他们耕种的费用作同比例的上升。但是尽管需求增加到何种程度，如果农业或生产谷物的技术有所改良，使供给都能由第一号地得到，则价格必然会下降到恰能支付其耕种者的费用，而地租将完全消逝。

对地租的性质和原因的这个分析，显示了农业和商业以及工业之间的一个重要和基本的区别。在工业中开头所用的机器，总是最坏的机器，它的效能每天为新的创造发明所改进，使它能以同样的耗费，生产较多的产品。由于可以被采用的改良机器的数目是无限制的——一百万台蒸汽机可能与一台蒸汽机以相同的费用，甚至相应减少的费用制造出来——资本家们的竞争，绝对不会不把工业品的价格降低到在生产中必需使用最低生产费用办法的程度。

农业则相反，最好的机器，即是最好的土地首先被用于耕种，然后耕种次等土地。在使用次等土地时，生产同量的供给，却需要较多的资本和劳动。在社会发展过程中，有时发生的农业用具构造的改进和农业管理方法的改良，切实降低了农产物的价格，使较少的资本，产生同量的供给，而有降低地租的趋势。但价格下降在工业中是永久的，而在农业中则只是暂时的。农产物价格的降低，能使所有阶级以他们的产品或他们的劳动，交换到比从前更多的数量，提高了利润率，并必然导致资本积累的增加；而这种积累的增加又导致劳动需求的增加、工资的提高和人口的增加，结果，进一步增加农产品的需求，并扩大耕种面积。农业改良有暂时抑制耕种次等土地和阻止提高地租的效果，但是这种抑制只是暂时的。它们在同期内给予人口的刺激以及人类超过生活资料而增加的自然趋势，最后必定提高价格，并因不得不耕种贫瘠土地而提高地租。

马尔萨斯先生在论证农业和工业之间的这种重要区别时，把地租理论阐述得清楚而明显。他说，“有人有时把土地比成自然赐予人类的一架巨大的机器，用以生产食物和其他农产原料。但就土地和机器可作比较来说，如果要把这个此喻说得更恰当些，我们就应当把土地看成是赠予人类的许多机器，这些机器用上资本，都可以不断改良，但其原有品质和生产能力却大不相同。

“取得农产物时所用的机器的生产能力相差很远，这是土地机器和工业机器最显著的不同。

“工业方面如果发明了一种机器，可以用更少的劳动和资本生产更多的制成品，如果没有专利权或专利时期已过，那么这种机器便会大量制造出来，供应全部需求，并全部代替旧机器。其自然的结果是：产品价格都降低到最优良机器所生产的产品价格，如果价格继续降低时，全部商品就会退出市场。

“但生产谷物和其他农产原料的机器却是自然的赐予，而不是人类的业绩。我们从经验中可以发现，这些赐予物的品质和生产力是各不相同的。一个国家最肥沃的土地就像工业上最优良的机器一样，可以用最少量的劳动和资本生产最多的产品，但这种土地从来就不能满足日益增长的人口的有效需求。因此，农产物的价格自然就会增长，直到足以支付使用更低劣的机器和更昂贵做法的生产成本时为止。并且，因为同一质量的谷物不可能有两个价格，生产成本比产品价格低的机器就一定会按其优良的程度而呈比例地提供地租。

“每一个幅员辽阔的国家都可以看成是具有一系列不同等级的、用来生产谷物和农产原料的机器。这一系列之中包括着大国一般都存在的各种贫瘠土地，也可以说是一些低劣的机器，当优良的土地一步一步地受到压力提高产量时，这些机器就被使用了。当农产原料的价格不断上涨时，这些低劣的机器便逐步被使用；在农产原料价格继续下降时，这些机器便逐步被弃置。这一比喻可以立即说明谷物的实际价格对实际产品说来为什么是必要的；也可以说明农产原料的价格和任何一种工业品的价格大大降低时，其效果有什么区别。

“所以，我毫不犹豫地肯定，为什么一个原来已经很富裕，而财富和人口又在继续增长的国家，谷物的真实价格会较高而且不断增长，原因是它必须经常使用较贫瘠的土地，也就是使用开支较大的机器，因而使该国每一份新增的农产原料都必须付出更大的成本。总之，这一现象的原因可以在这样一条重要的真理中找到，即谷物的售价必须能产生实际的供给量；当这种供给量愈来愈困难

时，价格就成比例地上涨。

“谷物就其实际产量来说，是同工业一样按必需价格出售的。关于这一理论，我还要赘述一两句，并用不同方式加以解释，读者幸勿嫌其烦琐，因为我认为这是最重要的一条真理，而经济学家亚当·斯密以及所有主张农产原料按垄断价格出售的著作家们，却完全忽视了这一条真理”（《地租的性质和发展的研究》，第37页。）

所以，很清楚，在社会发展的最初阶段，当只有最好的土地被耕种时，是不支付地租的。在必须耕种次等肥沃的土地，或把资本使用于最好的土地而报酬日益下降以前，地主是不分享土地产品的。当这种情况出现以后，地租便开始被支付，并依照耕种扩大到更贫瘠的土地而继续增加，依照这种更贫瘠土地的弃置而降低。所以，地租完全是根据耕种的扩展而来。在耕种广泛地扩展到次等土地的地方，地租便高，在耕种只限于最优土地的地方，地租便低。但在任何情况下，地租不构成价格的一部分。因为最贫瘠土地上的产物，或最后用于耕种土地的资本，决定着其他一切的价格；而这种产物绝不会产生多于一般和平均利润率的任何剩余。[①]

① 就我所知，首先明晰地指出每一个进步社会由于必须耕种肥力渐降的土地，因而引起了农产品价格的上升的理论，是在1766年出版的一本名叫《政府原理》（*Principes de tout Gouvernement*）的两卷集（十二开本）中。这部书中有许多正确的和创造性的看法，但也混杂着不少臆想和错误。作者在一个地方中肯地谈到地租的真正起源。他说，“当农民人数增长时，他们将会去开垦一切好的土地；由于农民连续不断地增加和由于不断地开垦，因此会出现这种情况，耕种肥沃的土地，比开垦差得多的新土地，对于一个新的垦殖者是更为有利。”（第1卷，第126页。）但是，很显然，由于他没有再转回到这个课题来，可知他是完全不知道他自己所叙述的原理的重要性。从本书的其他段落里明白地表现出，他认为地租构成价格的一部分。

二、货币地租 我们现在看到，一块农田的谷物或产品地租完全取决于劣等土地的耕种范围，或优等土地的精耕程度，但一块农田的货币地租，则部分取决于位置，只有部分取决于耕种的范围。假如在一个帝国内所有土地的位置同等地好，或者同样接近市场，那么，同样肥沃土地的谷物地租和货币地租，每处都会相等。但是，由于位置的差异，付给同样肥沃土地的货币地租，就有很大的差异。所以，假定两个农民使用同量资本，例如各为五千（似为五百之误——译者）夸特，耕种同样好的农田，一块在伦敦近郊，另一在约克郡；再假定伦敦是这两个农田的产品必须运去出售的市场，从约克郡到伦敦的运费是五先令一夸特；这样，假如每块农田的总产品是一千夸特，其中五分之一或二百夸特作为地租，被地主收去，则靠近伦敦的农田的货币地租，即比约克郡的农田的货币地租，每年多五十镑。因为靠近伦敦的农田所收获的谷物量不够供应有效需求，伦敦城内的谷物价格必须足够支付那些从最远的地方把任何必要供应运去的人的生产费用和运输费用。得到这个增加价格的近郊农民，必须同比例地增加付给地主的货币地租；正如优等土地的使用者，当次等土地被用来耕种时，必须增加支付谷物或产品地租一样。

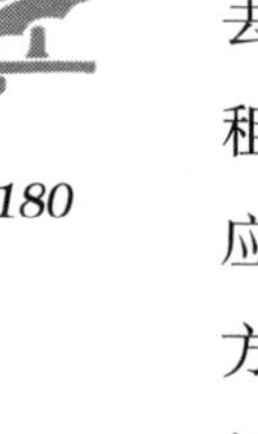

但是有人说，密德耳塞克斯的农民必须不仅要支付较高的货币地租，同时还须支付较高的谷物地租，因为，如果不这样做，有人认为作为利润留给他的谷物数量，就会等于留给约克郡农民的数量；同时，当密德耳塞克斯谷物价值高于约克郡时，他的利润也相应地增高，实际情况并不是这样。但他们支付同样谷物地租的情况并不会真正形成他们利润的差别。我曾假定过两地农民都使用同量的资本，但必须注意，无论密德耳塞克斯的农产物价值超过约克郡到什么程度，密德耳塞克斯农民所用的资本价值也必须作同样程度的增加。因此可以推论，后者的作为利润所增加的产品价值或价格，正等于他使用资本所增加的价值，结果是在任何方面，他的景况并不比别人好。

在这里，我注意到《价值批判论》（*Critical Dissertation on Value*）的作者在第194页中的辩驳。他说，因为当次等土地被耕种以后，在支付地租的土地上所生产的那份谷物的价值与其生产费不成比例，所以，如果说已经扩展到次等土地的国家所生产的总产物价值，仍是根据那个规律的话，是不正确的。但是，主张农产品的价值，以及所有那些使用新资本和劳动于生产便可无限增加其产量的商品的价值，是由它们的生产费用所支配和决定的那些人，经常是指在最不利条件下所收获的那部分农产品或任何必需的商品所需要的劳动量而言的。李嘉图说，“一切商品，不论是工业制造品、矿产品还是土地产品，决定其交换价值的永远不是在极为有利、并为具有特种生产设施的人所独有的条件下进行生产时已感够用的较小劳动量，而是不享有这种便利的人进行生产时所必须投入的较大量劳动；也就是由那些要继续在最不利的条件下进行生产的人所必须投入的较大量劳动。这里所说的最不利条件，是指所需的产量使人们不得不在其下进行生产的最不利条件。”（《政治经济学及赋税原理》，第3版，第60页。）

这就是我们一向了解的，商品的价值决定于它们的生产成本，或决定于生产它们并运到市场去所需要的劳动量这一命题的意

义。这并不是说，拿来出卖的每一顶帽子或每一蒲式耳谷物的价值，决定于生产它时实际消耗的劳动量。真正的意义是：所有帽子的价值，和运到市场的所有谷物一样，都是为某一尺度所决定，这个尺度就是在最大的困难中生产那顶帽子或那蒲式耳谷物所需要的劳动量。

很明显，估计农产品的价值，如果假定它全部都是在同一的环境下以最后用于土地的资本而收获的，则不致发生任何错误。虽然这些产品的一些部分可能是在非常不同的条件下收获的，然而可以肯定，它们的价值却必须一律决定于、并统一于最后使用的资本所收获的产物价值。因此，当一定量的谷物作为资本使用于任何生产事业中时，我们事实上须把它看作是耕种于最坏土地以生产谷物的人以一定劳动量所得到的实际产物或这种产物的等价物。这样用作资本的劳动量，或由它所代表的劳动量，必然明显地决定着由它所生产的商品的真实价值。这个原则对所有能无限增多其产量的商品，都是适用的。在探讨任何这类产物的交换价值时，我们将发现，在市场的一般情况下，这类产物如果是在最不利的条件下生产的，则其交换价值为实际耗费在它生产中的劳动量所决定，或者为相同条件下生产的同样产品所实际耗费的劳动量所决定。

这样说明了土地被私人占有和支付地主地租的情况，并不会影响商品的价格，或对最初期社会发展阶段中决定交换价值的原则有任何背离。下面我们将研究资本积累及其运用，以及工资率变动对商品价值的影响。

第六节

生产中使用资本对商品交换价值的影响　工资率的变动对交换价值的影响　一、生产中使用耐用程度相同的资本　二、耐用程度不同的资本　在估计价值中不考虑时间因素　高工资率不致使国家的商业处于不利地位

以前已经指出，生产一个商品并把它运到市场所需要的劳动量，在社会发展的初期阶段和资本积累以前是决定交换价值的唯一规律。但是资本只是为人类劳动所生产、能直接用以维持生活或便利生产的那些商品或物品的别名。事实上，资本只是以前劳动生产的积累，当它被用于商品生产的时候，商品的价值，显然不仅决定于直接的劳动量，而且决定于生产它们所必须付出的直接劳动和积累起来的劳动或资本的总量。假定一个人没有任何资本的帮助，一天劳动能猎获一只野鹿，但是他猎获一只海狸则需要一天的劳动来创造必要的工具，并需要另外一天来猎获它。假定工具在猎取海狸以后，便归于无用的话，那么很明显，猎取一只海狸所费的劳动，实际正是猎获两只野鹿所需要的，所以一只海狸应当值两只野鹿。猎取海狸的人所用的工具或资本的耐用程度，在估计他所猎取的野兽的价值中，明显地是一个极为重要的因素。假如工具比所假定的更耐用，例如，它们不是只能猎取一只海狸，而是能猎取二十只海狸，那么，猎取一只海狸所需要的劳动量，只比猎取一只野鹿所需要的劳动量多二十分之一，野兽也自然将按这个比例而彼此互相交换。很清楚，工具的耐用程度的每一延长，野

鹿和海狸的价值将更接近于相等。

所以，显然的，既然资本只不过是以前劳动产品的积累，那么资本的使用就不会影响商品的交换价值决定于生产它们所需劳动量的原则。一个商品可以完全用资本而不需任何直接劳动的合作而生产，既然这种资本的价值是生产它所需要的劳动量支配和决定的，那么很明显，用资本所生产的商品的价值，归根结底还是决定于生产这个资本时的同样劳动量。如果一个商品是部分地为资本、部分地为直接劳动所生产，那么，它的交换价值将等于这两者之和，或者用同样的话说，将等于使用于它的劳动总量。这些原则几乎是自明的，不容易看出它们何以会成为争论或辩驳的题目；但是关于资本家雇用工人以及工资率变动对价值的影响却有很多不同的意见。

但是，看起来这些不同意见也没有很多争论余地。假如一定量的货物，例如非雇用工人所织的一双袜子自由地与非雇用工人所织的手套相交换；如果这些工人为工厂主所雇用，而生产所需的劳动量仍继续不变的话，则仍将继续以这个比例交换。正如亚当·斯密说过的，在第一个情况下，工人所生产的全部货物，自然是属于他们自己的，在第二个情况下，他们就必须与雇主共分这些产物。但是必须记着，在第一个情况下，用于生产商品的资本或积累的劳动是属于工人的，而在后一情况下，则是别人供应他们的。接着而来的问题是：工人们自愿把他们所生产的一部分商品，作为使用资本或使用他人积累的劳动而得到的利益和帮助的等价物或报酬交给资本家，这种情况，对提高他们所生产的商品价值能否提供任何根据？很明显，这是不可能的。资本的利润不过是积累起来的劳动的工资的别名。它构成每种商品价格的一部分，其大小等于生产商品所耗费掉的资本部分。但这种资本是属于工人自己所有，还是为别人所供应，完全是无关紧要的。当资本不是为工人所有，工人所生产的商品即分为两个特定部分，其中一部分是直接劳动的产物，另一部分是消耗于商品的资本或积累起来的劳动。但是，只要生产它们所需的劳动量相等，不管劳动是由一个人还是由更多的人所提供，这些商品的价值，仍将继续不变。一个鞋匠自己制鞋出卖，所得到的利润率，必然同他被雇为工人时给予其雇主的利润率一样。在他的鞋子出卖以前，不仅必须拥有足够的资本，以维持自己和家庭的生活，而且还必须提供给自己用的店铺和工具，垫款给制革者以支付所需要的皮革，以及供给其他各种开支。假如除掉普通的劳动工资外，他不能实现等于制鞋主所得的利润，或偿还他所运用的资本，则很明显，把资本借给制鞋厂主并为之工作，对他应该是有利的，显然的，既然他的鞋子不能比资本家的卖得更高的价格，他就不能够实现更大的利润。

所以，很显然，生产商品所需的积累劳动或资本以及直接劳动是由不同阶级的人所提供的这一情况，并不影响商品的交换价值决定于生产它们所需的劳动总量的原则。现在剩下来要探讨的只是工资率变动对价格的影响问题了。当这探讨以后，这个问题便算结束了。

为简化这个研究，我将把它分为两部分：我将研究，第一，工资率的变动对借助于同等耐用程度的各种资本而生产的各种商品的相对价值，是否有任何影响，假如有影响，是什么影响；第二，当使用的资本耐用程度不相等的时候，这些变动是否有任何影响，假如有的话，是什么影响。

一、这个研究的第一部分没有什么实际困难。假如所有各式各样的资本家所使用的固定资本或流通资本，在完全同样的时期内可以收回，或有完全同样的耐用程度，他们将处于非常相同的地位，将同等地为工资的上升和下降所影响。这个命题是明白的，并必然为每一个人所同意。但是在下面这些情况下，明显地，工资的上升或下降不可能促使相对价值或商品的价格作任何变动。例如，假定当工资是一天二先令的时候，所生产的一顶帽子可自由地和一双靴子相交换；让我们假定，由于某一些原因或其他原因，工资上升到三先令，问题是：工资的这种提高是否会影响帽子和靴子的相对价值？很明显，这是不会的。帽子和靴子的关系不可能为这个或任何设想的工资上升或下降所影响。必须记住，工资率的变动不可能限于一个部门。竞争时常会提高或压低任何一个行业的工资率而使其达到与其他行业相同的水平。假如帽子业的工资每天真正上升了一先令，除非实行了有限制性的和有害的管理办法，不然其他行业也必定、并肯定地将上升一先令。因此，很明白，做帽子的人不能强调自己支付了较多的工资为理由，来要求做靴的人，必须以更多的靴子来交换他同数量的帽子；因为做靴子的人也有权、而且几乎也一定会利用这个权力来回答说，工资率的上升，也在完全相同的程度上影响了他的靴子生产。所以，假如一顶帽子以前值或交换到一双靴子，它们将继续保持这种相互关系，直到生产它们和把它们运到市场去所需的劳动量发生了某些变动。只要这些量继续不变，工资即使上升到每天一个基尼（合二十一先令）或者下降到每天一个便士，无论上升或下降，对它们的价值都

不可能有丝毫的影响。

但是，或者可以说，由同等耐用程度的资本所帮助而生产的商品，其彼此之间的关系，虽不可能为工资率的变动而受影响，然而这种变动可以影响它们的价格或它们用货币估计的价值。但是假如工资率的变动是实际的而不是名义的，即是，假如工人得到他劳动的产品份额多了一些或少了一些，或者说得到的价值未变的货币量多了一些或少了一些，则这种影响将不会发生。货币本身即是一种商品，它的价值的决定条件与所有其他商品相同。假如用来做货币的黄金和白银的矿区是在本国，那么，很明显，工资的上升对其他生产者的影响，也将同样及于黄金与白银的生产者；假如黄金和白银是从国外输入的，同样很明显，用较贵的劳动所生产的商品交换来的黄金和白银不多于以前用较便宜的劳动所生产的商品所交换来的数量。因为，把商品输出国外去交换贵重金属的人，如果在工资上涨以后，比以前得到更多的这种金属，那么，他们较其国内邻居们所得的一般和平均利润率也正好是多这么许多；邻居们的竞争很快地和不可避免地会迫使他们以同量贵劳动所生产的货物来交换他们在工资率上涨以前所得到的同量贵金属。

这个说法是假定货币价值始终没有变动；那就是同量的劳动仍然生产同量货币。假如货币价值变动了，假如货币生产的困难变得多了一些或少了一些，那么，无疑，工资率和商品价格都要变动。其所以这样，不是因为工人获得多一点或者少一点工资，而是因为商品的价值或测量工资和价格的尺度变动了。工资虽然通常是用货币来支付的，但实际是相当于工人劳动产品的一部分。因此，当工人得到他们劳动产品的较大份额时，工资便具有较高的实际价值；当他得到产品的较小份额时，它的实际价值便较低。以货币或商品计算的工资是不一致的。当货币工资最高的时候，实际的或相对的工资常常是最低的；在货币工资下跌的时候，常常正是实际工资上升的时候。反之亦然。因此，为避免陷入无止境的错误，在商品分配的一切研究中，把工资作为劳动产品的某种比例来看，是得策的。只要这个比例继续不变，便可认为工资确实未变，当它增加了，便是确实上升了，当它减少了，便是确实下降了。

把货币工资率的变动错认为是实际工资率的变动，是许多错误与误解的源泉。一个一天得一先令工资的人，假如货币价值下跌一半，应当一天得到两先令才能使他维持与以前相同的生活水平；现在卖价为十先令的帽子，依照同一理由，便应当卖二十先令。如把这叫作工资或价格的真正上升，很明显是错误的。但这却是一般人所做的。由于货币相对价值的下降，制造商每天多付六个便士给他的工人，并同比例地提高他商品的出卖价格，很少人会怀疑这里有任何的下降，而几乎一致地结论说，工资上升是价格上涨的原因，而完全忽略了这两者上升的真实原因——计算工资与价格的货币或商品价值的下跌。

纵然说它是对的(可以十分肯定它是不对的)，当货币价值不变，工资上升引起了一切商品的货币价格同等上升，对生产者也不会有什么利益。商品时常是用其他商品或劳动来购买的，毋需多说，它们完全不可能用此外的任何东西来买。一个资本家，例如一个棉织品制造商，当工资上升百分之十的时候，当他所需要的各种商品也必须多付这么许多的时候，把他的棉制品价格提高百分之十出卖，对他有什么利益呢？当工资真正上升时，生产者无论按从前的价格卖出其必须出让的商品和买进其所必需的商品，或无论按工资上升的比例而提高进行买卖，他们都处于完全同样的地位。

这个原理还可以通过生产每一种商品所需的劳动量，以完全相同的比例而增加这一假定，来进一步证明。在这种情况下，非常肯定，它们的交换价值，在互相比较时，将保持不变。一蒲式耳谷物不能较其生产费用未增前，交换到更多的细洋纱或粗布，但每一种商品都会有更大的实际价值，因为每一种商品都是较多劳动量的产物。在这些条件下，各种商品的价格将保持不变，社会的财富和舒适品却会大量减少。但是每一个人必须付出更大的劳动，才能取得任何一种一定数量的商品。由于依照假定，生产所有商品的费用都同等地增加了，所以取得这一种商品，不必要比取得另一种商品作更大的努力，而它们的相对价值都完全不受影响。

但假如普遍和相等地增加商品生产所需的劳动量，不会影响它们彼此的关系，那么，非常明显，这个关系就不会因为对那种劳动所付的工资的普遍和相等的增加而受影响。实际工资率的变动却会影响除去地租以后资本家和工人对劳动产品的分配比例：当实际工资上升时，属于资本家的比率减少，当其下降时，则增加。但是因为这种商品分配的变动既不增加也不减少生产它们和把它们运到市场去所需要的劳动量，所以，既不可能影响它们的实际价值，也不可影响它们的交换价值。

二、上面所述的关于工资率的变动不可能影响耐用程度相同的资本所生产的商品的交换价值的种种论证，首先是由李嘉图先生提出来的。他也是试图分析和发现工资率变动影响耐用程度不等的资本所生产的商品的价值的第一个人。他对这门科学中最困难的部分所作的研究结果尤其重要，而和政治经济学者所普遍承认的观点辩驳之后更为完整。因为李嘉图先生不仅指出了工资的任何上升不可能提高一切商品的价值，而且他也指出了，在许多情况下，工资的上升必然引起价格的下跌，工资的下跌引起价格的上涨！

必须承认，这个理论，当初次提出时，确实发现不少的混乱。但这种混乱完全是表面的。当考虑到某些种类商品的生产方法时，将立即看出，显然没有其他理论，更较合理，或更吻合于事实。而且可以很容易指出没有比它更正确的了。

有一些商品几乎完全是积累劳动的产物，或者说资本的产物，另一些，则是人的直接劳动的产物。因此，第一类产物的全部差不多都是属于资本家的，而后一类则是属于工人的。假定一个制造商有一台价值两万镑的机器，有很高度的耐用性，并不需任何帮助，或只要很少人工劳动，就能制造商品。在这个情况下，十分清楚，这台机器所生产的货物，实际上形成了对它投资的利润，所以它们的交换价值，或它们的以货币评定的价格必然随利润率的变动而变动。假如利润是百分之十，假定货币也是在相同的条件下生产的，那么，这台机器每年所生产的货物必然卖二千镑，再加上一个补偿机器磨损的小数目；如果利润上升到百分之十五，则这台机器所生产的货物价格必然上升至三千镑，否则这个制造商就得不到一般和平均利润；在另一方面，如果利润下跌到百分之五，由于同一理由，货物的价格必然落到一千镑。所以，假如能够指出工资上升足以降低利润率的话，则必然会得出：主要以相当耐用程度的机器或固定资本，或以较长时期才能收回的流通资本所生产的一切商品，其交换价值或价格必然随工资的上升而降低，反之亦然。

现在可以很容易地指出，只要生产商品所需的劳动量没有发生变动，[①]工资的每一上升，必然降低利润，从而必然降低主要借助于固定资本或机器而生产的商品的交换价值。从前面说明可以明白地看出，不管工资上升到什么程度，不论他们使用的资本是一天、一个星期、一年或一百年可以收回，任何一群生产者不可能较其同类的其他生产者得到更大的商品份额（这些同类的生产者是以同样时期能够收回的资本，从事生产的）。这正如以同一个数目去乘或除一个比数，绝不能改变其比例关系一样，所以完全可以肯定，工资上升不能提高任何一种商品与所有其他商品的比较价值。但如果不能提高的话，就必须普遍地降低利润。假定工资上升百分之十，肯定这种上升不能使那些其资本比例中使用最少劳动力的制造商，较那些处于类似环境下（即使用同量的机器和劳动）的资本家得到较多的产品份额，而且那些支付较大份额于资本作为工资的制造商，所得到的还要更少些。那么很明显，我们所讨论的这些制造商，从而所有的其他制造商的利润，都必然因这种工资的上升而下降；一旦利润下降发生，主要借助于资本或机器所生产的商品，其交换价值将较主要由手工而生产的商品为低。

假定以数字一、二、三、四、五、六、七、八、九、十、十一等代表本国或其他国家所使用的各种资本，依照其平均耐用程度而分的组。第一组代表完全用于支付工资并最快地消耗和再生产的资本，第

① 这种限制的理由，将在以后解释。

二组代表耐用度稍欠的资本，等等，直到第十一组代表主要由高度耐用的机器并在最长时期内才能消耗和再生产的那一类资本。让我们进一步假定，由这些资本所生产的商品，对它们的所有人都产生同样的一般和平均利润率，现在我们努力来探究一下，在这些条件下，工资率的变动对商品的价值将有什么影响。假如工资上升，很清楚，最不耐用资本的持有人（第一组），我们可以假定他不用机器，比第二组，假定他为稍微用一点机器的资本持有人将受较多的影响，比第三组的持有人尤其受影响，如此等等，直至我们达到使用最高耐用度、而可以假定几乎完全是由非常耐用的机器组成的资本（第十一组）的持有人，他在这方面，是受影响最少的。现在为阐明这个原理，我们假定工资的增加，使最耐用的资本所有人，对他所雇用的少数几个工人——因为他们不可避免地要雇用几个人来看管他们的机器——所增加支付的工资，有减少他们百分之一利润的影响。很明显，那些资本家没有方法使自己避免这种利润的下降，虽然，他们雇用的工人最少，他们受工资上升影响最小；所有其他资本家的利润，按其雇用工人人数较多的比例，比较有更多的下降。这样，假定最耐用资本的所有人，或者第十一组的所有人，相应于他们的资本雇用了一定数量的工人，次一等级或第十组的所有人，雇用两倍于那个数量，第九组的所有人雇用三倍于那个数量，如此等等；那么，依照我们的假定：工资上升降低了最耐用资本或第十一组的利润百分之一，降低了第十组的利润百分之二，第九组百分之三，如此等等，直到我们达到最不耐用的资本的第一组，它的利润将降低百分之十一。但是，很明显，这种利润率的差别，必然是非常短暂的。因为这些把全部或大部资本都用于支付劳动工资的行业的经理人，看到他们把大部资本用于机器的邻人较少地受到工资上升的影响时，将立即开始从他们的业务中抽出资本而投向比较获利的业务中去。由最耐用资本第七、八、九、十等组所生产的商品与由最不耐用资本第一、二、三、四等组所生产的商品比较，将成为过剩。这种一方面增加，另一方面减少，将使最耐用资本所生产的商品与最不耐用资本所生产的比较，有降低商品价值的结果；或者，同样的情况，较之前者，将提高后者的价值，直到大家都产生相同的利润率为止。

由中等耐用程度资本或第六组所生产的一类商品将不因工资的提高而受影响。因为与较不耐用资本所生产的商品比较，它们在交换价值中所失掉的东西，与较耐用资本所生产的商品比较，它们又会得到。

但是有人辩驳说，虽然现在所指的利润率的平衡可能由一部分较不耐用资本的消除，或者由少受工资上升影响的较耐用资本的持有人今后所做的较大积累而实现，但它不可能如我们所假定的那样，资本会由这一类行业转移到另一类行业而实现，因为据说，耐用度最大的资本持有人所有的固定资本或机器，其本身就是劳动的产物，在工资上升以后，不可能仍用以前的价格得到这种机器，所以第七、八、九等组现有的持有人的利润，不可能因新竞争的加入而压低到与较不耐用资本的持有人达到同一的利润水平。但是很容易看出，这个反驳是站不住脚的。这是我现在论战中最有力的一个论点：假定属于第十一组资本家所有的机器是第一组资本家雇用工人的产物。当工资上升时，很明显，第一组所生产的机器及其他商品的价值与货币或不同情况下所生产的任何其他商品来比较，都不能上升，直到它们的数量减少，或其他的数量增加以前。因此，有两个非常充分的理由说明为什么机器的生产者，在工资上升以后不愿意把机器出卖：第一，假如他们把机器卖了，他们不能得到比工资上升以前所得的价格更高；第二，因为更有利的行业，或者受工资上升影响最小的行业，只能用机器经营，假如他们把机器卖了，他们就不能够把流通资本转移到这种行业，而只能继续从事那种已经变为相对不利的行业。所以，大部分生产者不是出卖机器，而是被引诱把机器用于他们所准备经营的行业中去。这样，他们就能与第七、八、九、十等组资本的现在持有人处于同一地位，或有同样价钱的机器来从事竞争；直到较不耐用的资本方面所生产的商品量较耐用方面所生产的商品量大大地减少了，它们都产生相同的一般和平均的利润率之后，这种资本的转移才会停止。

假如工资不是上升而是下降了，相反的效果便将产生。第一、二、三等组资本的持有人，他们雇用了比较多的工人，从工资下降得到的利益，比第七、八、九等组资本的持有人为大，他们的利润将高于后者所得的水平。结果，资本将开始从雇用最少工人的行业转移到雇用最多工人的行业。最耐用资本所生产商品的交换价值与最不耐用资本所生产的商品比较，将有所增高，而不灭的利润平衡又会恢复。

所以，很肯定，工资的上升不可能引起价格的一般上涨，而工资的下降也不可能引起价格的一般下降。但是假定劳动生产力或生产商品的劳动量保持不变，工资的上升，不是引起价格的一般上升，而是有引起利润一般下降的效果；工资的下降，不是降低价格，而是引起利润的一般上升。但是，由于生产商品的机器或固定资本有各种不同的和互异的耐用程度，以及支付工资或支付直接劳动的资本份额与所使用的全部资本有不同的比例，要事先决定工资率变动影响于利润率和商品交换价值的确切幅度是相当困难的。但是，如果能够适度的耐心一些，这也总是可以做到的：下面三种情况，我将简单地并希望能满意地解释工资率变动所时常采取的方式和估计工资变动对利润和价格的影响：

1. 假如所有商品都是由直接劳动或用于支付工资的资本生产的，很明显，工资的每一次上升将使利润作相等的下降。一个以一千镑支付工资的资本家，假如利润为百分之十，商品必然卖一千一百镑。但当工资上升百分之五时，或升到一千零五十镑，他不能把他的商品出卖多于一千一百镑；因为货币本身就是一种商品，同时，依照我们的假定，所有商品都是由直接劳动生产的，工资上升，影响于货币生产者正如影响所有其他生产者一样。所以在这种情况下，很明显，工资的每一上升将同等地降低利润，工资的每一下降，将同等地提高利润。

2. 假如所有商品，一半是由直接劳动生产，另一半是由资本生产，利润只下降至工资上升程度的一半。假定一个资本家用五百镑支付工资，五百镑作为固定资本，当利润是百分之十的时候，所生产的商品必定如以前一样，售卖一千一百镑。假如工资上升百分之五，这个资本家就必须付五百二十五镑作工资，结果，只能保留七十五镑作为利润。在这种情况下，因为资本与直接劳动在商品生产中作同量的使用，所以工资上升到百分之五的程度，只能降低利润百分之二点五。

3. 假如所有商品都是由高度耐用的资本所生产，很明显，这种资本家将完全不为工资的上升所影响，利润自然将继续如以前一样。

现在，假定商品不是如在第一种情况下完全由直接劳动所生产，或如在第二种情况下，完全为等量的直接劳动与资本所生产，或如在第三种情况下，完全由固定资本所生产，而是一部分在一个方式下生产，另一部分在另一个方式下生产，让我们看看，工资率上升百分之五，对它们的相对价值将有什么影响。为研究便利起见，让我们以第一、二和三组来区别这三种不同的商品。现在，很明白，工资上升对第一组的影响比对第二组多百分之二点五，比对第三组的影响多百分之五。所以，与第二组比较，第一组的交换价值必然上升百分之二点五，与第三组比较，它必然上升百分之五；第二组与第一组比较必然下跌百分之二点五，与第三组比较必然上升百分之二点五；第三组与第一组比较必然下跌百分之五，与第二组比较必然下跌百分之二点五。假如工资不是上升，而是下降，同样的效果将明显地产生，只是顺序相反罢了。第一组商品的所有人将因这个下降而获利百分之五，第二组商品的所有人获利百分之二点五，而第三组商品的所有人将一无所获；这些商品的相对价值，将依照这样的顺序调整。①

这样便很清楚了，既然用以测量其他商品相对价值尺度的任何商品本身，必然是在一定时期内才能收回的资本所生产的，因此，当工资上升时，与生产作为价值尺度的商品的那些资本相比，

① 这里所举的例子，与穆勒:《政治经济学要义》第 2 版，第 103 页所举的，实质是一样的。

那些较不耐用的资本所生产的一切商品，将升高它们的交换价值，由较耐用的资本所生产的一切商品，将降低其交换价值；当工资下降时，情况正相反。如以前一样，假定第一、二、三、四、五、六、七、八、九、十和十一组代表相应耐用程度的资本。假如以一种最不耐用、完全用以支付工资的资本如第一组所生产的商品作为价值尺度，则所有由其他较耐用的资本所生产的任何商品，当工资上升时，即降低价值。如果我们假定第二组所生产的商品价值降低百分之一，则第三组所生产的，将降低百分之二，第四组所生产的将降低百分之三，如此直到第十一组将下降百分之十。在另一方面，假如以最耐用的、完全以高度耐用机器所组成的资本如第十一组所生产的商品作为价值尺度，当工资上升时，所有为其他较不耐用资本所生产的商品也将上升；假如第十组所生产的商品上升百分之一，第九组所生产的上升百分之二，第一组所生产的上升百分之十。假如一种商品，由中等耐用度的资本，如第六组所生产，假定这种商品一半由用作支付工资的流通资本构成，一半由固定资本或机器构成，作为价值尺度，那么由较不耐用的资本，如第五、四、三、二和一组所生产的商品将随工资的上升而上升，依照以前的假定，排列第一的即第五组将上升百分之一，排列第二的即第四组将上升百分之二，等等；而由较耐用资本如第七、八、九、十和十一组所生产的商品，则将下降，排列第一的即第七组下降百分之一，排列第二的即第八组下降百分之二，等等，正与另一种情况相反。

所以，很明显，工资变动对价格的影响主要依赖于生产黄金和白银所使用的资本的性质。在作为货币材料的生产中，无论用于支付工资的流通资本和固定资本的比例怎样，所有那些用较多流

通资本和较少固定资本或机器所生产的商品价格，当工资上升时将上升，当工资下降时将下降；但那些用较少流通资本和较多固定资本或机器所生产的商品，在工资上升时将下降，在工资下降时将上升；那些几乎与货币材料生产条件相同的或用同量流通资本和固定资本所生产的商品，将不受这种变动的影响。

但必须看到，大多数由工资的变动而引起交换价值变动的商品是局限在比较狭窄的限度内。我们已经看到，假如各种商品，或者完全由直接劳动，或者完全由资本，或者完全由同量的两者所生产，工资率的变动，对商品的价值不可能有任何影响。但事实上，很多种类的商品是由几乎同量的固定资本和流通资本所生产的，在这样的情况下，每遇相对工资的上升，必为利润率的下降或劳动生产力相对的增加而抵消。所以，很明显，这种商品的价值，互相比较起来，几乎都保持不动。所以，虽然工资上升有提高这一类从而降低另一类商品交换价值的必然趋势，但在劳动生产力不增加的情况下，不可避免地跟随着工资的每一次上升而来的利润下降，则有相反的效果，同时，对那种因工资率上升而提高价值的商品趋向于降低价值，对那种因工资率上升而降低价值的商品，趋向于提高价值。只是在极端的情况下，一方面，几乎完全为直接手工劳动所生产的商品；另一方面，或者几乎完全借助于固定资本或机器所生产的商品，工资率的变动，才会引起它们相对价值的巨大变动。

也必须看到，虽然工资率的变动，会引起某些商品交换价值的一些变动，但变动既不增加、也不减少全部商品的总价值。假如变动增加了由最不耐用的资本所生产的商品价值，那么也将同量地降低由较耐用的资本所生产的商品价值。所以，商品的总价值总是继续不变的。虽然某些商品的交换价值并不一定严格地等于它的实际价值或等于生产它和把它运到市场去所需的劳动量，但把全部商品并作一起来看，则是非常真实而可以肯定的。

我现在所尽力阐明和解释的原理与李嘉图先生所提出的实质上是一样的。但李嘉图先生却倾向于修改他的重要原理，认为商品的交换价值决定于生产它们所需的劳动量，但就商品在购买或生产后一直保存到适合于使用之前，有时所增加的交换价值而言，则不能认为是劳动的结果，如果实际上是使用了资本的话，应作为是对商品使用资本而产生的一种利润的等价。与这样伟大的一个权威分歧，我虽不能不感到不安，但我承认，我看不出有任何好的理由而必须作比例外。为阐明原理，假定一桶值五十镑的新葡萄酒，放在地窖里，在满了十二个月之后，它值五十五镑，问题是葡萄酒所增加的五镑价值，究竟应该看作是值五十镑的资本被冻结的时间的补偿呢，还是应该看作是实际上对葡萄酒所增加的劳动价值呢？我想，这应当用后面的解释来考虑，因为在我看来，这是最满意和肯定的理由。假如我们贮藏一种还未成熟的商品如一桶葡萄酒，因此在它上面还会产生变化或效果，所以满一年后，它将有更大的价值。但是，假如我们贮藏一桶已经达到了成熟的葡萄酒或任何其他商品，在它上面，不可能产生有利或需要的变化，那么，即使一百年或一千年之后，也不会增加一个铜元。这似乎是无可争辩地证明，葡萄酒藏在地窖里时所增加的价值，不是对时间的补偿或收益，而是在酒上所产生的效果或变化的补偿或收益。时间本身不能产生任何效果，它只是给予一个间隔，使真正有效的原因起作用罢了。所以很明显，它与价值毫不相干。

为了更好地证明这个原理，让我们假定某人有两笔资本，一笔是值一千镑的新葡萄酒，另一笔是值九百镑的皮革和一百镑现金。现在假定葡萄酒被放在地窖里，一百镑现金付给了雇来把皮革做成鞋子的鞋匠。在满一年时，这个资本家将有两笔相等价值的东西，可能是值一千一百镑的葡萄酒及值一千一百镑的鞋子。现在，如果给予这些资本增加的价值，是作用于商品的变化或效果所产生的结果，事实很清楚，确实是这样，如果皮革或葡萄酒在一年期满后仍与开始时一样，它就不会有增加的价值，那么我们难道还不能肯定，给予这些资本所增加的这种价值是由于运用所需的同样资本、供给在其上起作用的原料、结果使鞋子和葡萄酒二者都成为等量劳动的那些力量的作用吗？

假如有人反驳说，所谈的问题并不一样，对于鞋子付出了值一百镑的劳动，而对葡萄酒却没有付出劳动。我回答说，这种差别不是实在的，而只是表面的。事实上，消耗在两者上面的恰恰是相等的劳动量。在每一个情况中，实际上所做的是变更等量资本的形式，假如我们可以这样说的话，就是通过人们手的媒介把一定量的资本转变到鞋内去；通过自然力的媒介，把一笔等量资本转到葡萄酒内，使其适于饮用。鞋匠的雇主付给鞋匠一百镑工资，不是希望他除他双手的劳动之外，还把这些工资也用到鞋上去，而是希望他把这工资用到他自己身上，把他的劳动作为这些工资的等价物给鞋。所以，一方面，鞋子是由十分之九的积累的劳动或资本同十分之一的直接劳动所生产，而在另一方面，葡萄酒则是完全借助于资本而生产。皮革的所有人心目中所抱的目的，是把一定量的资本转变为鞋子，要达到这个目的，他必须把十分之一的资本交换鞋匠的等量直接劳动。在葡萄酒的生产中，这种资本对劳动的交换是不必要的。第一个情况，结果是人力所产生的，第二个情况，结果是自然本身的作用力在酒桶内产生。所以，很清楚，生产鞋子并不比生产葡萄酒需要更大量的劳动。只不过是不同的力被用来把资本转变成制成品而已，并无其他。使这些力得以活动并在其上发生效果的资本数量，在两个情况下都完全相同，因此两种产品都由相同的劳动量而生产出来。

当一个商品全部或一部分借助于机器而生产时，每一个人都承认，由机器的作用而转入到这个商品中的价值完全是由劳动得来的，但是，借助于机器的作用，与发酵的作用，以及在桶内完成的其他过程，除了一个能看见，另一个看不见之外，在本质上根本没有一点不同的影子。

木材的情况提供了广泛运用这个学说更好例证。当一株树自然地生长在未被人占有的土地上，它的价值显明地决定于砍下它时所需的劳动。现在不考虑地租，支付地租只能形成树的不同分配，而不影响其价值。让我们假定，现在值二十五镑或三十镑的一株树是在一百年以前花费了一先令所栽种的。很容易证明，这株树现在的价值是完全由对它支出的劳动量决定的。一株树和一块木料或一架制造木料的机器一样，虽然这架机器的原始成本是很小的，但是，由于它不易消耗和损坏，投放于其内的资本经过一个比较长久的时期以后，将会产生相当大的效果，换言之，将会产生相当大的价值。如果我们假定这架机器在一百年以前发明时，只值一先令，发明以来，这架机器从未损坏，因此也不需要修理，长时期以来，它用于纺织自然界无偿生产的一定量的纱线，现在已经完工，这匹布现在值二十五镑或三十镑。但不管它有多大的价值，很明显的是，它必然是完全由这架机器的继续不断的力量而来的，换言之，它是来自生产它时所耗费的劳动量。但是，就原则来说，这与树的情况是一个样的。由木材制造的机器所用的资本是很小的，但由于资本长久地被占用，使它产生一种强有力的效果，所以对它的产物给予一种高价。

所以在计算商品的价值中，除非为了核实生产它们所需的劳动量而必须提到时间因素外，时间因素一般是不加入计算的。假如资本相等，而资本的作用所引起的效果或变化所需的时间不同，这就立即证明，产生这一个效果，比之产生那一个效果需要更多的劳动量。其所以需要更多的劳动量，正如我们方才所说的，是因为一个工人在一个月内才能生产出来的一种商品所消耗的劳动量，两倍于他在两个星期内能够生产出来的商品所消耗的劳动量。假如收集材料和雇用泥水匠建造房屋需要值一千镑的资本或积累的劳动，假如收集葡萄汁，使之发酵并发生其他的变化，从而生产一定量的葡萄酒，需要值一千镑的资本，那么这就很明显，只要房子和葡萄酒是在同一时间内生产出来的，那么，它们便是等量劳动的产物；同样明显的是，如果它们需要不同的时间来生产，这只是因为生产它们需要不同的劳动量。

除掉方才所说的反对论调以外，托伦斯上校在其大著《论财富的生产》中，与我力图建立的理论相反，认为在资本积累之后，商品的相对价值或交换价值，不再如社会发展的初期阶段，是由运它们到市场去所需要的总劳动量决定的，而是由运它们到市场去所需要的资本量决定的。但归根到底，这个理论是和方才解释过的完

全一样。资本不是别的，只是过去劳动产物的积累，它的价值，与每一种其他东西的价值一样，可以用获得它所需的那种劳动量来计算。就这一点来说，如已经指出过的，工人和其他任何种类的机器之间也没有区别。工人本身就是国家的一份资本，在所有这类的研究中，工人可以被看作只是需要一定量的劳动制造的机器；工人所得到的工资不过是他所付出劳动的公平报酬，或者说，假如我可以这样说的话，如果不计重置机器损耗所需的费用，换言之，如果不计新工人补充衰老和退休工人所需的费用，他们只是号称为人的一种机器，为他们的所有人生产一般和普通的利润率罢了。所以，一个商品不管它是由人费了一定劳动量备置的资本的损耗所生产的，或者是由直接用于其上的劳动量所即时生产的，这都无关紧要。在这两个情况中，商品都是由完全等量的劳动生产的，如果认为应该用一个较好的术语的话，则可说是由等量的资本生产的。实际上，人的劳动和机器的劳动，并无本质上的不同。人本身就是资本；人是过去劳动的产物，正如人用来做工的工具和机器一样。说商品的交换价值决定于生产所消耗的资本量，这与我试图阐明的理论并无矛盾，而事实上，只是阐明同一原理的另一个说法。

许多很有意义和很重要的实际结论，可以由本节所阐述的原理演绎出来。举一个例子，长久以来人们普遍认为，工资比较低的国家，假如它生产商品同样便利，将能够在大家都能到的市场上较其他国家的售价低廉。但我现在所提出的理论指出，这个意见是错误的。兹举例证明工资率变动对国外贸易情况的实际影响，假定英国和法国生产所有种类商品同等便利，而工资率在两国都相等，让下面的数字代表英国和法国在生产中所使用的各种资本，其顺序依照不同耐用程度排列：

英国　第一、二、三、四、五、六、七、八、九、十、十一等组。

法国　第（一）、（二）、（三）、（四）、（五）、（六）、（七）、（八）、（九）、（十）、（十一）等组。

现在，因为两国的生产都假定同样便利，两国的工资率也假定相等，每一个国家所生产的商品在对两国都同样开放的第三个市场如美国，都能同样便利地出售。但是，假定法国工资继续不变，而英国工资上升时，应注意它们的结果。在英国，由第七、八、九、十等高于中等耐用程度的各组资本——可假定它们主要由机器组成——所生产的各类商品将下跌，而由较不耐用程度的资本如第一、二、三、四等组所生产的商品，则将上涨。但前者不仅与英国以较不耐用程度的资本所生产的其他商品比较，将下跌；而且与法国以相应的、同等耐用程度的资本如第（七）、（八）、（九）、（十）等组所生产的商品比较，也将下跌；而后者，即英国以第一、二、三、四等组资本所生产的商品与法国以相应的资本如第（一）、（二）、（三）、（四）等组所生产的商品比较，其价值亦将上升。所以，英国和法国的商人不再如以前一样，以同等的条件进入美国市场，因为英国主要由机器生产的商品，在生产和销售方面，有其高于法国的决定利益，而在法国一方面，则主要由手工劳动所直接生产的商品，在生产和销售方面，有其高于英国的决定利益。事实上，实际的情况就是如此。我们的大部分输出是棉织品和其他机器产品，而法国的大部分输出，则是它的土特产、珠宝和杂货，主要是手工产品。所以，认为工资上升对一个国家的对外贸易总是一个致命伤，这是没有根据的。诚然，它可以使对外贸易转换一个新的渠道，但也不过就此而已。在一方面，它

确是提高某类商品的价值，并阻碍了它们的输出，而在另一方面，它相应地降低了别类商品的价值，并使它们更适合于国外市场。

所以，很明白，不是我们的高工资使得我们的棉织品制造商在销售他们的货物上，与他们大陆上的竞争者比较，处于不利的地位，它们的结果完全与此相反。我们付给我们的工人以高工资，正是形成了低利润。由于棉织品和其他主要由机器力量所生产的商品，其价值的主要部分系由利润所组成，在工资高的地方，利润必定是比较低的。例如，假定有两台同样马力和性能的高度耐用机器，一台在法国，一台在英国，它们只需很少的手工劳动便能生产商品。假如这种机器每台值两万镑，并假定法国的利润率是百分之七，英国是百分之五，法国机器生产的货物必须售一千四百镑，而英国机器生产的，只须售一千镑。也必须注意到，由于某一类机器通常多用以制造另一类机器，如果一台机器是在英国制造，另一台是在法国制的，极可能在英国制造的将费两万镑，因此，它的产品可以低于一千镑出售。但是，除开这个情况，由于我们的高工资和低利润的结果，我们使用较多机器的制造商，必然有超过法国制造商的利益，这是明显的和肯定的。这个原理充分地证明了禁止输出棉织品厂所使用的机器的不得策。很明显，虽然法国将具有现在我们所享有的制造棉产品的一切便利，虽然诺曼底将成为第二个兰开夏，鲁昂完全模仿曼彻斯特，但它的制造商不可能与英国制造商从事成功的竞争。具有较好的机器，并不会有提高法国的工资和降低它利润的趋势。在做到这点之前，假定我们在生产上继续具有同样的便利，在出售主要由机器所生产的商品上，比之法国，仍必然始终具有决定性的优势。

我们现在所作的说明,并没有意思暗示我们的高工资和低利润是真正有利的。反之,低利润率的趋势不仅引起所有获低利润的国家,与获高利润的国家比较起来,进步较慢的情况,而且也形成转移资本到别国的强烈诱惑。随着工资降低而来的谷物或其他工人所消费的主要必需品价格的相应降低,肯定会有提高利润的影响,同时因此而提高了棉织品的价格,紧缩了国外对棉织品的需求。但是由于这个原因而减少现在我们对外国输出的商品量,不是有害而是最有利的。这是工业变得更有生产力的结果;任何以前为外国市场生产货物所使用的资本,在这个国家所假定的货物不能有利地运到外国去的新情况下,肯定会更有利地使用于别的部门。但就棉织品而言,毫无疑问,我们的高工资和低利润对它们卓越的发展有巨大的贡献。这看起来似乎是矛盾的,然而这是完全正确的,假如工资上升,更多的资本将被吸引到棉织品制造业,棉织品的价格将进一步降低;而当工资下降时,资本将从棉织品制造业抽出,投于使用机器较少的行业,棉织品的价格将又上升。①

① 威廉·配第爵士似乎是在原则上明确地说明商品价值完全决定于生产所需劳动量的第一个人。他说,“假如一个人在能够生产一蒲式耳谷物的时间内,将一盎司白银从秘鲁的银矿中运来伦敦,那么,后者便是前者的自然价格。如果发现了新的更丰富的银矿,因而获得两盎司白银和以前获得一盎司白银同样容易,那么,在其他条件相等的情况下,现在谷物一蒲式耳十先令的价格,与以前一蒲式耳五先令的价格,是一样便宜。”(《赋税论》,1679 年版,第 31 页。)在第 24 页中,他说,“假定让一百个人在十年中生产谷物,又让同数的人在同一时期中生产白银。我认为白银的纯产量就是谷物全部纯收获量的价格,前者的等同部分,就是后者等同部分的价格”。在第 67 页中,他说,“一百个农人所能做的工作,如果由二百农人来做的话,谷物就会涨价一倍。”这些精细而有意义的段落,显示着李嘉图先生所完成的理论的最初萌芽。

第七节

决定工资率的条件　一、市场工资或实际工资；决定于资本与人口的比例　二、自然工资或必要工资；决定于工人消费所需的食物和其他物品的种类和数量；随国家和时期的差异而差异　工资率变动对工人阶级处境的影响　高工资率的好处　使工人依靠极便宜的各种食物以维持生活的好处　高工资不是怠惰的原因　济贫法及教育对工人处境的影响　三、相对工资；部分决定于工人消费物品的数量和种类，部分决定于劳动生产力

我们已经知道从事不同行业的工人所得的工资，当把所有有关事项都加入考虑时，可以看作是大致相等的，所以毋需考虑各类工人实际所得的货币或商品数量的不同。我将假定所有各种劳动都化为共同的一般标准，并尽力揭示决定一般劳动工资率的原则。

为方便起见，我把这个研究分为三部分：第一部分的目的在于揭示在任何已知时期内决定市场或实际工资率的条件；第二部分的目的在于揭示决定自然的或必要的工资率，或工人能够生存并延续其后代所需的工资的条件；第三部分的目的在于揭示决定相对工资，或工业产品中给予工人份额的条件。

一、决定市场或实际工资率的条件　一个国家维持和雇用工人的能力，绝不依靠其位置的优异、土地的肥沃或领土的大小。无疑，这些都是非常重要的条件，并对决定一国人民在财富与文明事业中的进步速度，必然有其强大的影响。但很明显，一个国家在任何已知时期，它所拥有的维持和雇用工人的力量，并不依靠这些条

件，而完全依靠它用以支付工资的过去劳动所积累的产品或资本的实际数量。肥沃的土地提供着迅速增加资本的手段，但仅如此而已。在这种土地得以耕种之前，必须有资本来维持为耕种土地而雇用的工人的生活，正如必须准备资本来维持制造业或任何其他产业部门的工人生活一样。

这个原则的必然结果是：给予每个工人生活资料的数量或工资率，必须依据于全部资本数量对全部劳动人口的比例。假如资本量增加，而人口不相应的增加，则给予每个人的这种资本份额即较大，或者说工资率将增加；在另一方面，假如人口的增加快于资本的增加，则给予每个人的份额即较少，或者说工资率将减少。

为证明这个原则，让我们假定，一个国家用以支付工资的资本，如果化为以小麦作标准等于一千万夸特；假如那个国家的工人人数是二百万，很明显，每一个人的工资，化为共同的一般尺度，将是五夸特。更明显的是，这个工资率除了资本量比工人人数以更大的比率增加外，或者说，除了工人人数比资本量以更大的比率减少外，这个工资率就不可能增加。只有资本和人口继续作相同的发展，或同比例地增加或减少，则工资率，从而工人的处境才能继续维持而不受影响；只有当资本对人口的比例发生变动，或者增加或者减少，工资率才会相应地上涨或下降。所以工人阶级的幸福与舒适，特别在于他们人数的增加对养活和雇用他们的资本增长的关系。假如他们人数增加快于资本，他们的工资将减少，假如他们人数增加比较慢，他们的工资将增加。事实上，除了加速资本对人口的增加速度，或者说，推迟人口对资本的增加速度以外，工人阶级没有任何能够增加其生活必需品和便利品的方法。每一个以改善工人处境为目的的方案，如果不是基于这个原则，不是以增加资本对人口的比率为其目标，必然是完全无用和得不到效果的。

工人的工资，一般是以货币来支付或计算的。有人可能这样想，工资的数量决定于一国的货币流通量要甚于它的资本数量。但实际上，对于工人来说，他作为工资所得到的货币数量，无论是多是少，都没有关系，他所得到的数量，永远是正好等于国家所有的资本中给予他的那一份额。工人不能以铸币或纸币而生活。以货币支付工资的地方，工人必须把货币交换为必需品和便利品；他们所得到的不是货币数量，而是那种以货币交换来的必需品和便利品的数量，真正构成他们工资的应该是这样。假如在大不列颠的货币数量减少一半，用货币计算的工资率将同比例地下降；但除非因该国工人所消费的食物、衣服以及其他物品所组成的那部分资本总量发生某些变动，他将继续不变地处于完全相同的境遇。他将比从前少带一些金子或银子到市场上去，但他所交换到的仍是同量的商品。

所以，一个国家无论其货币工资的数量怎样，不管它们是一天一先令还是五先令，假如国家的资本和人口数量继续不变，或者同比例地增加或减少，则工资率将不会发生变动，这仍然是肯定的。所以说，除非资本对人口的比例业已扩大，工资绝不会真正地上升；除非这个比例业已缩小，它们也绝不会真正地下降。

不同国家的资本与人口发展的不同比例，对其居民处境的影响，用大不列颠的增加率和实际处境与爱尔兰的增加率和实际处境相比，可以看得非常明显。诚然，在过去一百年中，爱尔兰的资本确有很大的增加；纵然最不了解帝国各地发展的人，也从来没有武断地说过，爱尔兰资本的增加只是英格兰和苏格兰同时期内资本增加的三分之一甚至只是四分之一。但爱尔兰人口的增加与大不列颠人口增加比较，则与两国资本的增加，或者说雇用人民大众的财力的增加，及帮助他们处于舒适和体面地位的发展情况，却有很大的不同。依照国会报告的附表所示，大不列颠的人口在1720年为六百九十五万五千，1821年为一千四百三十九万一千，在一个世纪左右增加了一倍多。在同一报告内指出，爱尔兰资本增加的比率颇低于不列颠，但它的人口在1731年只稍多于二百万，到1821年则几乎接近于七百万，在较短的时期内几乎增加三倍，而不列颠只增加一倍！

关于这种不同的原因，毋需深入研究也可以看出，当1610年马铃薯最初传入爱尔兰时，由于当时的生活已经极度低微，对于什么是提高他们舒适生活所必需的东西没有任何理解，农民们只渴望有一种便宜的食物；同时，由于历年来所处的不幸环境，使他们从来没有走向较高境界的企图。假如他们有适量的马铃薯供应，他们便满足于衣衫褴褛困苦度日，虽然他们过的说不上是真正的生活。不管引起上面所说的大不列颠和爱尔兰人口增加和资本增加不相一致的原因是什么，但毫无疑问，爱尔兰人口的不断增加是该国对劳动需求不足及其人民不幸与极端贫困的直接近因。要求就业的人数与酬劳他们劳动的财力相差如此之大，以致工资被下降到最低限度，仅能提供极少量维持生命的最粗糙和最便宜的必要食物。关于“爱尔兰的贫民就业”问题，所有1823年下议院委员会的证词都一致承认他们的人数过多，他们的生活状况苦到极点。他们的居室是属于最简陋的一种，完全不具备任何可叫做家具的东西；许多家庭没有像被褥这一类的东西；在蒙斯特和其他省份的广阔区域内，孩子们没有一块破布遮蔽他们的身体；只要马铃薯的收成有轻微的不足，在这个国家的每一个角落里便会遭受到饥饿和疾病的磨难。国会议员莫里斯·菲茨杰拉德先生提到，“他知道克里地方离开他们的家室出外谋职业的农民，只要能得到一天两便士仅能维持生活便愿意工作；总之，只要买到的食物能够维持二十四小时的生命即可。”(报告第 158 页。)泰伊先生提到，“爱尔兰靠救济为生的人数是难予想象的，他们必须依靠救济，或者依靠掠夺和抢劫为生。我认为该国的折磨和蒙受羞辱的每一件事，都应归因于无业可就。”(报告第 108 页。)罗根博士，他是由政府委派去调查北爱尔兰的疾病情况的，在他 1819 年出版的阿尔斯特热病的有价值的著作中说，“在泰朗、多尼果耳以及德里等整个的广阔州郡中，人口受到难于获得食物的限制。由于普遍采用小地竞租制度(cottier system)以及通行父死群子均分农庄的习俗，劳动阶级的人数要比产业所需的人数多得多。在这些情况下，他们经常为着保命的必需品而斗争，他们绝未享受到生活的舒适。”(报告第 8 页。)

像这样的陈述，假如有必要并为我们篇幅所允许的话，可以扩大一千倍，它总结性地指出，爱尔兰的人口有很大的增加，现在已是极度的过剩和不幸了。因此，明显而无可否认的推理是，假如人口比过去增加得慢些，那么要求就业的人数就会减少，结果，工资率就会相应地提高，贫民的状况也将会同样地得到改善。所以没有任何假定比这更真实了：爱尔兰人民空前的不幸，是直接由于他们人数的过分增加。不采取有效节制人口的办法，而希望确实持久地改善他们的处境，那是最无效不过了。同时这也是很明显的，爱尔兰人民现在所堕入的困境，也是任何一国人民，人口在相当长时期内继续较其舒适品和适当生活资料的增长为快时所堕入的处境；也是每一个古老定居的国家，人口增加的因素没有大力地为道德的限制作用所抵消，或在婚姻关系的形成中没有适度的审慎和远见时一定会发生的情况。

二、决定自然工资率或必要工资率的条件 工资所能够降低的范围是有其明显的限界的，但要一一指出这些限界来却很困难。生产劳动的成本，像生产所有其他一切运到市场上的物品一样，必须有购买人支付。假如工人们不能得到维持他们自己及其家庭生存所需食物及其他物品的足够数量，他们的后代即会完全灭绝。这即是工资率能够长期缩减的最低额。由于这个理由，所以把它叫做自然的或必要的工资率。市场的或实际的工资率可以下降到这个水平，但继续地低于这个水平是显然不可能的。如已经指出的，工人维持自己的能力及保持工人人数所需养育孩子的数量的能力，并不取决于工人所得的货币量，而取决于那个货币量所能交换到的那些维持其生活所必需的食物和其他物品。所以，自然的或必要的工资率，必须由工人所消费的食物及其他物品的生产成本来决定。[①] 虽然市场的或现行的工资率的上升很少能恰好与必需品价格的上升相吻合，但除了市场工资率大大超过自然的或必

① 萨克斯矿工每天的工资收入是十八个索尔，而秘鲁乔科省做同样工作的矿工，其工资收入要多至六到七倍。但后者维持他们的生活也要多付六、七倍的钱，因为从美国运来的面粉，要由骡子驮着，经过崎岖艰难的长途跋涉，沿着海岸运到那里去。而矿产主人为维持工人的生计所付给工人的工资。只不过是代表这种生计而已。〔加尔涅：《国民财富》(*Richesse des Nations*)，第 5 卷，第 351 页。〕

要的工资率这种少有的情况外，它们绝不可能相离太远。不管商品的价格高到怎样的程度，工人总是必须得到相当于维持他们生活的供应量。假如他们得不到这个供应量，他们即被置于贫困的地步；疾病与死亡即会继续削减人口，直到削减后的人数与国家资本的比例保持到能使他们得到生活资料为止。

那些主张工资率绝不会由工人所消费物品的生产成本所影响的人，明显地是由于他们混淆了任何已知时期内决定市场工资率和决定自然或必要工资率的原则。如果只是说某一已知时刻，市场工资率完全决定于资本与人口之间的比率，那是再没有更好的定理可以建立了。但是在每一种这样性质的研究中，我们不仅应当考虑到某一特定的时刻，而且还应当考虑平均长度的时期；如果我们这样做，我们将立即会发觉**平均**工资率不完全是决定于这个比率。举一个类似的例子，鞋子的价格与有钱购买者的需求比较，在任何已知的时刻内，很明显是决定于它们供应量的大小；但也非常明显，假如这个价格降到低于支付鞋子的生产成本及运它们到市场去所需的运费时，它们就不会再供应了，工人的情况也正是这样。除非平均工资率足以养育和维持他们，不然他们就不肯、事实上也不可能送到市场。无论我们从什么样的政治观点出发，我们首先会发觉，生产成本必然总是我们最后达到的主要原则。这个成本决定自然的或必要的工资率，正如它决定商品平均价格一样。不管对劳动的需求减少到怎样程度，只要维持工人所需的物品价格增加了，自然的或必要的工资率也必然增加。为阐明这个规律，让我们假定，由于稀少的缘故，四磅重的面包价格上升到五先令。在这种情况下，很明白，如果在价格上升以后，寻找工作的工人人

数仍如以前一样，而由于面包稀少所引起的价格上升又未能增加对劳动的需求，因此工资将不会增加。结果，工人将被迫节约，而价格上升将产生节省食物消费的有利效果，并把这种被迫节约的压力平均分布于全年。但是假如这种价格上升，不是由于偶然发生的稀少性，而是由于生产增加了困难所引起，并且这种困难是长期的，那么需要决定的问题就变为：付给工人的货币工资继续保持在它们以前的高度呢，还是让它们上升呢？在这种情况下，很容易证明，它们必然会上升。因为非常明白，所有各类工人的舒适生活都被面包价格的上升而大大地损害了。那些在价格上升以前仅仅能够维持生命的，现在即降到极端贫困的状态，甚至我应当说，他们被降到绝对饥饿的状态。在这样的情况下，死亡率的增加是不可避免会发生的；而供应生活资料的巨大困难会成为婚姻结合和人口增加的有力阻碍。所以由于有这些因素，或者是人口的实际数量，或者是人口增加的比率，或者是这两者同时，都将会降低。由于这种降低，减少了工人的人数，资本对人口的比率将会增加，这就使他们得到了较高的工资。

我们现在所作的陈述，不是在任何武断的或臆想的基础上提出的，而是从最广泛的和最丰富的经验中推论出来，并与之毫不矛盾。凡是研究过那些在居民众多的大城市中所保存的出生、结婚和死亡记载的人，都会发现当谷物价格或生活主要必需品价格有显著的持续上涨时，常常是前者减少而后者增加。米尔恩先生在他有价值的《论年俸》中提到英国的小麦价格时说，“必须注意，小麦价格的任何显著下降，几乎总是伴随着结婚与出生两者的增加和丧葬的减少，结果是出生的增加超过死亡。同样，价格的任何显著上升，一般是结婚和出生人数的相应减少和丧葬数的增加，结果是出生少于死亡。由此可知，如食物量增加，或工人阶级得到食物的便利增加，则由于出生人数的增加和死亡率的减少，而加速了人口的增长；如食物稀少，则这两方面都产生相反的效果，延缓了人口的增长。”（第 2 卷，第 402 页。）为了证明这个陈述的正确，米尔恩先生除了许多其他证明同一结果的计算之外，在伦敦的死亡人数表内提出了下列关于 1798、1800 和 1802 年的出生和死亡数字：

	出生	死亡	小麦价格
1798 年	19 581	20 755	每夸特 2 镑 10 先令 3 便士
1802 年	21 308	20 260	″3″7″5″
这两年的平均数	20 445	20 508	″2″ 18″10″
1800 年	18 275	25 670	″5″13″7″
差额	2 170	5 162	″2″14″9″
	减少	增加	增加

关于法国人口的有价值著作的作者默桑瑟先生，对这个课题收集了许多重要材料。[①] 他说，“根据所做的各种研究，已经确定，谷物在最高价格出卖的年份，也是死亡率最大、疾病最流行的年份；反之，谷物最便宜的年份，也是最健康和死亡最少的年份。”默桑瑟先生出版的关于巴黎、里昂、鲁昂以及法国其他一些城市中许多年份的死亡数和小麦价格的表格，对这个学说的真实性给予了最不含糊的证明。例如，在 1744 年的时候，巴黎小麦价格为每塞普提（septier）十一利弗尔十五索尔，死亡数为一万六千二百零五人；在 1753 年时，小麦价格为二十利弗尔三索尔，死亡数为二万一

① 《人口研究及其他》（*Recherches sur la Population*），第 291 页。

千七百一十六人。巴黎在 1743 年到 1763 年这个时期内，其中死亡最多的四年每塞普提小麦的平均价格为十九利弗尔一索尔，每年的平均死亡率为二万零八百九十五人；在同时期内死亡最少的四年，每塞普提小麦的平均价格为十四利弗尔十八索尔，每年平均的死亡数为一万六千八百五十九人。（上引书，第 311 页。）

在这里提一下下面这个问题也许是适宜的。很久以来人们便注意到，在非常荒歉的岁月里，工资的趋势不是上升而是下降。在上下议院委员会研究过的几个关于 1814 年农业情况的证词里，通过工资与谷物及其他必需品的价格的比较，力图证明这两者之间不是像所假设的那样有具正的关联。它们绝不是向着同一方向变动。在谷物价格最高的岁月里，工资一般是最低的。但要解释这种显明的矛盾，也不困难。事实是工人人数在任何情况下，都不能马上减少。而在大多数情况下，倒是因物价的上升而马上增加。在荒歉的岁月里，越来越多的妇女以及适合于做工的穷苦男女儿童被迫离开他们的家庭，为某些行业所雇；同时计件工作的劳动者，则力图增加工作量，以期得到购买较多食物的财力。所以，很自然，物价上升的直接结果应该是降低工资率，而不是提高工资率。但是假如我们由于这种物价上升的直接结果，就假定降低工资率也是这种上升的永远的和不变的结果，那就陷于最大的想象错误了！很显然，这种工资的直接下降，及物价上升逼使工人们所作的更大努力，必然同减少他们的食物供应及增加他们的劳动强度一样，有增加死亡率的强大趋势。结果，由于他们的人数减少，如果物价仍然继续昂贵，就会加快那种必然发生的工资上涨。

我们虽然指出市场工资率不能长久地降到低于它们的自然的

或必要的工资率，但这并不是意味着后者是固定的或不变的。假如一定数量的某些物品是工人生存和延续后代所绝对必要的，那么很明显，要长期降低它的数量是不可能的。但实际情况不只是这样，所谓自然的或必要的工资率是这样的一种工资率，用亚当·斯密的话来说，它能使工人得到不仅是维持生活所必不可缺少的商品，而且还要有那些按照一国的习惯，没有它就会使有声誉的人，甚至最下层的人感到不体面的东西。现在从这个定义看来，很明白，它既没有，也不可能有自然的或必要的工资的绝对标准。很难说什么商品是维持生命所必不可缺少的，因为最低层人们所使用的这些以及其他一些物品，实质上是由每一国人民所处的物质环境以及风俗习惯所决定的。例如，不同的气候使不同国家居民有极不相同的物质需求，因而引起自然的或必要的工资率的巨大变动。寒冷气候里的工人，穿的衣服必须温暖，房屋必须用坚实的材料建成，并须有火取暖。他不可能和那些住在温暖气候里，衣服、房屋、柴火等都成为极其次要的工人，以同样的工资率供给他的一切需要。洪堡德曾说过，在墨西哥的炎热地区和温和地区，维持生活的费用，从而工人的必要工资相差将近**三分之一**；而在不同的和距离遥远的国家，必要工资率的差异还更要大些。工人的食物在不同的国家里也是极端不同的。某一些国家和另一些国家比较，是既耗费而又丰富。例如，在英国，工人们主要用麦粉面包和牛肉来维持生活，在爱尔兰则用马铃薯，在中国和印度斯坦则用稻米。在法国和西班牙的许多省份里，一定量的葡萄酒被认为是生活所必不可少的；在英国，工人阶级对啤酒和黑麦酒几乎有相同的看法；而中国人和印度人的饮料，则除水之外别无其他。在爱尔

兰,农民住在可怜的污秽的小屋子里,既没有窗户也没有烟囱;而在英国,农民的小房子有明敞的玻璃窗和烟囱,设备完全,其整齐、清洁和舒适正和爱尔兰人的污秽和悲惨呈鲜明的对比。由于这些不同习惯,在这些国家里,不仅必要的工资率不同,而且他们的实际或市场工资率也极其不同;在英国一天劳动的平均市场价格可能得到二十便士到二先令,而在爱尔兰则不能多于五便士,在印度斯坦则不能多于三便士!同一国家人民的习惯以及不同时期内决定自然工资的尺度也不是很少波动和完全相同的。今天英格兰和苏格兰工人的习惯,大不相同于伊丽莎白、詹姆斯一世和查理一世在位时他们的前辈,正如他们现在不相同于法国和西班牙工人的习惯一样。从前决定自然工资的尺度现在提高了,道义的约束更为普遍了;因此资本对人口的比率增高了;穷人们极幸运地受到了教育,对于维持他们生活所需的必需品和舒适品的数量,便形成了更高的观念。

所以,自然的或必要的工资率不是一个固定不变的量,市场工资率绝不能长久地低于它同时期的自然率,虽然这是非常正确的;但当市场率上升时,这个自然率也有上升的趋势,当市场率下降时,它也有下降的趋势,这也不是不正确的。理由是:市场的工人人数是一个定量,它不能当工资上升时很快地增加,也不能当工资下降时很快地减少。当工资上升时,工资上升给予人口规律的刺激,在市场上能感到其影响,必须经过十八年或二十年的时期。所以在这个时期内,工人们对生活必需品和便利品的支配权增大了。因此他们的生活状况改进了,当他们对于舒适和体面生活所需的供应形成了更高的观念时,自然的或必要的工资率也就比例地增加了。但是，另一方面，由于国家资本的实际减少，或者由于人口不合比例的增加而使工资下降时，除了他们从前就是依靠仅能维持动物生存所需的最便宜食物的最小可能量而维持生活外，工人的人数就不可能相应地减少。假如工人们不是处于生存的最低限度，那么当工资下降时，他们的人数就不致立即因死亡率的增加而减少，但他们却将逐渐地减少，一部分原因是通过我们已经指出的那个途径，另一部分原因是结婚和出生人数的减少。在大多数国家里，除非这种工资下降是突然的和普遍的，不然就需要许多年才能使人们明显地感到，死亡率增加对市场劳动供给减少的影响；同时，一方面由于对劳动的需求不足，另一方面由于劳动供给不减，这二者引起的苦难在被人们普遍地和广泛地感觉到以前，习惯势力以及人们对决定工资率条件的普遍无知，对于婚姻的结合，从而对于以前新工人不断进入市场的增加率都不会采取任何有效的遏制。

正是这种情况——劳动供给通常不可能随工资率的突然变动而迅速按比例地调整——使工人阶级的处境遭遇着特殊的和非常的影响。假如当工资上升时，劳动的供给能够突然地增加，则这种上升对现有的工人并没有任何利益。它将会增加他们的人数；但它不能提高他们的社会地位，或使他们得到更多的人类生活必需品和便利品的支配权。在另一方面，假如当工资下降时，劳动的供给能够突然减少，则这种下降，只能减少他们的人数，并没有降低他们生活状况的任何趋势，或降低现有工人的生活处境。但是在大多数的例证中，在可以假定为增加市场工人手段的工资上升为工人人数的增加所抵消以前，可以有充分的时间形成一些新的和较好的嗜好和习惯，而这些嗜好和习惯并不是一天、一月或一年的速成产物，而是过去一系列连续影响的结果。工人们一旦得到了这些嗜好以后，与资本比较，人口就会比从前以较慢的比率增加，工人们愿推迟其结婚年龄，而不愿过早结婚，以免降低他自己及其子女的处境。但是如果当工资上升时，工人人数不能突然增加，当工资下降时，也不能突然减少；则工资下降有正好相反的结果，在大多数情况下，它对工人的害处正如它上升时对工人的利益一样。在工资下降以后，不管用什么方法使其恢复到从前的水平，或如减少结婚人数，或如增加死亡人数，或者二者同时进行，除已经提过的非常少有的情况外，它是绝不能立刻产生效果的。一般说来，在它得以恢复之前，必然需要相当长的时间，而在这期间内，恐怕工人们的嗜好和习惯，以及他们对什么是舒适生活所必需的看法，总会有产生降格以求的危险。当工资下降得较多时，穷苦人不得不节省一些，或甘愿以较少的必需品和便利品以及以那些比他们从前习惯使用的较次物品来生活。危险的是一旦迫使他们吃用这些粗糙的和不足量的食物，时间一久便习惯成自然。假如情况不幸是这样，穷人的处境即会长久地被压低，没有什么规律会自动发生作用，使工资提高到它们原有的水平，因为工人们不会再有降低生育使人口增加低于资本增加的动机。但除非他们降低生育，否则他们绝不可能从被压低了的处境中逃出。在所假设的情况下，养育和维持工人生活的费用，确有降低的可能；而自然的或必要的工资率却正是受这个费用所支配，而市场工资率一般又必然与之成比例。工人阶级对他们生活的方式降低要求，也许就是能够落在他们头上的最严重灾害。一旦使他们满足于较低种类的食物和较低的舒适标准，他们便和较好的事物远别了。每遇实际工资作非短暂时期的下降，如果它的影响不为人们的智慧、远见和考虑所产生的道义约束的递增优势及工人人数的递减供给所抵消，就必然会产生这种结果。资本对人口超比例的增加，是能够达到工资上升的唯一办法；但除非业已由高工资率降到低工资率的工人们推迟其结婚年龄，并从而延缓其人口的增加，否则工资率上升的机会只有万分之一，他们绝不可能再提高其业已降低的工资。

这种甘心忍受工资的降低和满足于仅能得到生活必需品的个人或个人群体的例子，绝不应该作为社会仿效的榜样。相反，我们应该做一切努力使得过且过的态度被视为耻辱。社会的最大利益要求工资尽可能地提高，对于舒适、华丽和享受的人生嗜好应该广泛地传播，如果可能，还应当把它们作为国民的习惯和偏好的一部分。在低工资率的情况下，即使加倍努力，也不可能使舒适品和享受品得到任何大量的增加，它从来就有力地阻挠人们的这种努力，它是使人们懒惰、得过且过并满足于继续过着动物式生活的最有力原因之一。

爱尔兰农民的状况，提供了一个显明的例子，它说明了用很低的标准来决定自然工资率或必要工资率的悲惨结果。由于对便利品和奢侈品没有嗜好，爱尔兰的劳动阶级只要能得到足量的马铃薯便心满意足了。但是由于种植马铃薯较欧洲历来种植的任何其他种类的食物都耗费较少，同时在一个以马铃薯作为主要生活资料的国家里，它的工资率必然是由马铃薯的生产成本决定的。这就很容易看到，遇到马铃薯生产不足的时候，工人们的生活必定会降低到一个极端和几乎无可救药的苦难地步。自然的或必要的工资标准如果较高的话,例如以小麦和牛肉为工人食物的主要部分,黑麦酒和啤酒为他们饮料的主要部分,在荒歉年月尚能经得起紧缩。这样的人还有回旋的余地,还能依靠较便宜种类的食物如大麦、燕麦、稻米和马铃薯等生活。但是经常习惯了依靠最便宜种类的食物来养活的人,当他被剥夺了这些东西以后,显然就无所依靠了。处于这种地位的工人,肯定是断绝了他的生活来源。你可以在英格兰人那里再减少一些,但你却不能在爱尔兰人那里再减少。后者的处境已经很低,已经低到不能再低的地步。他是处在生存的最低边沿,他的工资是由马铃薯的价钱所决定,不可能使他买到小麦、大麦或燕麦,所以一当马铃薯的供应不足,他几乎不可能免于被沦为荒歉的牺牲品。

爱尔兰上次饥荒的历史,对我们现在所作的叙述的正确性提供了一个惨痛的例证。由于1821年马铃薯歉收,克累尔、利默里克以及其他接近善农地区的大部分农民,贫困到几乎完全崩溃的状态,只有以一点点燕麦粉、荨麻、水芹菜组成的粗陋的混合食品用来维持生命。在有些地方,马铃薯种下以后,又从地里挖出来吃了。由于食物不足和质量差的缘故,疾病非常流行,斑疹伤寒以其最凶恶的形式肆虐于这个国家的每一个角落。但是在政府和社会的捐款被用来购买谷物以赈济农民之前,燕麦和其他谷物仍从爱尔兰继续不断地输出到我国来。在利默里克马铃薯的价格几个星期内便从一点五便士上涨到六便士和七便士一咗(重十四磅)上升到百分之四百到五百,而谷物的价格则维持得没有显著上升,一点也没有阻止它运到当时谷物已经过多的英国市场来!很明显,不管农民们降低到怎样的贫困地步,他们也不能购买谷物来救济他们自己。但是假如小麦是爱尔兰工人维持生活的主粮，则一当知道其大量歉收时，谷物便会从世界的每一个角落涌到爱尔兰。可是一个习惯于食用马铃薯的人民，绝不会变为谷物的购买人，他们也不可能成为外国马铃薯的购买者，因为这样笨重商品的运费，将提高它的价格远超出了他们的有限财力。在荒歉的时期里，人们不可能从低的生活水平走向高的生活水平，他们必然总是从高的生活水平走向低的生活水平。但这对爱尔兰人说也是不可能的了，因为他们已经达到了下坡的最低点。灾荒对他们都伴随着一切饥饿的恐怖。

所以，为了保护人民在收成不足的季节里免于受到饥饿，最重要的事是使他们基本上不要依靠最便宜种类的食物来生存。作为辅助的和次要的食物，他们少量地食用这种最便宜种类食物是有好处的，但是假如他们一旦习惯于以此为他们食品的主要部分，他们的工资即会随之而调整，这样遇到了供应不足的时候，他们便会完全无所依赖。

我知道许多非常明智的人士，他们对人类的慈悲心无疑是可敬佩的；在大多数问题上，他们的意见虽然是值得尊重的，但是对于高工资，他们却始终认为不是鼓励勤劳，而是懒惰和浪费的源泉！没有比这个说法更完全不正确的了，不仅违反了理论也同时违反了实践。诚然，在每一个地方和每一个职业中，我们都可以发现不考虑将来，而只注意目前享受的人，但这些人经常只是少数，甚至是每一特定阶级中微不足道的少数。不管少数人的情况怎样，但就总体说来，资本积累的规律，总是比浪费的欲望占优势。当劳动工资过低，进一步努力对他们的舒适品和便利品也不能有任何大量和可观的增加时，工人必定沉溺于懒惰、闲散和漠不关心的状态。但出人头地和改善处境的愿望是深深地根植于人类的肺腑中，要完全拔除是不可能的。当劳动被使用得更有生产力，当增加勤劳就会因此带来舒适品和享乐品的可观增加时，怠惰便完全让位于勤劳；对生活中的便利品和享乐品的嗜好便逐渐自行传播，人们便将增加勤劳以期取得它们；最后工人们就会感到没有它们就不够体面。爱尔兰、波兰以及印度斯坦人的低工资使他们勤劳了吗？美国、英国和荷兰人的高工资使他们懒惰、放荡和自暴自弃了吗？正相反。前者是有名的和众所周知的懒惰，而后者则是勤劳、活泼和富于进取心。所有年代和各国的经验都证明高工资立即会发生深刻的刺激，最有力地刺激他们作不懈和勤恳的努力，同时也是最好的办法以刺激人们拥护他生活于其中的制度。“在任何历史里，我们找不到一点痕迹能证明人们通过劳动所获得的优裕环境，会损害其顺从的精神。”①

英国济贫法的影响，无疑是非常不利于在工人阶级中形成对他们幸福很重要的这种深思远虑和节俭的习惯的。在大多数情况中，要区别由偶然的和不可抗拒的原因所产生的贫困与不幸，以及那些起因于个人的愚蠢和行为不正而产生的贫困与不幸是很不可能的。但很明显，除非能够这样做，否则只通过一项法律条款使每一个贫民都能得到救济，这就必然会把勤劳和怠惰、节俭和浪费置于同一基础，从而产生一种强有力的趋势以削弱社会上好人的善良动机并加强坏人的恶劣习性。“假如穷人们，当他们年青和健康

① 福崩奈：《财政的研究》(*Recherches sur les Finances*)，第1卷，第109页。

的时候非常勤勉、不饮酒并爱劳动，结果将会怎样呢？嘿，他们每月储存一个小数目准备在年老和有病时过得愉快和舒适一些，这是大多数人力所能及的事。但是，假如他们懒惰、酗酒并卑鄙下贱，对照的结果会怎样呢？嘿，完全是同一结果，不论在疾病中还是在年老时，他们也有安乐和舒适的生活，但它不是他们自己挣来的，而是从济贫区得来的。所以，这还不明白吗？除非他们中的大多数都有心向上，否则，必然的结果一定是待着不动。假如一些一直很勤劳的人，当他们每人都很清楚地晓得，济贫区总有一天一定会用他们自己劳动所能置备的东西供应他们时，谁能设想他们还会为了防止年老和疾病而努力地去工作呢？”〔《农民来信》(*Farmer's Letters*)，第1卷，第285页。〕

在这个描述里，可能有许多夸张，但基本上是完全正确的。虽然这样一个制度可以由某些教区委员会或其他团体来建立，这个制度除真正应得救济的贫民之外，不允许别人享用济贫基金，但通过一个法律条款来救济贫民的政策，仍然是很可怀疑的。必须记住，没有人愿意为劳动而劳动的。人们从事劳动，在思想上都有其目的，都有达到某些希望的企图，实现这些目的和企图就是为了补偿他们现在所忍受的烦劳和贫乏。但是维持目前的生活和存一点钱以防老和防病，对大多数人来讲，是驱使他们劳动和节约的主要动机。任何削弱这种动机的倾向，任何使人宁可依赖别人而不信赖自己的倾向，必然有瓦解他的努力，并形成他不劳动和不节俭的结果。塔西佗说，“产业凋敝，精神萎靡，无所畏惧，无所希望，所有的人都静静地期待外援。对这些人说来是卑鄙无耻的，对我们说来是忧郁沉重的。”(埃耳济维版，第2编，第73页。)

但对建立济贫区最强有力的反对，可能是因为它有扰乱劳动供给和劳动需求之间自然关系的趋势。假如济贫法取消了，可以断定，大多数较有教育的工人，当发觉他们的工资不足以正常地维持一家时，就会推迟结婚；同时因此而节制的人口，由于它减少了劳动的供给，就会有提高工资的实际价格以达到适当水平的效果。但在义务供应的制度下，这个效果是很难产生的。济贫法使工人们认为工资够不够维持一个家庭都无关紧要，假如不够，则不够之数将会由济贫基金中得到补足，这就取消了对人口过剩的这种自然的和最有力的节制。但是，没有任何一个制度，比这种使劳动供给的增加有超过需求趋势的制度对贫民更为有害了。一当市场上劳动过剩，工资便随之下降；虽然它不可能下降到低于维持工人及其家庭所必不可少的数目，但却可能降到那种可悲的地步。这种工资率的降低是应当最小心地予以防止的事情，但济贫法却直接导致这种后果。由于济贫法的关系，较实际为多的劳动被提供到市场，结果是它的价格降低了。而教区的救济绝不可能弥补这个差额。被降低到全部或部分地依靠这个来源的工人，只能得到维持他们不致赤贫如洗的东西；他的自立性便由此而告终；他不再为他的雇主们平等看待；他必须接受他们所可能提供的施舍；他必须向每一个工人所应当享受的，而在工人人数不过剩的地方他们事实上所经常享受的那些舒适品与享乐品告别。

虽然济贫法对工人阶级是如此有害，但如果说对雇主是百无一害，也不合实际。虽然每一个特定工人的工资是降低了，但由于工人人数的人为增加，维持他们的总费用还是较维持较少工人在比较舒适状态中的费用为多。工人们的漠不关心和缺乏进取心，现在在英格兰南方各郡中普遍地感到，并受到了埋怨。在那里，由济贫区支付一部分工资的有害做法，已经普遍实行。结果是以同样的人手完成较少的劳动量；同时，大量的钱被那些为穷人寻找工作和管理用于穷人生活的基金的人所浪费。同时，有关住宅问题的那些无止境而耗费很大的诉讼案件，似乎也与这个制度分不开。所以，无可怀疑，现在英国用于穷人的钱，比之于在另一种情形下给予他们一个真正高的劳动报酬，并使他们能够有一些储蓄，在危难时期足以维持生活的钱数，要大得多。

但在讨论济贫法这个课题时，必须注意不要像许多人所做的那样，对它们的影响言过其实。我们现在所说的原理表明了济贫法实质上是有害的。但是它们的缺点是与它们的执行情况分不开的——它们在获得住所上设置困难，穷人们不愿监禁在贫民劳动所，不愿忍受管理人的无聊苛责等——这就使许多穷人不去向教区申请济贫基金；另外，一种由农民所处的自由制度及他们享有的特权而产生的庄重骄傲的情绪，更得到了有力的助长。

为证明英国工人仍是生气勃勃地在维持自己生活而不愿成为教区的负担的强烈愿望，只要提及这一点就够了：根据国会报告，1815 年不少于九十二万五千四百二十九人加入了友谊会作会员。[①] 虽然有理由担忧当时所存在的许多友谊会是根据错误的原则建立起来，并结果被解散了，但几个新的友谊会却已设计出来，同时储蓄银行在我国的大多数地方也建立起来了。事实上，假如把真正用于维持穷人生活的救济金额，与那些用以补偿支付给他

① 下议院《关于济贫法的报告》(*Report on the Poor Laws*)，1817 年，第 629 页。

们的劳动的一般和普通工资率不足的钱分开，我们就会发现救济金额并不是接近于一般人所想象的那样大；它们的影响绝不会像我们依照一般原则的指导所预计的那样有害。

在历来提出的一切长期改善贫民状况的方案中，看起来没有任何方案比设立一个真正有用的社会教育制度更有实效。毫不夸张地可以肯定，危害社会和使社会丢丑的不幸和罪恶，十分之九是来自愚昧无知，来自穷人们对真正决定他们处境的条件的愚昧无知。那些竭力促进贫民教育的人，只要穷人们在读和写方面有所成就，一般说来就感到满足了。但教育如果停留在这一点上，那是忽略了它的真正重要部分。懂得读、写和计算技术的人可能是、事实上也常常是最不懂有关贫民自己最大利益和社会一般利益的一切原则的人，而这些原则又是他们所必须好好理解的。要使教育能够产生可以从它那里得到的一切效用，除了现在教给他们的初级课程之外，应该使贫民们熟悉宗教和伦理所告诫的责任，熟悉那些经常存在的、引起社会地位不同和财产不等的条件；更重要的是从他们幼年时候起，就应该教育他们相信一个重要的和无可怀疑的真理，那就是他们真正是自己幸福的公断人，别人能为他们做的，比起他们自己能为自己做的，只不过如天平上的灰尘而已。如果自己不用适当的审慎、远虑、节俭和善良的行为，则最宽容和开明的政府，以及最好的制度也不能保证他不穷困和不堕落。要希望这种教育制度对人民大众的习惯产生任何即时的效果，虽然是不合理的，但它最后会有极大的利益却是无可怀疑的。如果不能早日得到改革的希望，也毋需灰心。健康教导的收获，可能是迟缓的，但最后的结果将是最丰富的。那些企图使教育具有真正的有

用目的，而还没有被在开始时和实施期间所估计到的困难而吓倒的人，他们的忠忱努力是会得到巨大报酬的。

苏姆纳先生在提到普及教育时曾精辟地说过：“改革中的一切阻碍，无知是最可怕的，因为帮助穷人的唯一真正的秘诀，是使他们成为改善他们自己处境的主体，给予他们的不应是暂时的刺激，而是长久的能力。一当文化程度提高了，穷人们将更能与为他们的利益而提出的计划合作，更愿意听信任何合理的建议，更能领会其精神，因此也更愿意追随它。所以其结果是：当无知一旦消除，正确原则灌输进来以后，反对龌龊贫困的更大力量便已经得到了。许多导向改善处境的通路，对有才智和受过教育的人是敞开的；他能更清楚地看到自己的利益，他对这种利益的追随将更为坚定，他不考虑目前的满足而贻日后的痛悔，或以不适当的报酬而抵押未来的劳动。所以说，穷困很少会在具有良好教育的制度中被发现。”①

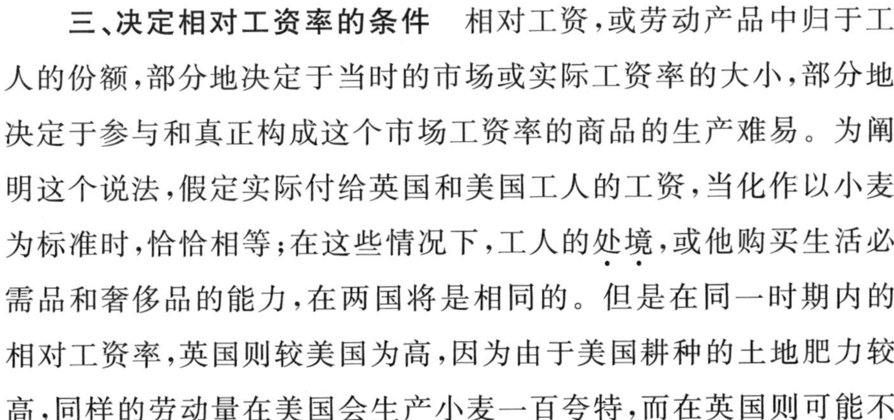

三、决定相对工资率的条件　相对工资，或劳动产品中归于工人的份额，部分地决定于当时的市场或实际工资率的大小，部分地决定于参与和真正构成这个市场工资率的商品的生产难易。为阐明这个说法，假定实际付给英国和美国工人的工资，当化作以小麦为标准时，恰恰相等；在这些情况下，工人的处境，或他购买生活必需品和奢侈品的能力，在两国将是相同的。但是在同一时期内的相对工资率，英国则较美国为高，因为由于美国耕种的土地肥力较高，同样的劳动量在美国会生产小麦一百夸特，而在英国则可能不

① 《创造录》(*Records of the Creation*)，第2卷，第298页。

会多于六十或七十夸特。当两国工人以一定量的劳动而得到相等的实际产量时，很显然英国工人的劳动是较美国工人的劳动得到的产物的比例为大，从而也得到了较大的实际价值。

从这个叙述，可以很清楚地看到，如以前所提及的，当用白银、谷物或任何其他商品计算的工资下跌时，相对工资可以增加；事实上，当耕种延伸到次等土地的时候，这几乎也是共同所承认的情况。只有在最好的土地被耕种的地方，一般说来，工人所得到的劳动产品的比例或份额是小的；但是在这种情况下，由于劳动比较富有生产力，它的总产品的一个小份额，就等于必需品和便利品的一个大的绝对量。而在社会的较高阶段，当耕种大大地延伸到非常劣等的土地时，相对工资几乎常常是高的；但是，由于当时生产食物供应的递增困难，这些较高的相对工资，很少能得到大量的必需品和便利品的供应。

第八节

在不计地租下，劳动产品在资本家和工人之间的分配　利润的定义　李嘉图先生的利润理论；利润的真实意义　引起利润上升或下降的原因　资本的积累，不是利润下降的原因　土地肥力下降以及租税对利润的影响

在准备研究决定利润率的条件以前，必须先了解全部劳动产品在不计地租的情况下，在资本家与工人之间的分配比例。

后一部分的研究用少数几句话就可以解决。我们已经了解，每一个文明社会的土地与劳动的全部产品，首先总是被分为三部分，并且不会多于三部分。第一部分交给了工人，第二部分交给了资本家或资财的所有人，第三部分交给了地主。我们已了解，属于地主的一部分劳动产品，或土地的地租，是完全在生产成本之外的，在地主同意放弃地租的情况下，也不会引起劳动生产力的任何变动，或使农产品的价格有任何减少。因此，假如把地租除掉或不计，可以看出，每一个国家的土地和劳动所留下来的全部产品，首先必然在资本家和工人两大阶级之间分配。而且进一步可以看出，假如一个国家没有租税或者税率不变，则除掉租税以后的全部劳动产品，除非交给资本家的比例减少，交给工人的比例就不能作等量的增加，反之亦然。为了更好地阐明这个情况，假定大不列颠的全部劳动产品用一千这个数目来代表，再假定地主得到这个数的二百作为地租，剩下的八百在工人和资本家之间平均分配。在这种情况下，十分明显，除非牺牲资本家，否则工人所得的产品的比例，或四百，就不能有所增加，同时，除非牺牲后者，前者所得的比例，或四百，也不能有所增加。

不管这个八百是增加到一千六百或者减少到四百，这个数字必须在他们之间分配，只要他们得到的比例份额相同，他们的相对情况必然继续不变。因此，相对工资和实际工资（或以货币计算或以产品计算）之间有所区别是适当的。假如劳动生产力下降，虽然实际工资，或给予工人份额中的劳动产品的绝对量可能下降，但相对工资却可能上升；另一方面，如劳动生产力上升，相对工资可能下降，但实际工资在同一时间内可能上升。

所以有把握地可以确定，在没有租税或者租税是固定不变的地方，全部劳动产品在除去租税以后，是在工人和资本家之间分配的。给予一方的产品和给予另一方的产品成反比例的变动，那就是，当给予工人的部分减少时，给予资本家的部分才能增加；当给予工人的部分增加时，给予资本家的部分必须减少。

但是，资本家得到的利润和给予他们的劳动产品份额是不同的，并且是完全有区别的。利润是由一定量的资本支出所生产的商品超过那个资本量的多余部分所构成的；它总是以本身与生产中所用资本之比来衡量的。假定一个人以一千夸特小麦为资本耕种一个农场，七百夸特用以支付工资，三百夸特作为种子和其他开支。现在假定，这个资本获得一千二百夸特。在这个情况下，劳动产品给予工人的份额，与给予资本家的份额的比例是七比五。但是在给予资本家的五百夸特中，先是以二百为利润，以三百用来补偿他用于种子等的资本量。所以在这个情况下，利润率应该说是百分之二十，意思就是在把所有用于商品生产中的资本完全补偿以后，属于资本家的产品量等于他所使用的资本的百分之二十。

一般认为利润决定于交换，但这是一个错误。例如，靴匠以五十先令出卖靴子，这双靴子只用了他四十先令的开支，他不是由于他的顾客的损失而赚到这十先令的利润。在某一时期，他生产一批靴子等于或值五十先令银子，他在制造这些靴子中必须付出的各种费用，同样以银子来计算只等于四十先令。但是在他的顾客方面也将发生完全同样的情况，在他们各自的行业中，他们都将得到相同的利率，那就是，他们支出四十而生产出等于五十的数量，因此以银子来交换靴子，一方并未损失，另一方也未得到什么。在每一个情况中利润是在一定时期内生产出来东西多于同时期内消费了的结果。在商品交换中所出现的利益，完全是在于用最好和最迅速的方式,使劳动得以分工,商品得以生产而来的。

李嘉图先生在他著作中最具创见和才华的一章里力图证明,利润率完全决定于劳动产品减去地租以后在资本家和工人之间分配的比例;除非由于相对工资的下降,利润的上升绝不能实现,除非由于相对工资相应上升,利润的下降也是不可能的。但是,很明显,只有在我们对利润这个术语赋予它以不同于通常所赋予的意义时,即假定它首先是指给予资本家份额中的全部劳动产品的实际价值,而不管这份产品量对在其生产中所用的资本量的比例时,这个理论才具有普遍的真实性。作这样的理解,李嘉图先生的理论便能保持其普遍有效;而在这个假定下,结果将是:只要劳动产品,减除地租以后,在资本家和工人之间分配的比例继续不变,没有任何可设想的生产力提高或降低,能够引起利润率的任何变动。但是假如我们依照实际商业生活中经常所说的利润——作为在一定时期内资本家用于全部生产中的消耗完全得到补偿以后,在该时期内归其所得的那份劳动产品——来考虑,则李嘉图先生的理论便有了许多例外。

如果我们把注意力首先限于研究决定农业利润的条件,这将有利于我们对决定利润率(指这个术语的通常含义)的条件获得清晰和正确的概念,因为农业利润可以正确地测量,因为农业是在所有时期和一切情况下都必须经营的产业部门。很明显,如果农业与其他行业不一样,对投放于其中的资本不产生同样大的报酬,那么它将不为人所经营;同样明显,如果其他行业产生的报酬比农业少,这些行业也将不为人所经营。所以必然的结果是:农业的平均报酬或农业利润,必须与所有其他业务的报酬或利润相同。例如,如果以值一百夸特小麦的资本或劳动用于耕种上地，其平均收获是一百一十夸特，我们将知道，用于制造业的一百镑也应当产生一百一十镑，因为对他们自己利益的考虑，将不允许从事制造业的人，比从事农业的人得到较少的利润；而农业者的竞争也不允许他们获得较多的利润。

现在，我们把农业利润作为所有其他利润的标准，让我们假定地主使用值一万夸特或一万镑的资本来耕种他的地产；他把这笔资本的五千夸特或五千镑用于种子，养育马匹和支付工具与机器的必要耗损；以五千夸特或五千镑支付工人的工资。假定现在这个地主得到的收获是一万二千夸特或一万二千镑，其中一万夸特或一万镑用以补偿他的资本，一千夸特或一千镑用以支付租税，剩下的一千夸特或一千镑作为利润，即是所用资本的百分之十。从这个例证中可以看出，利润率可以由三个途径的任何一个而增加，这就是(1)由工资下降，(2)租税下降，或(3)劳动生产力增加。就理论观点来看，这个情况是世界上每一个耕作者的实际情况。

这样，便明白了：(1)假定工资从五千减到四千夸特，其他情况不变，利润将从一千增加到二千夸特，或从百分之十上升到百分之二十；假如(2)租税负担从一千降低到五百夸特，利润将从一千增加到一千五百夸特，或从百分之十增加到百分之十五；假如(3)由于实行了农业改良的制度，一万夸特资本的收获，从一万二千增加到一万三千夸特，假定工资仍然是五千夸特，租税仍然是一千夸特，则利润将增加到二千夸特，或增加到百分之二十。在这个例证中，在劳动生产力增加以后，虽然工资与全部劳动产品的比例比过去小了，但是必须看到，这个比例的减少是利润上升的结果而不是

利润上升的原因。所以，像这种经常出现的情况，如果说由利润上升引起了相对工资的下降则是正确的，但如果反转来说便不正确了，因为利润上升的原因与工资没有任何关系，事实上它是完全与工资不相干的。

诚然，这是不错的，既然利润上升是由劳动生产力增加所引起的，那么，一万三千夸特的实际价值将不会超过以前同量劳动所得的一万二千夸特的实际价值。但是利润，如大家以及我现在所理解的，不是决定于实际价值而是决定于所生产的商品超过生产中所消耗的商品的多余部分；只要这个多余部分增加而事先没有压低工资率，那么很明显，利润率增加是由于与工资率变动无关的原因所起的作用。

事情也不完全是这样，虽然给予工人的份额是实际上增加了，但利润率也可以停留不动。为证明这个情况，假定地主使用一千夸特小麦作为资本，其中以五百夸特作为支付种子、养育马匹和其他费用，以五百夸特支付工资；假如产品是一千二百夸特，他必须支付的租税是一百，他的利润将等于一百夸特，或资本的百分之十。假定，现在由于使用了改良的机器和改良的耕种方法，这个地主只需要使用四百夸特的资本于种子、马匹等等。但是工资从五百夸特上升到六百夸特，收获仍然与以前一样，在这个情况下，假定租税仍然不变，虽然相对工资由全部产品的十二分之五上升到十二分之六，地主的利润将完全如以前的情况一样。

但是可以说，如果这种生产力的增加只局限于农业，而没有扩展到大多数其他重要的行业时，农产品的价格将下跌，而其他产品的价格仍将维持不变。在这样一个情况下，农业的利润，如果以货币或谷物以外的任何其他商品来计算，将因工资的上升而降低。这是对的；但李嘉图先生在奠定他的理论基础时却没有因下面那些可能和确实经常出现的情况作出任何异议，那就是由于任何一种条件或各种条件的结合，使劳动一般变得更有生产力，从而以货币、谷物、布匹或任何日常为人需要的商品所计算的利润发生上升，它们的上升并不是由于工资下降所引起的。同样正确的是，农业劳动所增加的生产力，无论这种增加是由于农业制度的改进所引起，还是由于取消了限制谷物输入到一个人口比较众多的国家所引起，它必然会扩展到其他行业，并有促使利润普遍上升的效果，这是因为农产品经常是工人生活资料的主要部分，而且由于他的相对工资最后必然主要为他所得到的农产品数量所决定，所以在谷物跌价以后他的雇主能够以较少的费用供给他从前所得到的等量必需品和便利品。利润率因此就会普遍增加。所以很明显，农业的较大生产力是同时引起利润增加和相对工资下降的原因。

当劳动不是变得更有生产力，而是变得较小生产力的时候，结果将正相反。在工资率事先并未发生任何下降的情况下，而利润下降。

所以，很明显，这种除非工资下降，绝不能有利润上升，除非工资上升，绝不能有利润下降的说法，只是在劳动生产力保持不变的情况下才正确。只是在这样的情况下，换言之，只是在运用相同的资本，只是在资本家与工人之间分配同数量的产品时，则一方份额不减，另一方的份额即不可能增加；这也是同样正确的，假如利润决定于劳动产品在资本家与工人之间分配的比例，利润就不会受生产力变动的影响，而是由相对工资的情况所决定。但是利润是决定于它与生产它的资本之间的比例，而不是决定于它对工资的比例。假定一个人以一千夸特或一千镑的资本用于耕作，他以这笔资本的一半支付工资，得到一千二百夸特或一千二百镑的收入，在这个情况下，假如他不为租税所影响，他的利润将等于二百夸特或二百镑，利润率是百分之二十，与工资的比例是二比五。假定现在劳动生产力普遍地加倍了，再假定增加的一千二百夸特或一千二百镑，仍然以二比五的比例在资本家和他的工人之间分配，则资本家将多得到三百四十三夸特或三百四十三镑的利润，而工人则多得八百五十七夸特或八百五十七镑的工资。在这个情况中，双方仍将如以前一样得到同样比例的劳动产品；如果我们只看到这一点，我们必然说，利润和工资都没有提高。但是当我们如经常计算利润时所做的那样，以资本家的收益和他所运用的资本来比较，将会发现，虽然相对工资保持不变，但利润率已经从百分之二十增加到百分之五十四。

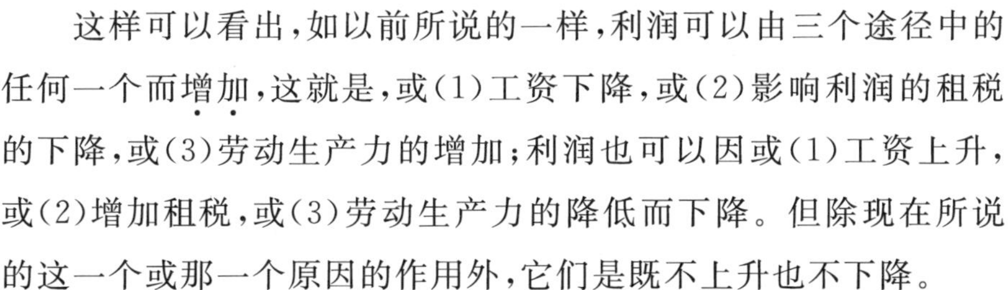

这样可以看出，如以前所说的一样，利润可以由三个途径中的任何一个而增加，这就是，或(1)工资下降，或(2)影响利润的租税的下降，或(3)劳动生产力的增加；利润也可以因或(1)工资上升，或(2)增加租税，或(3)劳动生产力的降低而下降。但除现在所说的这一个或那一个原因的作用外，它们是既不上升也不下降。

这是和普遍经验一致的，在殖民地和人口稀少的国家，比之在早已开发的和人口比较稠密的国家，利润经常要高得多；如果以平均时期来说，则利润率在社会发展过程中有一致下降的趋势。亚当·斯密把富裕和人口众多国家的利润下降，归因于资本家的竞争。他认为，当资本增加时，资本所有人彼此都力图侵入别人的行业，为达到他们的目的，他们常以低价出卖他们的货物，以较高工资给予他们的工人，这对降低利润有双重效果。这个理论久已为大家所同意，并为萨伊、西斯蒙第和斯托赫所拥护，加尔涅侯爵、马尔萨斯先生在作了少数修改后也表示赞成。我们虽然应该敬佩这些权威，但是也很容易看出，竞争的原则绝不可能产生利润的普遍下降。竞争阻碍任何个人或任何一群人垄断某一特定的产业部门，并使不同行业的利润率降低到几乎同一的水平，但那就是它的全部效果。最肯定的是，竞争没有降低劳动生产力，提高平均工资率或租税率的趋势；假如在这些事项中，它不能做任何一项，那么，它就绝不可能降低利润。如果某人运用一千夸特或一千镑资本，从而收获一千二百夸特或一千二百镑，在这里面，他必须支付一百夸特或一百镑作为租税，不管他是否有自己的市场，或是有五万个竞争者，他的利润仍继续是百分之十。这不是由于竞争，而是由于租税的增加，以及由于社会处于必须使用肥力较差的土地以便取得食物以供应其日益增加的人口；这些都是社会发展过程中一致发生的那种利润率下降的重大原因。如果最后用以耕作的一块土地是肥沃的，那么，在利润与工资之间所分配的产品数量就比较大，结果利润和实际工资可以高些。但是由于所使用的土地的肥力必然是不断地降低，一定量的资本和劳动所得到的产品量必然是日益下降，这种下降显然会促使利润率降低，(1)由于资本家和工人之间分配的产品量减少，(2)由于给予后者份额的比例增加。

土地生产力下降对社会一般的处境和财富的影响，一如其对利润率的影响一样，是非常有力的，我将尽力稍详细地探索和阐明它的作用。在讨论人口问题时已经指出，人口增加的规律是非常强有力的，它不仅使人口密切地适应于生活资料，而且一般说来有人口超过生活资料的趋势。诚然，有利条件的结合有时可能促使资本的增加快于人口的增加，因而工资将会增加。但是这样的增加很少是长久的，因为它对于人口增加规律必然会有进一步的刺激，由于工人的供给超过了增加了的需求，不会不使工资下降到原有的水平。所以如果经常可能使用更多的资本从事农产品生产，从事农产品收获后的农产品加工，以及从事农产品和制造品在各地之间的运输，则很明显，如果租税继续不变，则一般说来，没有任何可想象的国民资本增加会引起利润率的轻微下降。只要能以同样的工资率得到劳动，只要那种劳动的生产力不至降低，资本的利润**必定**继续不受影响。现在很明白了，仅资本本身的增加对工资不会有持久的影响；就利润率而言，不管用以在本国或别国耕种土地和经营工商业的资本是一千万，还是一百亿，只要最后使用的一百万是生产的，或者说其提供的收获也和最初的一样，很明白，它必定是相同的。这就是资本用于工商业的不变情况。使用最大可能数量的资本和劳动，在不降低其收获的情况下，用以加工农产品，使其适合于我们的使用，并把它从生产的地方运到消费的地方是允许的。假如一定量的劳动现在能制造一艘一定吨位的船只，或制造一台一定马力的机器，肯定的，在未来任何时期，同样的劳动也能创造一艘同样的船只或同样的机器；这也是肯定的，虽然这种船只和机器被大量地生产出来，但最后生产出来的也如第一次生产出来的一样适合于每一个使用的目的并具有同样的效能。诚然，最后生产出来的，比之第一次生产出来的更为有用，也是可能甚至是更为肯定的。聪明才智的力量与泉源，从而机器的改进，以

及工人的劳动和技巧都是无止境的。未来的瓦特、阿克赖特和韦奇伍德必将兴起。无疑地，行将到来的时代的发明创造，能与过去和现代的伟大发明创造相匹敌甚至超过。所以这便清楚地证明了，假如同量的资本和劳动总是能够收获同量的农产品，最后增加的国民资本就绝不会降低其有利地运用那个资本的能力，或降低其利润率。但这里，也只是在这里，自然界的慷慨是有限的。她是以节俭和吝啬的双手来分配她的馈赠。

——尊敬的父亲　　　他希望道路不是困难的——

等量的资本和劳动并不是总是产生等量的农产物。土地的面积是有限的，它的肥力更是有限的。在从事产业活动的空间都变得不足时，正是这种有限的肥力证明了它是真正阻碍，唯一不可避免的阻碍，使每一国家的生活资料，从而其居民不能按几何级数增加。

但是很容易看出，每一个进步的社会所必须依赖的那种生产力下降的土地，如已经研究过的，不仅必然会减少在利润与工资之间分配的产品量，而且也必然会提高给予工人的那份产品的比例。由于工人生活资料的主要部分是农产品，所以以次等土地用于耕种，继续增加农产品的成本而不增加工资是完全不可能的。工资上升诚然是很少能恰恰与必需品价格的上升相一致，但它们绝不能相差太远。生活必需品的价格，事实上即是生产劳动的成本。假如工人得不到生活资料的供应，他是不能够工作的，虽然，依照国家各个时期的情况，在生活必需品价格上升以后，一般必然要经过一个或长或短的时期，工资才能成比例地增加，但这种工资的增加最后必然要实现的。

所以，很明显，既然使用于工商业的劳动生产力不是下降而是经常增加，假如不是由于为获得更多的农产品的供应，人们不得不使用较贫瘠的土地，因而使农业劳动生产力递减的话，工人生活品的价格绝不可能上升，从而他的必要工资——即使他生存并延续他的后代所需要的工资——绝不可能增加。所以，土地肥力下降，归根到底是利润下降的重大的和唯一必然的原因。除土地生产力普遍发生下降之外，构成资本和劳动收获的产品数量是绝不会下降的。因此，也就没有任何现存的具体原因能够解释为什么在社会发展过程中工资对利润的比率应该增加，而利润率应该一致下降。

我已经尽力阐明了为获得食物供应，以养活日益增加的人口，必须使用较贫瘠土地，这对利润和工资必然有最后和肯定的影响。虽然减少利润的这个原因是这样大而有力，以致可最后压倒一切其他原因，[①]但它的作用可以，而确实时常为外在的原因所抵消或加剧。例如，很明显的，以同量的支出而获得更多产量的农业中，其每一个新发现或改进，都与增加了优良土地的供应一样，对利润有同样的影响，并在一个相当长的时期内可以增加利润率。

假如人的创造才能已达到了他力量的极限，假如使用于农业的机器和工具以及农民的技术一旦都达到了最完善的境地，则由人口增加而产生的农产品价格上涨和利润的下跌将是更明显而肯定的。在这种情况下，为要收获更多的粮食，就必须使用劣等土地，劳动的相应增加很显然成为必要，因为，根据这个假定，工人本身的能力不能有任何的改进。工人的技巧达到了完善的地步以后，只有更大的体力劳动才能克服新的阻碍。所以生产更多量的

① 马尔萨斯：《政治经济学原理》，第 317 页。

食物必须有更多的劳动。它的大小必然与食物量增加的比例相同。所以很清楚，假如技术继续停留在不变的状态，则产品的价格将直接随着继续耕种的土地质量而变动。

但在进步的社会里，决定农产品的实际价值和交换价值的条件是极端不同的。甚至在那里，如已指出过，它仍有经常上升的趋势，因为每一改进引起利润上升，利润上升通过对劳动的更多需求，会给予人口以新的刺激，这样便引起食物需求的增加，不可避免地更不得不要求较次土地的耕种，并提高价格。很明显，自然界的这一伟大规律的影响，使改进的成绩不容易为人所感到和看见，因为人类竭尽其才智也逃不脱它普遍存在的影响。在次等土地被耕种以后，无疑地需要更多的劳动来生产同量的食物，但是，在进步的社会里，由于工人能力的改进，完成全部工作所需要的人数要比没有这种改进时少些。这样，在进步的社会里，农产品价格上涨的自然趋势被抵消了。土地本身的生产能力逐渐地降低，使我们被迫耕种肥力递减的土地；但是用于向土地要产品的劳动生产力，则由于经常有的发现与发明而不断地增加。两个直接冲突而又经常活动的规律就是这样地起着作用。由于固定不变的原因在起作用，肥力日减的土地，最后必然超过机械力的增加及农业的改良，价格必然相应的上升，利润必定相应下降。但有时，后者的改良补偿了前者的质量退化之外尚有剩余，因此产生了价格下降，利润上升的情况，直到人口的不变压力进一步迫使人们耕种较贫瘠的土地为止。

上面的推理，就其一般原则而言，同样适用于商业界或任何一个国家。但是十分明显，利润率下降和因必须耕种劣等土地对社会进步所形成的阻碍，在一个排除外国谷物进入自己市场的发达

国家中，较之一个与邻国维持自由和无限制来往的国家中，感受更为深刻。一个工商业高度发达、与世界各国在公平和自由原则上做交易的国家，如英国，它能利用上帝赋予各国的一切生产能力；除了能以别国最便宜的生产价格得到粮食供应，以利发展，它还能凭借着无数市场使它免于遭受歉收的剧烈灾害，不仅使它经常得以货物充裕，而且更重要的是经常价格稳定。这样的一个国家是把它的强大建立在广阔而牢固的基础上的，因为它不仅依靠它自己的土地生产力，而且依靠世界所有国家的土地生产力。没有任何天然的或必然发生作用的原因，能使它的利润下降或使它的进步受到阻碍，直到经常供应它的所有国家都因人口的普遍增加而必须耕种次等土地为止。就是在那个时候，它也不会为其邻国所超过；它的发展将只能为阻碍别的国家发展的同一理由所阻碍；它的相对力量将不致受损害；假如在世界的任何角落有新市场的开辟，农业上有新的发现，它将会获得它应得利益的全部份额，并改善和加强对新事业的努力。

一个国家利润率的相对降低，不仅削弱他的资本积累力量或削弱它永远决定其人口和产业的基金的增加力量，而且也产生着强有力的诱惑，转移一部分基金到其他国家去。利润率有平衡其自身的永恒趋势，假如把资本用于约克郡得不到像肯特和塞里那样大的利润率，就会阻碍资本在约克郡的运用；同样的原则可决定资本在不同国家之间的分配。不错，爱国心——社会的和友谊的千丝万缕的联系——不懂外国语言，及把我们的资财用于自己的督促之下的意愿等，使资本由这一国转移到另一国则要求利润率大于由本国的这一省转移到另一省。但爱国心是有限度的，利得心则是一个不小的力量，是永恒发生作用的规律。假如资本家们一旦能够保证他们的资财在外国会有相当的安全和较大的利益，资本的外流或多或少地总会发生。

在我们全部的讨论中，税率一直是假定不变的。但是，很明显，当税率增加的时候，这种增加必然是或者直接全部落在利润上或工资上，或者部分落在这一个上面，部分落在那一个上面。假如它落在利润上，它必定使利润作等量的减少；假如它落在工资上，它必定相应地压低大批人的生活标准。但是工人支付租税的能力是有限的，并且这种限度并不是很难达到，一当达到了这种限度，则它们必然完全落在利润上。所以亚当，斯密非常公正确实地观察到，重税和不毛土地的增加，和天时的转劣一样，都有相同的影响。

租税过重是荷兰利润低落的真正原因，从而也是它的工商业衰落的真正原因。虽然他的统治者是很严格地和可钦佩地节俭，但共和国在它与西班牙的革命斗争中所承担的互大支出，以及以后同法国和英国的战事，使它发行了巨额公债，因此它为了准备支付利息和其他必要开支的款项，他不得不对大多数主要必需品征课重税。[①] 尤其是对进口的外国谷物，磨粉厂磨制的细粉和粗粉，出笼的面包等都征课了高税。租税影响了国家财富的所有泉源；它最后变得沉重不堪，阿姆斯特丹有个俗语说，食桌上一盘鱼，偿

① 在 1579 年，乌特勒希特联盟时代，荷兰区的公债利息其只有十一万七千弗罗林。但到了 1655 年，当有名的约翰·德·维特当政时，公债的利息增加得很快，各州被迫把利率由百分之五降低到百分之四。虽然利率降低了，但在 1678 年时，利息总数仍达七百一十万七千弗罗林！梅特勒肯普《荷兰统计资料》(*Statisque de la Hollande*)，第 203 页。

付渔人一次，偿付国家六次！为使工人能够生活并继续其后代，工资必须提高，因此这些互额租税的重担就几乎完全落在资本家的头上。利润最后降到低于其他国家的水平，荷兰的繁荣渐渐衰落了，荷兰的资本家都愿意把他们的资本投向别国而不愿投在本国。

“税收不断的增加，利息的支付和债款的偿还都不能减少，已经损害了一大部分的工业，缩减了贸易，破坏了、甚至大大地损毁了繁荣，减少了人口，同时也紧缩了人民的生计。”①

由于每一个便利生产或减少成本的发明，都不是使人遭受损失，而总是保持利润的，所以任何产业部门的竞争影响都没有任何理由值得大惊小怪。对一个国家的绝对地位和相对地位有不良影响的，不是邻国的进步，而是本国劳动生产力的下降，劳动生产力的下降总是可以由因此必然会引起的利润下降所表示，并得到正确的衡量。但是利润的每一这样的下降，无疑会使他们的国力和地位下降，并使他们的竞争者在财富和伟大方面胜过自己。这种利润率相对低落所形成的瘫痪和衰弱的影响，既不是最聪明坚定的技术家的技能和勤劳，也不是最先进最强有力的机器所能长久抵得住的。绝对不要忘记，这种相对低落必然是由禁止外国谷物等输入、过早耕种国内劣等土地及人为地提高物价等各种规章制度所产生的；它只能由采取自由贸易制度及严格节约公共开支来防止。

① 《荷兰的财富》(*Richesse de la Hollande*)，第 2 卷，第 179 页。这部著作包含有很多有价值的资料。作者路扎克说到，在 1778 年荷兰人在法国和英国的公债约十五亿利弗(六千七百万英镑)！——参阅《共和国商业的改进与整理方法备忘录》(*a Memoir on the Means of Amending and Redressing the Commerce of the Republic*)中关于荷兰的租税一题。本书是根据消息灵通的商人所提供的资料而写的，1751 年遵照奥仑基王子威廉四世斯塔特霍耳德的命令出版，同年译成英文在伦敦出版。

第四章　财富的消费

在本书以前各章中，我尽力阐述了便利劳动和财富生产的方法，并研究了在社会各个阶级中决定财富分配的规律，我们现在进入课题的第四即最后一章，或者说进入对财富消费的讨论。

消费的定义　消费是生产的目的　有利消费和不利消费的标准　节俭法的有害作用　爱好奢侈的好处　亚当·斯密关于不生产的消费意见的错误　主张便利生产就必须鼓励消费的错误　政府的消费　结论

前面已经指出，生产商品并不意味着生产物质，因为生产物质是上帝的特权，生产商品是对已经存在的物质给以这样的一种形式，使它适合于满足我们的需要和享受。同样，所谓消费也不是意味着消费或消灭物质，因为那是如创造物质一样的不可能，而只是消费或消灭商品的那种有用或合意的性质，所以对工艺和劳动产物的消费，实际上就是消尽物质所含有的效用，从而消尽由劳动所给予物质的交换价值。因此，我们不是以所消费的产品的大小、重量或个数来衡量消费，而是完全以产品的价值来衡量。不管价值有时会压缩到多么小，但大量的消费就是大量价值的破坏。

在政治经济学家用词的含义中，消费与使用是同义词。我们生产商品只是为了我们能够使用或消费它们。消费是全人类劳动的巨大宗旨和目的，生产只是达到这种目的的手段。假如以后不能消费的东西，就不会有人去生产。所有工艺和劳动的产品都是预定用来消费或使用的；当一个商品已经做到适合于使用的地步，假如它的消费被推迟，就会遭受损失。所有的产品不是用以满足直接需要，就是用以增加产品生产者的享受，换句话说就是用以再生产比它们自己有更大价值的产品。在第一个情况下，推迟对产品的使用，很明显，就是我们或者不愿满足需要，或者不愿获得我们力所能及的满足；在第二个情况下，推迟它们的使用，也同样的明显，就是让生产工具闲置着，这样，我们将损失本来使用它们可以得到的利润。

虽然，所有生产出来的商品，只是用来消费的，但我们绝不要错误地认为所有的消费对个人或社会都是同样的有利。但是在有利的消费和不利的消费两者之间，或用更普通的术语说，在生产的或不生产的消费二者之间划一条明显的分界线是非常困难的。然而就涉及的社会利益而言，这一点正是现在要求我们考虑的，工艺和劳动产品的一切消费，假如直接或间接引起具有相同数量或更大数量的同价值产品的生产，即可看作是生产的，假如它没有这样的结果，即看作是不生产的。只凭一个商品为某一特定目的或在某一特定方式下被消费的事实，不能使我们不作进一步的考虑就肯定它的消费是有利的还是无利的。在我们作这样的决定以前，我们必须注意并仔细研究消费的长远和当前的效果。例如，有人说，用于改良土壤、开掘运河或任何类似的事业的某数量财富，不足以证明它的使用是生产的，因为它可能用得不得当，或这样做连成本也收不回。另一方面，也有人说，用于军需或款待宾客的某数量财富，也不足以证明它的使用是不生产的，因为这样的花费，可能正是原来生产财富的原因，同时，类似的花费，也可能是想要引起以后更多的产量。

但是，不管商品被消费的方法是什么，明白的是消费与再生产之间的平衡是每一个国家发展或衰落的依据。假如在一定时期内，一个国家生产的商品超出这个国家的消费，这便具备了增加资本的手段，它的人口或者将增加，或者现有人口的生活将提高，或二者兼而有之。假如在同时期内，消费完全等于再生产，这个国家的资财或资本即无法增加，社会将处于停滞的状态。假如消费超过了再生产，在以后的每一时期内将会看到这个社会的供应更差，它的繁荣和人口将显然下降，贫困将逐渐扩至全国。

订立一种标准来管理每一个人的支出是不可能的。关于支出一定量财富而能得到的利益，没有两个人会有完全一致的看法，因为每一个人根据他自己的处境，对什么于自己有利或有益，必然有他自己的最好判断，没有方法可以决定谁对，谁错，每个人的看法必然或多或少地要依据他们所处的地位。富有的人比中产者自然倾向于扩大有利消费的范围，而后者比穷人又较为扩大。无疑，一个人的花费与他所有财产的多少、他的前途希望、他的社会地位等常常是有一些关联的；在一个情况下可能是适当的和有利的消费，在另一个情况下就可能是非常不适当的和不利的消费，但是，关于这些事情，应让每个人充分自由地使用他们自己的判断；虽然少数人可能浪费他们的财产于放荡和无益的开销，但我们可以肯定，大多数的人总是向着增加他们财产的方向努力。

虽然，政府比之它们的人民，一般或者毋宁应该说普遍地较为浪费和奢侈，它们常常制订节俭法以限制它们认为人民的不适当开支。这种法律久已流行于罗马，以前在我国以及欧洲大多数其他国家也曾使用过。但是，可以肯定，这种法律在任何情况下都不曾产生过任何好的效果，实际上，它们显然地侵犯了财产权；没有一个立法者限制其人民处理他们的劳动果实，而不使他们的进取心减少和工作马虎的。

诺思勋爵曾很清楚地阐明了节约法的效果。他说："有这种法律的国家一般是贫穷的，因为，人们受这种法律限制，其花费范围较没有它时来得狭窄，同时他们的勤劳和才智受到阻碍，而这种勤劳和才智是他们在获得钱财以维持生活，按照自己的愿望能充分得到花费时才能加以运用的。节约的办法对于维持家庭生活也许是可行的，但对于增长国家财富则有困难，因为国家财富唯有在财富从一个人的手到另一个人的手不断转移中，才会更快地增长。中产阶级看到别人变得富有高贵，就起而仿效他们的勤劳。一个商人看到他的邻居现在有一辆马车，他就尽力想去备置一辆，常常因此而弄得财竭，但他为满足虚荣所做的额外努力，对社会却是有益的。"(《贸易论》，第 15 页。)

社会的利益要求国民资本，如果可能的话，经常有所增加，换言之，要求在任何一定时期内的消费，应成为再生产更多量有用和需要的产品的手段。但业已充分地证明，在任何情况下，这不可能是监视和限制制度的结果。勤劳和节俭绝不是、并绝不可能以这种办法来促进。要人勤劳，就必须保证他能安静地享受他的劳动的果实；教他戒浪费，要他节俭和惜财，就必须允许他一方面担负其经营的一切风险；另一方面享受共经营的一切利益。

此外，很明白，节约法纵然在别的方面是有利的，但在运用上也一定是不公平和难以忍受的。在这一个人身上可能是挥霍和可笑的滥用，在另一个人身上就可能被认为是适当的支出。所以，假如为了节俭的缘故，你禁止这种开支，你便剥夺了那些有财力应得到满足者的权利。假如你允许那些能够提供这种费用者得到满足，那么，如核实这个管理办法究竟对谁实用，你就必须对每个人的情况进行那种厌烦的和一般说来是无效的调查。但是，肯定的，刺探每一个人的事务，不在政府业务的范围之内。政府不是为管他们的账目和平衡他们的收支而组织起来的，而是为了要保护每人的平等和自由的："假如政府自己的滥用不会毁灭国家，它的人民就永远不会。"无远虑和任意的花费，必然并不可避免地会使人贫穷和丧失地位，单这一点就足够防止挥霍浪费成为有害的蔓延；凡在公共负担适度、财产有保障、产业能得到不完全（似应为"完全"。——译者）和不被控制的自由、大多数人具有想要出人头地和改善处境的不懈努力的地方，国民财富即会得到继续不断增加的保证；希望免除所有非生产性的和不获利的开支只能是徒劳的；所有管理比较好的国家的经验证明，劳动产品的生产性支出，其数量经常是无限地大于不生产性的支出。

在道德学者中，很久以来就有一种流行的意见，认为用于奢侈生产的劳动和对奢侈品的消费都是不生产的和不利的。据说，一个人如果想要发财致富，他的努力目标应该不是增加他的财产而是减少他的要求。"如果你希望谁致富，不要增加他的财富，而是减少他的贪欲。"假如这些意见一旦得到相当的影响，就会成为一切进步的不可逾越的障碍。那些满足于他们处境的人，不可能有任何引起他们想把事情做好的动机。因此，没有这种满足感，而有与之直接相反的感觉，想要出人头地、改善自己的处境、不断增加生活必需品和奢侈品的支配权等，这样才能使社会得到进步的恩惠。在这种想法被鼓励起来以前，任何国家的文明不能有所进步。这种想法变得越有力和越迫切，财富的积累就越快，每一个人也就变得越幸福。简单的生活必需品用比较小的劳动便可以得到，野蛮人和没有文化的游牧民族，他们没有取得舒适品的想法，所以他们是众所周知的和有名的懒散和放荡。要使他们勤劳，要使他们抛弃生来便有的漠然态度，必须用文明生活中对奢侈品与享乐品的嗜好来鼓励他们。当这样做了以后，他们的人为欲望将与严格必需的欲望同样地汹涌出现，它们将随着满足他们的手段的增加而增加，在对舒适品和便利品的嗜好普遍推广的地方，人的需要与欲望通通变得无所限制。一个欲望的满足导致另一欲望的形成。在高度文明的社会里，新产品和新的享乐方式不断涌现出来作为努力的动机和报偿这种努力的手段。结果是在劳动的实施中表现了坚韧不拔的精神，而怠惰和随之而来的一系列的祸害，几乎完全不见了，帕莱博士问道："还有比丝织品、花边和镀金器皿工厂的各种产品更不必要，或与维持人类生活更少关系吗？但在这样的各种工艺部门中有多少人在劳动呵！能够想象到还有什么东西能比对板烟和鼻烟的爱好更变化多端的呢？但有多少行业，同时每一行业内又有多少人，在为这些琐细的满足而工作着！"正是由于想要占有这些奢侈品的刺激，使推广这些奢侈品的行业成为有利。土地能够比现在所耕种的情况提供远要为多的人的食物。但是占有土地的人，是不会无偿地交出他们的产品的，或者不如说，他们

根本不愿生产那些既不能自己用，又不能交换他们所需物品的东西。但是，当便利品和奢侈品的嗜好一经养成以后，土地的占有者即用土地生产最大可能生产的东西，并以其剩余交换他们所希望得到的这些便利品和喜爱的东西；结果，这些物品的生产者，虽然他们没有土地财产，也不从事耕种，但却能经常地和自由地得到土地产品的供应。通过这样的途径，必需品和有用的以及为人喜爱的产品数量，由于奢侈品嗜好的诱导而大大地增加了；结果，人们不仅得到更好的供应，而且人数也相应地大为增加。

现在认为对生存不可缺少的物品，或任何程度的一种改进，在其开始运用之初，很少不被斥之为无用的废物或斥之为在某些方面是有害的。现在认为很少有什么东西比衬衫更重要的了，可是在某些人的记载中，认为穿着这样费钱和不必要的一件东西是戴头枷。直到十六世纪中叶，烟囱在英国还未普遍使用；在 1577 年出版的霍林希德《编年史》的导言中埋怨近来建造的烟囱太多，并埋怨以陶磁盘和锡盘代替了木盘。同一时期的另一个作者感叹像现在这样只用槲木代替柳木来建筑房子，并说："从前我们的屋子实在是柳木的，我们的人却是槲木的；但现在我们的屋子是槲木的，我们的人不仅是柳木的，有些人完全成了麦秆！"〔斯兰奈《论农村费用》(*Essay on Rural Expenditure*)，第 41 页。〕

不少的书籍中充满着对茶、咖啡、香料及其他外国奢侈品嗜好流行的悲叹，认为消费这些东西有害于财富的增加，这种观点现在仍很普遍。一般说来伏尔泰对这样的问题是采取了很正确的看法，但在这一事例中他却同意了一般的偏见，他说："亨利第四的早餐只用一杯葡萄酒和小麦面包，他既不用茶，也不用咖啡，也不用

可可。但是现在仆人的早餐也用马提尼克、摩哈和中国等地的产品！假如我们想到这些产品，每年要耗费法兰西五百万以上，则很明显，我们就必需从事许多有利的商业，才能使我们维持这样连续的损失。”伏尔泰忘记了把黄金和白银输到印度而买来的商品是法兰西的劳动产物，而想获得茶叶、咖啡等的愿望，是使这些劳动活跃的唯一原则。所以很明显，在这些物品被禁止输入的情况下，将不会再有勤劳活动的动机，而这勤劳活动现在正是用来为输入物品生产等价物的；这样，法兰西将不会因采用这种措施而变得更为富有、而是变得更为贫穷。

加尔涅侯爵说：“有一种偏见，把用一块能保存几百年的金属去换一份一分钟就消费掉的食物，看作是一种不合算的交换。但是，金属如同植物一样，它们的价值也是由为它们所花费的劳动而来的。从地下开采白银所花费的劳动并不少于种植茶叶的劳动；但在这两种物质中，由于同样的理由哪一种物质被消费得较快，那么用于生产这种物质所花费的劳动总量也较多。美洲所有的矿山如果都被洪水淹没，这个变动不会使欧洲的国家变穷多少。但是，如果糖、咖啡、茶等等突然失掉它们的风味和芳香，如果它们不再具备满足人们口味的特性，它们就不能再计入财富之列，那么在东印度和西印度生产这些东西的劳动就要停止；另一方面，欧洲为了购买这些东西而进行的所有劳动也要停止。”①

但是，我并不是想要肯定，对茶或咖啡、香槟或白兰地、狗或马的嗜好是可能的最好嗜好，或者说想要取得其他物品或享受而如

① 加尔涅：《国家的财富》(*Richesse des Nations*)，第 5 卷，第 509 页。

此地鼓励勤劳是不能再好了。但是首先和主要的目的，应该是经常鼓励奢侈品的嗜好，因为当这种嗜好被鼓励起来以后，便比较容易给予它以任何特定的偏好或方向；而在嗜好得到鼓励以前，社会绝不可能有任何进步。①

所以很明白，奢侈品的消费，假如把它限制于适当的范围内，就不可能认为它是不利的或不生产的。诚然，如果一个人消费的奢侈品多于他所能支配的劳动或财力，那他的消费就会是不利的。同时，假如他所消费的必需品的数量多于他所能提供的话，同样也是不利的。危害性不在于消费的物品种类，而在于它们的价值超过了消费者所拥有的购买手段。但这个缺点总是可交由那些有关人的自利心来纠正。由听任不生产的消费而引起的贫穷和失败是防止消费达到有害地步的自然的和充分的保证。企图以禁止奢侈品的办法来减少不生产的消费，实际上即是企图以抽掉生产中最有力的动力而又想使国家致富。

亚当·斯密对生产和不生产消费给了另一个标准，他对这个问题的看法，虽具有非凡的创见并得到他素有的才能的帮助，但却似乎没有建立在坚实的基础上。他把社会分成两大阶级，第一个阶级是由这样一些人组成：他们把他们的劳动固定于，或用他的术语是“把他们的劳动实现在某些特定的物品上或可售的商品中，这

① 墨西哥人的极端懒惰，一部分由于其栽种香蕉容易得到食物的供应；一部分由于气候温和，使衣着和住屋成为次要。洪堡德提到，流行的意见认为不铲除香蕉，就不会使他们勤劳。但有希望的是：墨西哥现在所处的不同环境，革命所启发的许多有关财富和思想的新路线，以及由自由贸易以廉价商品输入该国而很可能鼓励起来的那种想要获得欧洲商品的愿望，将会有把勤劳精神注入该国居民的效果。

种物品或商品在劳动过去以后，最少还能存在一些时刻”。第二个阶级是由这样一些人组成：他们的劳动作完以后就不再有任何东西遗留下来，而是在劳动过程中就消逝了。据亚当·斯密说前者是生产劳动者，后者是不生产劳动者。在作这个区分的时候，亚当·斯密并无意贬低不生产阶级形成的劳动价值或否认它们常具有最高度的效用，因为他承认情况常常就是这样的：他认为这些劳务，虽然有用，但不增加国家的财富；结果这个阶级所消费的商品是不生产的消费，有使社会走向贫乏而不富有的趋势。为了避免表达错误起见，我把亚当·斯密自己的话引述如下：

他说：有一种劳动加于物体上能增加价值；另一种劳动却没有这种效果。前者因为它生产价值，可以称为生产劳动，后者可以称为不生产劳动。这样，一个制造业工人的劳动，通常会把自身生活所需和雇主利润上应有的价值，加在制造的原料价值上。反之，家仆的劳动，却不能增加价值。制造业工人的工资，虽由雇主垫付，但事实上，雇主是毫无所费，这些工资的价值，通常是和利润一起，在加工物体所增加的价值中补还了。但家仆的维持费却不能补还。一个人可以由雇用许多制造工人而致富，他也可能由雇用许多家仆而贫困。后者的劳动虽然有它的价值，如像前者的劳动一样值得报酬，但制造工人的劳动本身则固定于、并实现在某些特定的物品上，或可售的商品中，这些商品在劳动过去以后最少还能存在一些时刻。这好像把一定量的劳动积蓄或贮藏起来，在必要时拿来使用一样。那个物品，换言之，那个物品的价格，以后在必要时还可以雇用等于原先生产这个物品时所投的劳动量。与之相反，家仆的劳动本身则不固定于，或实现在任何特定的物品或可出

售的商品中。他的劳务一般在劳动过程中就消逝了,很少能留下任何价值,供以后雇用等量劳动之用。

“社会上上等阶级人士的劳动,和家仆的劳动一样,是不生产任何价值的,本身既不固定于或实现在任何固定物品或可售的商品中,也不能在劳动过去以后仍然保存起来备日后雇用等量劳动之用。例如君主和在他下面服务的文武官员和陆军海军等,都是不生产的工人。他们是社会的公仆,他们的生活由其他人民劳动的年产品所供养,他们的劳务,不管是多么高贵,多么的必要或多么有用,但不生产任何东西可供日后雇用同量劳务之用。他们今年对社会的防护、安全和保卫的效果,不能买到明年的防护、安全和保卫。在这一类中,有一些最伟大和最重要的职业,也有一些最下等的职业:前者如牧师、律师、医师和文人等;后者如伶人、舞女、音乐家、歌剧演员、歌剧舞蹈员等等。在这一类中,即使最下等的劳动,也有其价值,支配这种劳动价值的原则,就是支配一般劳动价值的原则;而那些最尊贵和最有用的劳动,也不生产任何东西,以供日后购买到或获得等量劳动之用。如像伶人的对白,演说家的雄辩,音乐家的音调一样,他们所有的工作,都是在其生产过程中就消逝了。”①

这些议论是可钦佩的,然而要指出亚当·斯密在区别社会各阶级的劳动和消费中所具有的谬误也是不难的。从他最有力的例子家仆说起:亚当·斯密说,家仆的劳动是不生产的,因为它不实现于一种可出售的商品中,而制造工人的劳动,则是生产的,因为

① 《国富论》,默莱重印本,第192页。

它是如此地实现了。但是制造工人的劳动真正生产了些什么呢？它不是只包括社会需要使用的和供应的舒适和便利品吗？制造工人不是物质生产者，只是效用的生产者。家仆的劳动不也很显然是生产效用吗？普遍承认生产谷物、牛肉以及其他食品的农民劳动是生产的；假如是这样，为什么把家仆准备和调剂这些物品使其适合于使用的那些必要的和不可缺少的劳动却归于不生产呢？很清楚地可以证明，在这两类劳动之间没有什么不同，它们或者都是生产的或者都是不生产的。要想生火就必须把煤从堆煤的地方拿到炉灶上，正如把煤从矿底运到地面上来一样；如果说，矿工是生产工人，我们就不应该对雇来生火和添煤的仆役作同样说法吗？亚当·斯密的全部推理是从一个错误的假定出发的。他在没有区别之处，在事物本质上没有任何区别之处作了区别。所有人的努力目标都是相同的，那就是增加必需品、便利品和享乐品的数量；必须让每一个人自己判断他的这些舒适几分之几是由家仆劳务实现的，几分之几是由物质产品实现的。不错，正如有时所说的一样，家仆劳动的结果很少能用计算农民、工人和商人的劳动结果那样的方法来计算，但却不能因此就说他们是不够确实或没有价值。假如没有从那些被称为不生产工人那里获得帮助，那些称为生产工人能够做出同样数量的工作吗？一个商人或银行家，在他的业务中，每年赚到五千镑或一万镑，可能以一千镑来请家仆，现在，很明白，假如他想要省下这笔钱，只要把仆人打发走就能做到。这样，他自己就变成马夫、跑街和洗衣妇了；假如他这样做，他将不是一年赚五千镑或一万镑，很可能是赚五十镑！无疑，一个人假如他雇用的家仆多于他必要的或能够支付的工资时，他是会没落的；但

同样肯定的是，假如他购买的衣服或食品，或在工业的任何部门中雇用工人超过了他的需要或他的资本所能够雇用的数量时，他也会没落的。当用一个农民就够用的时候雇了两个，正如用两个跑街来做一个跑街便能做好的业务一样，这都是不审慎和浪费的开支。我们应当在我们所消费的过量商品中或雇用的过量劳动中来寻找贫穷的原因，而不应当在某些商品或劳动的种类中去寻找。

同样的推论可适用于亚当·斯密所提及的一切其他情况。例如以医师的情况来谈，亚当·斯密告诉我们，他不是生产工人，因为他不直接生产某些有交换价值的东西。但是说他间接生产有交换价值的东西，那么这又有什么不同呢？假如医师的作用有助于健康，假如，他能够使别人比在没有他的帮助时生产得更多，那么，很明显的，假如他不是一个直接生产工人，最低限度也是一个间接生产工人。亚当·斯密毫不迟疑地承认雇来修理蒸汽机的工人应该给予生产阶级的正确称号，然而他却把一个有资格拯救一个阿克赖特或一个瓦特生命的医师放在那些不生产的人群中！这样的不一致和矛盾出现于斯密身上是不应该的。他在探讨这门科学的这个重要部分时所陷入的错误，很有力地指出，在前进中的极端谨慎是绝对必要的，同时对每一个理论的提出，不管它初看起来是多么值得钦佩和具有创见，都须经过严格和耐心的审查。

一个职业可以是最无益的和微不足道的，但不一定是不生产的。一个每天用一小时来吹肥皂泡或用纸牌叠房子的人，我们有权即刻肯定他所从事的是一种毫无益的职业，但是进一步加以研究，便不能肯定那是不生产的。这要取决于一个尚未肯定的事实：假如它并没有刺激这个人在二十四小时中的其余二十三小时，较他过去做出更大的努力的话，则这个职业就是不生产的，同时也是无益的；但假如为补偿他这样耗费了的时间，他在仍能专心致志于他以前所从事的业务的时期内，生产出同样多的有用的和需要的商品，则这个职业就不是不生产的；假如他需要以这样的办法来引诱他生产出较过去更多的商品，那就更肯定是生产的了。

帕莱博士对这个学说有不同的见解，并以他常有的说服力或清晰的笔调论述道："一只表，可能是农民衣服上的一个非常不必要的附属物，然而假如农民耕田是为了获得一只表，那么商业的真正目的便算达到了；当制表匠磨光表壳并把灵巧的机器轮子装上去的时候，正是他有效地帮助谷物生产的时候，虽然不如扶犁或挥铣那么直接。烟草的使用是公认为多余的东西，但是假如渔夫撒网捕鱼，及水手从外国运回稻米是为了获得这种放任的享受，那么市场便借商业的帮助供应了两种最重要的食物，而它们除满足口腹之欲以外并无其他明显的用途。"(《全集》，1819 年版第 2 卷，第 80 页。)

这就是决定伶人、歌手、歌剧舞蹈员、舞女等人劳动生产性所依据的原则。这些人所提供的娱乐，对于国民财富的影响一如烟草、香槟或其他奢侈品所提供的一样。我们想去看他们的公开表演，为了能够入场，我们对他们的服务必须偿付价格或他们所需要的等价物。但是这个价格或等价物不是自然界的无偿产物，它是勤劳的结果。因此，这些人提供的娱乐，不管他们被讽刺家和自封的道学先生们看来是怎样的无价值，却创造了新的需要，这样做，必然刺激我们劳动以便获得满足娱乐的手段。所以娱乐无疑地是生产的原因；很像俗话所说的，凡是生产的原因，必然是生产的。

关于亚当·斯密所说的高级官吏的生产性尤其明显。诚然，当他们适当地履行了他们的高等地位的职务时，便成了一国的最生产性的工人，距离非生产性的职业更远。亚当·斯密说，他们的服务的结果，用他自己的话来说，就是“今年对社会的防护、安全和保卫，不能买到明年的防护、安全和保卫”。但这明显是一个错误。好政府所提供的防护和安全可能不是富裕的直接原因，但间接却是这样，因为很明显，没有这种安全和保卫，劳动的生产力就不可能实现。亚当·斯密承认，社会今年生产的物质产品，形成以后各年所供应的必需品、便利品或享乐品的生产手段。但是没有政府提供的安全和保卫，这些产品或者是根本不能存在，或者它们的数量将大为减少。那么那些提供这种安全所必需的劳动，如何可以否定它是生产性的呢？以建筑防御工事的工人为例，无人敢否认他们的劳动是生产性的，然而他们不直接帮助谷物或任何其他有价产品的生产。他们劳动的目的就是对别人的保护和安全，保卫着由农民施了肥和种植了的田野不受践踏，使他专心于他的业务，不必把他的注意力分散于防守方面。但是如果把提供安全和保卫的那些筑工事或开壕沟的人公正地列入有助于国家富有的一类中，那么根据什么原则，能把那些努力保护群众财产使其一点都不受敌人侵犯，并尽力袭击盗贼的公仆们，说成是不生产的呢？假如保护一块谷田不受邻居的牲畜所践踏的工人是生产的，那么，法官、行政官及海陆军官兵，他们保护全国的每一块田地，由于有他们，使所有阶级的居民能够在享受他们的财产、权利和特权中感到安全，这些人是有权利被列入超级生产性劳务的一类中。

在我国和其他国家，有不少的财富为公务官员非生产地消费了，是不容否认的。我们并不是说一个良好制度的少许缺点就会破坏这个制度本身。假如公家对他们的官员付给了过高的薪资，雇用的人数超出了一个好政府和安全目的所需，这自然是他们本身的错误。他们的这种做法和一个制造商对他的工人付了较高工资，和雇用了较必要为多的工人是一样的，虽然一个国家或个人可以使用这种愚蠢和浪费的方式，但因而就得出结论说，一切政府官吏和一切制造工人都是不生产的，这毋宁说过于轻率了！假如提供安全和保护的制度是建立在浪费的基础上，假如我们有较必要为多的法官和行政人员，有过多的陆军和海军，假如我们付给他们的工资较别人获得他们的服务所付的工资为大，那么，让我们把他们的人数和工资减少吧。这种过多，假如有的话，不是由于这种制度本身的错误，而是完全由于安排太浪费的结果。

但是在指出亚当·斯密把家仆，以及律师、医师、政府官吏等的消费错误地看作是不生产的时候，我们必须注意，不要陷入相反的极端，赞成那些错误的和极为危险的学说，认为消费，甚至是最不生产的消费都应当作为刺激生产和增加劳动需求的手段而被鼓励！亚当·斯密说过，有些阶级的消费是有利的，因为他们用劳务来报答那些雇用他们的人，同时那些雇用他们的人正是这种情况的最适当判断者，他们认为他们的劳务较付给他们的工资有较大的价值。但是假如政府或雇用工人的人这样做的目的，不是以他们的服务来获利，而是以他们的消费来刺激生产，则情况便完全不同了！认为滥用劳动产品就能鼓舞生产，这是一种错误和荒谬。一个人能被刺激而生产是当他发现有现成的市场可销售他的劳动产品的时候，那就是当他能随时用它们来交换别人的产品的时候。

因此，对劳动的真正和唯一现实的鼓励，不在于增加浪费和不审慎的消费，而是如以前所指出的在于增加生产。

孟德斯鸠说过，而且以千百种不同的形式来表达过这个同一的意见，“如果有钱人不多花钱，穷人就要饿死。”（第7卷，第4章。）孟德斯鸠陷入这种错误，是由于他不熟悉资本的性质与职能，富人的浪费对穷人绝对没有任何利益，而实际上只能落在穷人头上的最大灾难之一。没有资本的增加，不可能有劳动需求的增加。在节约原则占优势的地方，资本便增加，而随着资本的增加，对劳动的需求也增加，现有居民就生活得较好，他们的人数也就增加；反之，滥用和浪费占优势的地方，资本便减少，居民的生活日益变坏，怠惰、贫困和疾病便会流行。

但是，没有例子证明一个国家的人民，曾经错过了储蓄和积累的机会。在所有管理比较好的国家里，积累原则普遍地对耗费原则占显著的优势。每一个人都能充分地意识到他们所耗费的物品价值，因为在大多数的例子里，都说明这些物品是他们的劳动、忍耐和节约的直接结果；他们除非得到一个等量的利益不肯消费它。但必须承认，政府和它们官员的消费，则很少是这种情况。一般说，他们是消费别人劳动的产物，不是他们自己的；这种情况阻碍他们像他们的臣民似的关心那种有利的开支，或者注意到滥用和浪费开支的有害后果。政府方面的节约，虽然实行起来比较困难，但比之任何个人方面的节约则是更重要得多。假如一个绅士认为依照浪费原则办事是一种美德，认为勤劳可由增加不获利的消费来鼓励，这样几乎完全可以肯定他会破产；但他的破产只是对与他业务有关的人**直接**有害，对别人将只有很少一点的**间接**影响。但是同样的行动对于政府则很可能引起革命，或使国家贫穷衰落。所以说，假如个人对商品消费的真正利益很需要有其正确认识的话，政府不是更需要有这种认识吗？节俭和省用在私人方面是美德；对公家来说，它对国家幸福的影响是如此之大，因此它不仅是首要的美德，而且是更迫切的任务。

萨伊观察道，“如果公共消费和私人消费同样影响社会财富，那么规定这两种消费的经济原则必定相同。没有两种经济，正如没有两种诚实或两种道德一样。如果政府或个人是这样消费，以致能生产比所消费的更大的产品，生产劳动的努力便有好结果。如果消费行为不产生产品，那么对国家或对个人便产生价值的损失，但损失的价值可能产生所预期的好处。军需品和用于有效地保卫国家的文武官员的时间与劳动，尽管消费掉或消灭掉，却是用得其宜，像私人家庭所消费的物品与个人劳务那样。在后者情况下，唯一的利益是需要的满足，如果需要不存在，消费肯定是个祸害，因为它是无目的的消费。公共消费也是这样，为消费而消费，故意浪费，因人设事，只为娱乐而毁灭一件物品，对国家或个人来说，对小国或对大国来说，对共和国或对君主国来说，都是浪费。不但如此，公共浪费和私人浪费比起来更是犯罪行为，因为个人所浪费的只是那些属于他自己的东西，而政府浪费的却不是它自己的东西，政府事实上仅是公共财产的托管人。”（《政治经济学概论》，第 2 卷，第 268 页。）

我现在已把经济学原理的纲要结束了。我尽力指出了存在于私人富裕和公家富足两者之间的密切而不可分的关系，指出了前

者有增加的趋势，必然在同样的程度上有增加后者的趋势；指出了财产的安全、劳动的自由、正确知识的普及、公共开支的节制等是唯一肯定的办法，利用这种办法，人类的各种才能和智慧的力量与泉源都能活跃起来，并使社会在增进财富和文明的事业中，继续前进。安全、自由以及知识的每一次增进，都是一种利益，正如它们之中的这一种或那一种的每一次减少都是一种灾害一样。以每人的自觉自愿、不受限制，但受到保护的努力以改善他们的处境，使他们出头发迹，只有用这种努力，国家才能变得富强。个人的劳动和储蓄，都是国家财富和公共繁荣的源泉和手段。它们可以比作使所有植物界得以茂盛和成熟的甘露：它们之中的任何一个都没有可以使人感觉到的影响，但夏季的枝叶繁茂和秋季的果实累累，却都应归功于它们的综合力量。

译名对照表

（按汉语拼音排列）

A

阿克赖特　Arkwright
艾弗森　Iveson
艾斯吉尔　Asgill

B

贝耳　Bell
贝克莱　Berkeley
贝卡里亚　Beccaria
边沁　Bentham
伯里克里斯　Pericles
博多　Baudeau，I'Abbé
布腊埃　Brahe，Tycho
布赖当　Brydone

C

蔡尔德　Child
查理一世　Charles Ⅰ.
查理二世　Charles Ⅱ.

D

达文南　Davenant
德克　Decker，Matt
德农　Denon
笛卡尔　Descartes
迪南　Dignan
杜尔哥　Turgot

F

菲狄亚斯　Phidias
菲茨杰拉德　Fitzgerald，Maurice
佛里　Verri，Count di
弗格森　Ferguson
伏尔泰　Voltaire
福崩奈　Forbonnais

G

格伦维尔　Grenville
果盖　Goguet

培根　Bacon
佩特拉克　Petrarch
珀西瓦尔　Percival
普利奈　Pliny

Q

钱伯兰　Chamberlayne

S

萨伊　Say
桑汤　Thornton
圣佩拉维　Saint Peravy
斯兰奈　Slaney
斯密　Smith
斯塔特霍耳德　Stadtholder
斯图亚特　Stewart,Jas
斯托赫　Storch
苏姆纳　Sumner
苏斯米耳希　Sussmilch

T

塔西佗　Tacitus
泰伊　Tighe
坦普尔　Temple,William
特腊西　Tracy,Destutt
屠克尔　Tucker,Dean
托克　Took
托伦斯　Torrens
托勒密　Ptolemy

W

瓦特　Watt
瓦罗　Varro
维特　Witt,John de
韦奇伍德　Wedgwood
韦斯特　West
韦克菲耳德　Wakefield
温德林特　Vanderlint

X

西斯蒙第　Sismondi
西塞罗　Cicero
休谟　Hume

Y

伊丽莎白　Elizabeth

Z

詹姆斯一世　James Ⅰ.

图书在版编目(CIP)数据

政治经济学原理/(英)约·雷·麦克库洛赫著;郭家麟译.—北京:商务印书馆,2017
(汉译世界学术名著丛书:120年纪念版:珍藏本)
ISBN 978-7-100-14177-2

Ⅰ.①政… Ⅱ.①约… ②郭… Ⅲ.①古典资产阶级政治经济学 Ⅳ.①F091.33

中国版本图书馆CIP数据核字(2017)第135999号

汉译世界学术名著丛书
(120年纪念版·珍藏本)
政治经济学原理
〔英〕约·雷·麦克库洛赫 著
郭家麟 译

商务印书馆出版
(北京王府井大街36号 邮政编码100710)
商务印书馆发行
南京爱德印刷有限公司印刷
ISBN 978-7-100-14177-2

2017年12月第1版　开本710×1000 1/16
2017年12月第1次印刷　印张17½
定价:88.00元